国家社科基金项目

"佛学东渐与六朝文学思潮的嬗变研究"（14BZW028）

佛学东渐与六朝文学思潮的嬗变

高文强　王　婧　著

中华书局

图书在版编目(CIP)数据

佛学东渐与六朝文学思潮的嬗变/高文强,王婧著. —
北京:中华书局,2023.6
　ISBN 978-7-101-16197-7

　Ⅰ.佛…　Ⅱ.①高…②王…　Ⅲ.①佛学-研究-中国-六朝时代
②中国文学-古代文学史-六朝时代　Ⅳ.①B948②I209.37

中国国家版本馆 CIP 数据核字(2023)第 087259 号

书　　名	佛学东渐与六朝文学思潮的嬗变
著　　者	高文强　王　婧
责任编辑	高　天
责任印制	陈丽娜
出版发行	中华书局
	(北京市丰台区太平桥西里 38 号　100073)
	http://www.zhbc.com.cn
	E-mail:zhbc@zhbc.com.cn
印　　刷	三河市中晟雅豪印务有限公司
版　　次	2023 年 6 月第 1 版
	2023 年 6 月第 1 次印刷
规　　格	开本/920×1250 毫米　1/32
	印张 10⅞　插页 2　字数 280 千字
国际书号	ISBN 978-7-101-16197-7
定　　价	68.00 元

目　录

序

　　《佛学东渐与六朝文学思潮的嬗变》是一部影响研究的著作,通览书稿,可以看出,两位著者对于研究对象的选择和研究角度的确定,很费了一番心思。中土六朝文学与佛教东传的关系,确实是影响研究的合适对象,这是从长时段的中国文化的实际中产生的有探讨价值的论题。研究中国传统文化,涉及儒道佛三家,其中,儒和道是中国本土产生的,而佛教和佛学的源头在外国。佛教在两汉交会之际传入中国,作为一种来自域外的宗教,作为一种外来文化形态,却逐渐被接受、收纳成为中国古代文化的一个重要的组成部分,而佛教在其发源地反而渐渐衰歇,这是世界文化史上的一个奇观。早在魏晋前后,面对这一外来者,作为一种知性的反应,中国文化人就已经开始了最初的比较研究。比如,谢灵运在《再答法勖问》中就说过,"二教(儒教和佛教)不同者,随方应物,所化地异也"①。他对佛学东传持开放的态度,同时,强调钻研和吸收佛学要从本土的实际出发。至于现代学术意义上的比较,20 世纪之初至今百年来,更是多有创获,当然也有一些不足。本书作者认为,百年来的"研究者往往更喜欢从佛教文献与文学文献的比较中判别两者的影响关系,而不太愿意从更广泛的文化层面探讨两者影响的存在"。他们期望拓宽视野,开拓新境。如何深入而有效地实施这项研究,不仅要求对佛学传入

---

①[清]严可均校辑:《全上古三代秦汉三国六朝文·全宋文》,北京:中华书局,1958 年,第 2612 页。谢氏此文被收入《广弘明集》,广为流传。

和六朝文学两个方面的资料踏实地占有,而且要求对文化研究中的影响研究有明达、宽博的理念。

前人在这个领域已有的以实证见长的研究,比如说,关于梵文佛经的翻译传播,引起汉语四声的发现,引出齐梁声律讲究的讨论和论辩,尽管论家所持意见不同,都是很可贵的,但仅限于此也是不够的。两位作者在书稿中指出:若干年来,学界关于佛教传播与六朝文学思潮关系的相关研究,谈到佛教文化具体内容对文学思潮具体个案影响的实证研究取得的成果较为明显,而较少关注由佛学东渐引起的文化新变在文学思潮嬗变中所发挥的作用。他们要讨论的,则是佛教传入中国后,对整个中国思想文化领域所带来的冲击与新变,在六朝文学思潮的嬗变中到底发挥了何种作用。我以为,他们的这种出发点,就使得本书具有了一种新意,带来一种新颖感。

本书重在探讨佛教传入引起文化环境的变动,由文化环境变动再影响到文学。我觉得,佛教对于中国古代文学发生的影响所以深入和持久,所以能够结出许多硕美的文学之果,关键在于从六朝到唐宋以至其后的世代,许许多多优秀的文学家、文论家,各自独特地做出对于佛学的消化改造,进行了转化。可以说,佛教、佛学对于中国文学的正面影响,体现在两重转化之中——外域思想的本土化和宗教思想的审美化。经过转化、扬弃之后的新生,才源源不断地结出了具有生命力的诗歌和散文之果、戏剧和小说之果、美学和文论之果。早在东汉时期传入中国的《那先比丘经》里说:"一者去,一者来。人从精神生,至老死后,精神更趣所向生,展转相续,是非故精神,……譬如乳湩化作酪,取酪上肥煎成醍醐,宁可取醍醐与酪上肥还复名作乳湩,其人语宁可用不?"①牛奶转化成为奶酪之后,产生了全新的

---

① 失译人名:《那先比丘经》卷上,《大正新修大藏经》第 32 册,台北:新文丰出版有限公司,1992 年,第 698 页。后引《大正新修大藏经》同此版本。

质;佛学中国化,也是产生了全新的质,实现了文化的创造,而这个过程是不可逆的。因此,转化,应该是这一影响研究的着重点。

之所以能够出现佛学的本土化和审美化,是因为历史提供的条件,是因为有志的思想者付出的努力。佛教传入中国之时,中土已经具有成熟的本土文化,因此,对于从外域引进的观念、方法,那时的文学大家,都要一一审视、改造,使之成为自己人生理念和文学理念的构成要素,进而成为中国文化系统的有机成分。这种转化是在经历了反反复复的冲突和磨合过程之后,在若干大诗人、大文论家的合力之下形成的。在六朝之前一百多年,佛教开始在中土传播,面对强大的本土文化,在最初的一个时段,它只能以迎合的姿态,甚至不惜采用附会的方法,寻找切入的渠道。到了六朝时期,南北分裂,战乱频仍,汉代统一的帝制神学和官方经学受到严重冲击,儒道分立,而释家借此取得了扩展了生存空间。政权频繁更迭,王权对意识形态的控制力消减,文人依循新的更广阔的途径思考宇宙人生。有了社会的需求作为支撑,佛经翻译事业迅疾进展,佛教的原典真义得以逐渐以较前接近本来的面目显现。与此同时,六朝是中国思想史上审美自觉的时代,文学、艺术思潮自别于政治、哲学,成为意识形态领域特殊的一支,从自在走向自为。作为自为的意识形态形式,六朝文学对于来自外域的、来自其他意识形态的思维成果,具备了更强的选择、鉴别、消化、改造的能力。因此,佛教、佛学,对于六朝文学的影响,就有了特别的广度和深度。这在六朝文学的最杰出代表身上,有鲜明的体现。

在创造性的转化中,佛学对文学的影响如盐着水,很少显露出人工的明显的确切的痕迹。所以,影响研究,不宜局限于一词一句的比照。南宋诗论家葛立方《韵语阳秋》说:“不立文字,见性成佛之宗,达摩西来方有之,陶渊明时未有也。观其《自祭文》,则曰:‘陶子将辞逆旅之馆,永归于本宅。’其《拟挽词》则曰:‘有生必有死,早终非命促。'其作《饮酒》诗,则曰:'采菊东篱下,悠然见南山。''此中有真意,欲辩已忘言。'其《形影神》三篇,皆寓意高远,盖第一达摩也。"①在葛氏之前,北宋施德操《北窗炙輠录》说:"渊明诗云:'山色日夕佳,飞鸟相与还,此中有真意,欲辩已忘言。'时达摩未西来,渊明畲会禅。此正夫云。"②明代竟陵派代表谭元春把"采菊东篱下,悠然见南山"说成是"禅偈"③。从陶诗和佛教经典个别字句的形似上着眼,这就有些简单化了。但是,陶渊明对佛教、对佛学有所关注有所弃取,则是不应否定的。陶渊明住地在东林寺附近,他与慧远以及刘遗民等人交往,对于佛学有不少的接触,得到对佛家感性的认识。他很自然地要思考那些佛教朋友们最关切的问题,他的诗歌中多有对生与死、空与有、苦与乐、言与意关系的感悟,明显地显示了与儒学独尊时代文人的差异。

　　和陶渊明不同,谢灵运不只是在六朝文学中的地位显赫,钟嵘《诗品》把他列为上品,而且他又是中国佛教史、佛学史上的重要人物。汤用彤先生指出,谢氏在《辨宗论》中"提出孔释之不同……在中国中古思想史上显示一极重要之事实"。谢灵运追随道生倡顿悟之说,"因而玄远之学乃转一新方向,由禅宗而下接宋明之学,此中虽经过久长,然生公立此新义实此变迁之大关键也"④。谢灵运对于佛学思想的推崇,最突出的表现就在顿悟成佛论。他在《辨宗论》里申

①北京大学北京师范大学中文系教师同学编:《古典文学研究资料汇编·陶渊明卷上》,北京:中华书局,1962年,第64页。
②北京大学北京师范大学中文系教师同学编:《古典文学研究资料汇编·陶渊明卷上》,北京:中华书局,1962年,第56页。
③北京大学北京师范大学中文系教师同学编:《古典文学研究资料汇编·陶渊明卷下》,北京:中华书局,1962年,第169页。
④汤用彤:《谢灵运〈辨宗论〉书后》,《汤用彤学术论文集》,北京:中华书局,1983年,第288、294页。

明自己写作此文的目的时说:"余枕疾务寡,颇多暇日,聊申摅来之意(对这场辩论的过程做些介绍),庶定求宗之悟(探求成佛的根本道理)。"他以中印文化特色的差异来论述顿悟对于中国佛学的重要性,他说:"华民易于见理,难于受教,故闭其累学,而开其一极;夷人(佛教从外族传来,故称夷人)易于受教,难于见理,故闭其顿了,而开其渐悟。"①谢灵运认为,古代的中国人,理性胜于灵感,需要激发直觉;印度人理性较弱,感悟性强,需要加强严密的理性认识。他的这个说法是否成立,可另行讨论,但他将印度佛教理论转化为中国佛学资料的努力,颇值得赞赏。谢氏这里要讲的是,在修行理论上,强调顿悟还是渐悟,要针对对象的特点,充分考虑不同民族的思维特性。当教条主义、繁琐哲学盛行的时候,提倡顿悟是有益的;当世风、学风浮躁粗疏之时,如果还一味鼓吹顿悟,而不讲循序渐进,不讲扎实细密,那就大有害处了。

谢灵运是一个文学家,是中国山水诗派的创立者。他从自然景物不只是获得美感,得到享受,也能联想和证悟出哲理、佛理,但他的诗作与后世许多佛教徒宣扬教理的偈语不同,他并不在诗歌里直接宣扬佛教的教义,而是由景物美自然地引出轻于尘世物欲、保持人性的完满、自然享有静穆的喜悦。比如,著名的《石壁精舍还湖中作》里写道:"披拂趋南径,愉悦偃东扉。虑淡物自轻,意惬理无违。寄言摄生客,试用此道推。"②淡虑轻物,也就是看破红尘,看清楚了世事皆空、诸行无常、诸法无我。明代张溥《汉魏六朝百三家集·谢康乐集题辞》说得好,谢氏《山居赋》云,'废张左,寻台皓,致在去饰取素。'宅心若此,何异秋水齐物。诗冠江左,世推富艳,以予观之,吐言天

① [清]严可均校辑:《全上古三代秦汉三国六朝文·全宋文》,北京:中华书局,1958年,第2612页。
② 逯钦立辑校:《先秦汉魏晋南北朝诗》,北京:中华书局,1983年,第1165页。

拔,政緣素心独绝耳!客好佛经,其《辨宗论》《昙隆诔》,又皆祇洹奇趣,道门阁笔"①。对于诗人来说,信佛是信佛,写诗是写诗,不可混为一体,在谢灵运的诗思中,老庄的玄想、释家的佛法,都只成为着水之盐,溶解在他的形象思维之中。

六朝时期,不仅诗文作家吸收了佛学的思想资源,文论家也参与到这个潮流之中。杰出的文论大师刘勰本身是一个佛教徒。与谢灵运的情况类似,刘勰同样不是直接搬用佛家的现成论断,而是把佛学的有用成分转化到了文学理论的思维里面。宗教是非理性的信仰,而文学理论是理性的思辨活动,是要解释人类审美现象背后的根源与秩序。佛教中国本土化之后,带来了一个鲜明的特色,就是巨大的包容性,中国佛教史的主流是,大乘、小乘并存,显宗、密宗同在。《文心雕龙》里有两个重要的词语,也是两个重要的概念,一是折衷,《序志》篇说:"及其品列成文,有同乎旧谈者,非雷同也,势自不可异也;有异乎前论者,非苟异也,理自不可同也。同之与异,不屑古今,擘肌分理,唯务折衷。"另一个是圆照,《知音》篇说:"凡操千曲而后晓声,观千剑而后识器,故圆照之象,务先博观,阅乔岳以形培塿,酌沧波以喻畎浍,无私于轻重,不偏于憎爱。然后能平理若衡,照辞如镜矣。"②折衷是中国确立的思维方法论的概念,又写作折中,朱熹《楚辞集注》解释说:"折中,谓事理有不同者,执其两端而折其中,若《史记》所谓'六艺折中于夫子'是也。"③折中意味着考虑到相关的各种因素,各种意见,综合平衡。圆照是佛学思维方法论的概念,见于《圆

---

①[明]张溥著,殷孟伦注:《汉魏六朝百三家集题辞注》,北京:中华书局,2007年,第218页。

②[南朝梁]刘勰著,陆侃如、牟世金译注:《文心雕龙译注》,济南:齐鲁书社,2009年,第650、624页。

③[宋]朱熹撰,蒋立甫校点:《楚辞集注》,上海:上海古籍出版社,2001年,第73页。

觉经》。佛教徒极为推崇圆智,在佛教用语中,举凡圆极、圆觉、圆成、圆音、圆常、圆明,都是很高的赞辞。《文心雕龙》全书中"圆"字凡十七见,分别有周全、完整、丰满、成熟等含义。《比兴》篇讲的"诗人比兴,触物圆览"①,钱锺书曾给以高度评价说:"'触物圆览',那个'圆'字,体会得精当无比。"②刘勰在《剡县石城寺弥勒石像碑铭》里把圆照和另外三个近义词排列在一起:"种智圆照,等觉遍知。"③种智是了知一切种种法的智慧,等觉是诸佛觉悟平等一如,遍知是周遍了知四谛道理,总之,是最大限度地防止片面性,追求全面性。这就是圆形的思维方式,用在文学领域,就是圆形的文学理论和文学批评。在中国和外国文学理论和文学批评的历史上,曾经一再出现过直线型的文学批评,就是把文学的性质的某一个侧面孤立起来,凝固起来,故意无视其他侧面的存在。而刘勰采用的这个"圆"字,是宗教思维转化为审美思维的产物。《文心雕龙》透露刘勰追求的是"圆形"的文学批评,就是追求着主体内部各要素间的自谐及与其他文学批评学派的互谐的心态。《文心雕龙》对于文与道、文与质、文与情、通与变的关系,对于文学的各种风格类型、作家才能的各种特点,都给以恰当的评价,反对偏于一隅。此外,《文心雕龙》宏阔而严密的结构,在中国文学批评史上独树一帜,其中很可能也有佛教经典著作结构模式的影子。

佛教和佛学对于中国文学的影响、对于六朝文学的影响,有着诸多方面,有积极的,也有消极的。反观、梳理这种影响的不同效果,批

---

① [南朝梁]刘勰著,陆侃如、牟世金译注:《文心雕龙译注》,济南:齐鲁书社,2009年,第477页。

② 钱锺书:《中国固有的文学批评的一个特点》,《写在人生边上 人生边上的边上 石语》,北京:生活·读书·新知三联书店,2002年,第125页。

③ [清]严可均校辑:《全上古三代秦汉三国六朝文·全梁文》,北京:中华书局,1958年,第3310页。

判地给予总结,对于科学地认识历来文学的得失、正确地对待外来文化,都是有益的。期望两位作者继续精进,推进此项研究的深入。

王先霈

2022 年 6 月 20 日于武昌桂子山

绪　论

六朝文学思潮的嬗变深受时代文化新变的影响,而六朝又是一个文化多元化特点尤为明显的时代。文化的多元冲突与融合,使得这一时期文学思潮嬗变的文化动因显得错综而复杂。本书选择佛学东渐为切入点,力图透过这一视角发现若干六朝文学思潮嬗变的文化线索。

一、选题缘由及意义

"佛学与六朝文学思潮"是一个学科交叉性课题,在学术界并非热点。不过,这一课题之于中国文学思潮史的研究而言,却是至为重要的。之所以如此说,是因为"六朝"是中国佛教发展史上的繁盛期,同时也是文学思想史上的收获期,发展趋向的叠合,使得佛教与文学思潮在这一时期发生因缘实难避免。佛教自两汉之际传入中国,经过近三个世纪的依附性传播,至东晋开始逐步进入士人文化行列。入南北朝而成为士大夫间最重要之文化思潮,影响所及包括其时之政治经济、社会文化、文学艺术、士人心态等各个方面。而一个时期文学思潮的形成与嬗变,一方面固然是这一时期文学创作风气的回应;另一方面,它还常常是当时社会文化思潮在文学发展中的反映,六朝佛教之于文学思潮正是如此。

不过,本书重点研究的,不是或者不仅仅是佛教与六朝文学思潮的关系问题,而是佛教传入中国后,在传播与接受过程中,其对整个中国思想文化领域所带来的冲击与新变,在六朝文学思潮的嬗变中到底发挥了何种作用。概而言之,本书的两个核心关键词是"文化新变"与"思潮嬗变"。六朝文学思潮嬗变频繁,而每一思潮的形成及演变都与佛学东渐所引发的一系列文化新变存在密切联系。目前关于佛教传播与六朝文学思潮关系的相关研究,具有两个明显特征:其一,就总体而言,研究佛教文化具体内容对文学思潮具体个案影响的成果,要远远多于研究佛教传播引起的文化新变对一系列文学思潮交相嬗变影响的成果;其二,即便是在对文学思潮嬗变的相关研究中,已有成果也更多关注的是佛教文化自身在文学思潮嬗变中所发挥的作用,而较少关注由佛学东渐引起的文化新变在文学思潮嬗变中所发挥的作用。例如早在 20 世纪初梁启超的《翻译文学与佛典》、陈寅恪的《四声三问》等系列论文、胡适的《白话文学史·佛教的翻译文学》等便已然触及佛教文化的相关内容与六朝文学文体风格及诗歌声律之关系等具体问题。至 20 世纪后期,饶宗颐在《梵学集》中、孙昌武在《文坛佛影》中、陈允吉在《佛教与中国文学论稿》中对佛教与六朝文学研究虽有进一步的拓展与深入,但也基本涉及的是佛教文化的具体内容对六朝文学具体个案的影响问题。此后一大批学者的跟进,也基本没有超出这一研究范围和此种研究方法。在极少数关注佛教文化与六朝文学思潮相关问题的研究成果中,也具有一个共同特征:主要关注的是佛教文化自身在六朝山水、格律、宫体等文学思潮中发挥的作用,而较少关注佛学东渐所引发的文化新变对文学思潮嬗变的影响。因此,本书针对当前研究成果中尚存在的上述不足,提出以佛学东渐为考察轨迹,在详细考察佛学东来所引发的一系列文化新变的基础上,深入探讨这一文化新变潮流在六朝文学思潮嬗变中所发挥的作用。

从历史上看,佛教在中国的传播所带来的文化新变绝不仅仅限于佛教文化自身,佛学东渐打包带来了新语言、新文学、新艺术、新思想、新观念等等一系列文化新元素,而随着佛教在中国的广泛传播,这一系列新文化也随之产生着广泛影响并对本土文化产生冲击,而在碰撞与交融中本土文化也随之发生新变。我们认为,这种外来文化与本土文化的碰撞与交融所产生的文化新变,在六朝文学思潮嬗变中发挥了重要作用。因此,本书的研究思路是以佛教在六朝时期的传播为研究轨迹,来详细考察不同时期外来文化与本土文化的碰撞与交融为六朝文化的发展带来了何种新的变化,然后再深入探究这一系列文化新变在六朝文学思潮的嬗变中发挥了怎样的作用。

二、研究现状及问题

六朝是佛教从初传逐步走向兴盛的时期,同时也是文学思潮不断嬗变的时期。两者的叠合使得佛教与文学思潮在这一时期发生因缘不可避免。20 世纪以来,对这一问题的研究被不断地开拓和深入,取得了较为丰富的成果,也存在一定的问题。下面试对整个历程做一简要回顾。

佛教与六朝文学思潮关系的相关研究,始于 20 世纪 20 年代。近代佛学的复兴和批评史学科意识的自觉为研究佛教对六朝文学思潮的影响提供了有利条件,使对这一问题的现代研究得以开拓于这一时期。陈寅恪于 1934 年发表于《清华学报》第 9 卷第 2 期上的《四声三问》,是较早涉及佛教与六朝文学思潮相关问题的单篇论文。在这篇文章中,陈寅恪先生对四声所受佛经转读的影响做了颇为详细的考证,四声是六朝诗歌格律化的重要元素,陈先生的开创性研究,对后来佛教与六朝诗歌格律化思潮研究影响深远。继陈先生之后,逯钦立先生作《四声考》对佛教与四声之关系又做了进一步探讨。他认为:"四声论之所以起,端赖四声'纽'之发明。"并详细论证了"纽"与佛教悉昙之"体文"的关系,最后认为周颙四声实"依仿梵音"[①]。为佛教与永明格律化诗潮的研究拓宽了思路。关于这一问题,罗根

①逯钦立:《汉魏六朝文学论集》,西安:陕西人民出版社,1984 年,第 515、522 页。

泽《中国文学批评史》也有所关注,他认为,"译经的求传藻蔚,使创作的风尚也趋向藻蔚";"文学讲求音律,由于'转读''梵音'";而"魏晋文学的重视词华,当然与佛家的'唱导''说法'有关"①。这些已触及佛学东渐引发的文化新变对文学思潮的影响问题。

20世纪50年代至70年代末,对佛教与六朝文学思潮的研究并未能将前期的开拓进一步拓展,反而进入一个沉寂期,几无成果可言。佛学研究在此期相对沉寂,故能以佛教论文学者已然极少,而能关注于佛教对六朝文学思潮影响者则少之又少。直到进入80年代,佛教与六朝文学思潮的研究才再一次开始成为学者们关注的领域。

20世纪的最后20年,是佛教与六朝文学思潮研究的繁荣期。这种繁荣一方面体现在研究成果的数量远远超过了前八十年的总和,另一方面体现在研究领域的突破上。对这一时期研究的发展与突破,可从两方面来进行考察。其一是对此前所开拓领域的深化研究,其二是新的研究领域的发现和拓展。

在开拓时期所关注的佛教与诗歌格律化问题,在这一时期学者们做了进一步深入研究。佛教与永明声律理论关系的研究,自陈寅恪先生提出四声的发现是受佛经转读影响后,几成定论。不过,在新时期对陈先生的观点的质疑之声也不断发出。郭绍虞虽然赞同陈先生的观点,但一直认为陈先生所论仅为四声成立的部分原因②。管雄则明确指出陈先生论四声之成立"恐不可靠"③。这些质疑由于并未提出更为充分的论据,显得并不有力。饶宗颐先生对陈先生的观

①罗根泽:《中国文学批评史》,上海:上海书店出版社,2003年,第130—131页。
②郭绍虞:《永明声病说》,《天津益世报文学副刊》,1939年3月13日;郭绍虞:《声律说考辨》,《照隅室古典文学论集》下编,上海:上海古籍出版社,1983年;郭绍虞:《声律说续考》,《古代文学理论研究》第3辑,上海:上海古籍出版社,1981年。
③管雄:《声律论的发生和发展及其在中国文学史上的影响》,《古代文学理论研究》,第3辑。

点提出的质疑则显得有力得多①。饶先生首先论证了陈先生所言汉语四声来自对围陀三声类比的不确,并指出四声之兴也不是陈先生所言的在永明之时,而是始于刘宋。其次,他还进一步提出四声的发现当是受天竺悉昙影响所致②,这一观点大概受到逯钦立先生的影响,饶先生的研究为佛教对四声的影响开辟了新的研究途径。

随着新时期佛学与文学思潮研究的不断深化与拓展,佛教与六朝文学思潮研究在新领域的开拓上也取得了一定成果,可注意者有两方面:

其一是佛教对晋宋山水文学思潮的影响。晋宋之际山水文学思潮的兴起,与佛教的传播有着密切关系。学者们认为,佛教"法身""形神"观念对"山水以形媚道"文艺观的形成有着直接影响,而这正是山水文学思潮兴起的重要因素。此外支遁、慧远对山水的理论阐释及山水文学的实践,对当时山水文艺观的形成也有一定影响。围绕这一问题,新时期学者们展开了广泛讨论③。

---

① 按:本节对 20 世纪佛教与六朝文学批评研究历史的回顾,仅限于大陆地区。所涉港台研究论著,也以在大陆发表时间为准而置于相应阶段进行讨论。

② 饶宗颐:《印度波尔尼仙之围陀三声论略——四声外来说平议》,《〈文心雕龙·声律篇〉与鸠摩罗什〈通韵〉——论四声与悉昙之关系兼谈王斌、刘善经、沈约》,见《梵学集》,上海:上海古籍出版社,1993 年。

③ 参见张国星:《佛学与谢灵运的山水诗》,《学术月刊》,1986 年第 11 期;蒋述卓:《支遁与山水文学的兴起》,《学术月刊》,1988 年第 6 期;蒋述卓:《佛教与晋宋之际的山水文学思潮》,《古代文学理论研究》,第 14 辑,上海:上海古籍出版社,第 1989 年;齐文榜:《试论慧远对山水诗歌的贡献》,《汕头大学学报》(人文社会科学版),1992 年第 3 期;齐文榜:《试论佛教僧徒的山水诗对谢灵运山水诗的影响》,《中国山水的艺术精神》,上海:学林出版社,1994 年;姜光斗:《论佛教思想对谢灵运之山水诗文的影响》,《中国山水的艺术精神》,上海:学林出版社,1994 年;李炳海:《慧远的净土信仰与谢灵运的山水诗》,《学术研究》,1996 年第 2 期;陈道贵:《从佛教影响看晋宋之际山水审美意识的嬗变——以庐山慧远及其周围为中心》,《安徽大学学报》(哲学社会科学版),2000 年第 3 期;张伯伟:《山水诗与佛教》,见《禅与诗学》,杭州:浙江人民出版社,1992 年。

其二是佛教对梁陈轻靡文学思潮的影响。学者们认为,当时文人对宫体轻靡书写的提倡,并不能仅仅归因于迷恋欲色而不返,他们对轻靡文学的看法,在很大程度上是想如佛经一样演欲色异相以说法,达到劝谕警世的目的,而这正是为配合萧梁统治集团以佛法化俗的政治行为。因此,佛教对当时轻靡文学观的形成有着重要影响①。

进入新世纪以后,本课题的旧有研究领域依然是热点,成果数量占总数的大部。虽然其中不乏重复之作,但还是有一些成果将各旧有领域的研究向前推进了一步。

第一,是对山水文学思潮研究的推进。这一领域的研究重点依然围绕着谢灵运展开,不过在研究方法上开始趋向于从微观角度论证佛教对其山水文学观的影响。马晓坤《论谢灵运山水诗的佛学意蕴》②、胡遂《谢灵运诗文与般若空观及涅槃境界》③两篇都通过对谢诗的详细剖析,指出谢灵运山水诗多通过对大自然景色的观照来实现自己的"照寂""伏累"理论,其山水诗之内在理路多体现了触物起累、以理伏累、顿悟灭累的禅悟过程。普慧《弥陀净土信仰与谢灵运的山水文学创作》④认为谢灵运自觉地接受了弥陀净土思想的影响,当他面对和走向山水文学和弥陀净土信仰时,其审美观和文学创作实践即被纳入他的弥陀净土信仰意识结构之中。李小荣、张志鹏《净

---

① 参见汪春泓:《论佛教与梁代宫体诗的产生》,《文学评论》,1991 年第 5 期;许云和:《欲色异相与梁代宫体诗》,《文学评论》,1996 年第 5 期;张伯伟:《宫体诗与佛教》,见《禅与诗学》,杭州:浙江人民出版社,1992 年;普慧:《南朝佛教与文学》,北京:中华书局,2002 年。

② 马晓坤:《论谢灵运山水诗的佛学意蕴》,《社会科学战线》,2002 年第 4 期。

③ 胡遂:《谢灵运诗文与般若空观及涅槃境界》,《湖南师范大学社会科学学报》,2004 年第 3 期。

④ 普慧:《弥陀净土信仰与谢灵运的山水文学创作》,《学术月刊》,2004 年第 3 期。

土观想与谢灵运山水意象及意境之关系略探》①则通过对谢诗的详细分析进一步指出,谢灵运在山水文学的创作中,对相关山水意象的选择及意境的构建,皆受到了净土观想法的深刻影响。上述学者所论谢灵运山水诗与其禅悟理论和净土观念之详尽联系,皆能发前人所未发,推进了此领域的研究。

第二,是对诗歌格律化思潮研究的推进。自 20 世纪饶宗颐先生提出陈寅恪先生所言四声来自佛经转读的说法不确,而是受天竺悉昙影响所致后,饶先生的观点已基本为学界接受。不过,进入新世纪后,吴湘洲在《永明体的产生与佛经转读关系再探讨》②一文中对饶先生的否定又提出了质疑,他通过大量材料的比较,认为佛经转读和永明声律论两者之间存在显而易见却一直被人忽视的联系,即二者都是与音乐有关的一种活动,所遇到的问题有很大一致性,即都是要解决字与声(词与乐)的配合问题,这是把二者联系起来的最重要的依据。虽然目前尚无直接证据表明永明声律理论的产生就是受到了佛经转读的影响,但完全否定两者之间的联系也是缺乏有力证据的。普慧在《南朝佛教与文学》一书中指出佛经翻译中的梵汉互译对反切注音法的发明有影响,这是后来四声的发现的一个重要前提③。高文强《佛学东渐对诗歌声病观念及规则的影响》④则通过对声律论创制者的佛教背景和随佛教传入的梵语诗律在中土传播的考察,认为永明诗歌声病理论在形成过程中吸取外来诗律中的有益成分是完全

①李小荣、张志鹏:《净土观想与谢灵运山水意象及意境之关系略探》,《社会科学家》,2007 年第 5 期。
②吴湘洲:《永明体的产生与佛经转读关系再探讨》,《文艺研究》,2005 年第 3 期。
③普慧:《南朝佛教与文学》,北京:中华书局,2002 年,第 152 页。
④高文强:《佛学东渐对诗歌声病观念及规则的影响》,《长江学术》,2006 年第 2 期。

可能的;并进一步通过相关材料的具体考证,指出永明声律论中的不少诗病概念和诗律规则都与梵文诗律有着渊源关系。此文为佛教影响永明声律论的研究提供了另一种可能途径。

第三,是对轻靡文学思潮研究的推进。佛教对宫体文学观到底有多大影响? 20 世纪的研究基本持"佛教是宫体文学观形成的主要因素"的观点。新世纪里,归青《佛教与宫体诗关系新探》①是一篇对本领域推进较大的文章。文章对前人所论佛教与宫体文学观之关系做了较全面梳理与辨析,认为佛教对宫体文学观形成的影响是应该肯定的,但是这种影响又不宜高估,它并非宫体文学观形成的主要因素;影响宫体文学观形成的主要因素是人性的需求和中古诗歌自身发展的逻辑。这篇文章对佛教与宫体文学观关系的定位客观而中肯,纠正了一些 20 世纪研究中存在的过度阐释的偏差。此外,刘林魁《佛教二谛思想与宫体文学理论》②认为,"立身之道与文章异"作为宫体文学观的主导理论,其形成受到了齐梁时期兴盛的佛教二谛论中真谛、俗谛二元思想的影响。此文为本领域研究又提供了一份新观点。

新世纪本课题的相关研究不仅在上述问题方面有所推进,在一些新问题的研究方面也有了开拓性进展。

其一是新变文学观。六朝文学思潮的嬗变,多与新变文学观念的推动有关。对晋宋之际文学的趋新求变,前人更多从文学自身的发展寻找原因,高文强《佛教与永明文学批评》③一书中则认为,晋宋之际士人新变文化心态的形成,与佛学东渐有密切联系。主要表现

---

① 归青:《佛教与宫体诗关系新探》,《学术月刊》,2008 年第 7 期。
② 刘林魁:《佛教二谛思想与宫体文学理论》,《咸阳师范学院学报》,2007 年第 1 期。
③ 高文强:《佛教与永明文学批评》,武汉:湖北教育出版社,2006 年。

在三个方面:一是佛学东渐造成中土传统文化的新变是影响士人文化心态新变的重要背景;二是佛教思想中的新变观念是促成士人求新文化心态形成的重要因素;三是晋宋之际佛教新思潮的大量涌入是推动士人文化心态新变的重要动力。这种求新文化心态对文学的趋新求变起到重要的推动作用。

其二是尚俗审美观。宋齐之际文学由雅趋俗,对轻靡文学思潮起到一定的推动作用,而文学风尚的转变有着多种原因。高文强《论永明士人对尚俗审美观之接受与佛教之关系》①一文认为在此转变过程中,佛教发挥了重要作用。他认为,一方面,佛教在文化心理上对士庶差异的消解,有助于永明士人对庶族阶层所发动的审美俗尚的接受;另一方面,佛教对文化世俗化的催动,也为审美俗尚在永明士人群体中传播创造了良好的文化环境。

纵观 20 世纪以来佛教与六朝文学思潮的研究历史,虽然在一些重要问题上取得了不少突破性成果,但就整体而言,在六朝文学思潮史的研究中显然是相对薄弱的一环,研究者和研究成果都相对较少。从目前研究状况来看,本课题研究存在的主要不足如下。

第一,对文人接受佛教状况在佛教与文学思潮关系中的重要作用重视不够。纵观近一个世纪以来"六朝佛教与文学思潮"的研究,其思路大体上都是将文人作为一个被动角色,从佛教传播角度来探讨佛教文化通过政治经济、文化思潮等不同途径对文学思潮产生的影响;而极少将文人作为文化主体,从接受学的角度来考察文人与文学思潮是如何受到佛教影响的。作为文化传播的佛教与文人接受视域中的佛教实际上是存在一定差异的,而在影响文学特别是文学观念方面,后者显然更为重要一些。长期以来,偏重传播视角的研究方

①高文强:《论永明士人对尚俗审美观之接受与佛教之关系》,《古代文学理论研究》,第 23 辑,上海:华东师范大学出版社,2005 年。

式,往往忽略了作为文学主体的文人在佛教影响文学思潮过程中所存在的重要作用。研究者往往更喜欢从佛教文献与文学文献的比较中判别两者的影响关系,而不太愿意从更广泛的文化层面探讨两者影响的存在。其实,许多佛教的影响往往并非直接反映在文学思潮之中,它常常是通过触动文化新变而影响到文人的世界观、人生观,进而影响到他们的审美观,再折射到他们的文学创作以及文学观念之中。在这种颇为曲折的影响途径中,文人对佛教的接受显然起到了关键性作用。当前人们对这一曲折研究思路的忽视正是研究中对接受视角忽视造成的结果。正如荷兰学者许理和在其著作《佛教征服中国:佛教在中国中古早期的传播与适应》中强调研究早期佛教史"详细分析中国人对外来教义的回应"①显得尤为重要一样,研究六朝佛教对文学思潮的影响时,细致辨析文人对佛教的回应也是非常重要的。因为从接受的角度来探讨六朝文人对佛教传播所做出的各种回应,不仅可以帮助我们深入了解佛教在文人群体中所表现的选择性传播的内在原因,更重要的是还可以帮助我们从更深层的观念因素方面去追问佛教文化是如何影响六朝文学思潮的。

　　第二,对僧人群体在佛教与文学思潮关系中的重要作用重视不够。新世纪的研究中虽然已有学者开始注意到僧人群体与文学思潮之关系,但对于这一群体在佛教与文学思潮嬗变方面的影响作用,研究还远远不够。东晋之后佛法隆盛,佛教本以佛、法、僧为"三宝","佛"与"法"作为一种抽象的存在,常常是以僧人的实践与宣讲为承载方式,所以在一定程度上,僧人就是佛教信仰的具体代表。因此,作为寺院僧众领袖的高僧,便常常成为在家信仰者皈依的对象。于是,文人与名僧交游,便成佛教兴盛时期士林中的普遍现象。名僧与

---

① (荷兰)许理和著,李四龙等译:《佛教征服中国:佛教在中国中古早期的传播与适应》第二版序,南京:江苏人民出版社,2017年。

文人交往过程中,不仅宣传佛法,同时也常常参与到文学创作与批评之中,如支遁、慧远便有不少诗作留传下来,钟嵘《诗品》下品中也列有齐惠休、道猷、宝月三人,可以说僧人文人化是当时的一个普遍现象。这一现象对佛教影响文学思潮必然会起到重要的推动作用。正如刘跃进《六朝僧侣:文化交流的特殊使者》一文中所说:"这些文化僧侣对于文学界的影响,主要还不是他们自身的创作,更重要的还是佛教思想对于中古诗律演变、中古文学体裁、题材以及中古文学思想所产生的巨大影响。"①目前研究对此显然重视不够。

本书的研究,正是在前人研究的基础上,针对尚存在的不足,对相关问题做了进一步研究,希望对佛教与六朝文学思潮相关研究能够有所补足,有所推进。

三、研究思路及方法

基于上述分析,本书研究的主要内容是以佛学东渐作为切入点,在详细考察佛教的传播与接受所引发的文化新变的基础上,寻绎六朝文学思潮嬗变的文化动因。具体内容与主要思路如下:

一、玄佛流转与诗歌的哲理化思潮

这一部分主要探讨了两晋之时的文化新变,即佛教借助玄佛合流从边缘文化走向精英文化,使佛教于东晋走向全面兴盛的现象,对两晋文学从"缘情"走向"析理"并在东晋形成诗歌哲理化思潮所发挥的重要作用。玄言清谈首先是东晋诗歌哲理化思潮形成的根基,玄佛合流及其佛教兴盛则为这一思潮在东晋的出现起到了重要推动作用。其中,佛教的哲理化书写又为诗歌的哲理化创作提供了可资借鉴的范例。因此,东晋时期,佛理诗、玄言诗的数量大为增加,文坛中弥漫着浓郁的哲理气息。文人们在诗作中书写自己的哲理性思考

---

① 刘跃进:《六朝僧侣:文化交流的特殊使者》,《中国社会科学》,2004 年第 5 期。

和体悟成为一种趋势及潮流,这些作品往往体现了文人哲理化书写的重要诉求,对后世文学的发展也产生了深远的影响。

二、游仙涅槃与山水文学思潮

这一部分主要探讨了佛学思潮从般若到涅槃、从物象到实相的新变对晋宋山水文学思潮的形成所产生的重要作用。晋宋之际,谢灵运、宗炳、鲍照、颜延之等一批文人在佛教文化的影响下,其山水审美,确切地说是观物方式较前代文人发生了很大的变化。在他们的山水书写中,山水的符号意蕴逐渐淡化,山水景物的本色之美得以呈现,具有了独立的审美价值。对于主体审美观念的变化,虽然不排除其他因素的影响,但佛教理论的发展在其中发挥了重要的影响作用。当时的佛教义理不断被纠偏,逐渐摆脱对玄学的依附而走上独立化的发展道路。推动山水文学思潮兴起的这批文人往往有较深厚的佛学素养,对实相、中道有着较为深刻的理解。这恰恰影响的是他们观世界的方法和眼光,懂得注目于物之本然,从而能够凸显山水的本色之美,在推动山水文学思潮兴盛的同时也为后世山水文学的成熟发展奠定了坚实的基础。

三、梵呗新声与诗歌的格律化思潮

这一部分主要探讨了随着佛经翻译而兴盛起来的声韵文化以及文风的通俗化,对齐梁时期诗歌的格律化思潮发挥了较为重要的作用。我们认为,佛教自入华便开始逐步大量地翻译佛经,梵汉互译促成了"反切"注音法的发明和"四声"的发现,而佛教中转读、梵呗、唱导等读经与宣教方法在刘宋时期的流行,为齐梁诗歌的格律化奠定了重要基础;同时,佛经的通俗化特色随着佛教广泛传播也对文学风气产生较大影响,追求"易读诵""易识字"成为齐梁文坛一时之风。此外,佛学东渐与带来的印度古典诗律知识也为齐梁诗歌的格律化提供了一定借鉴。正是这一系列文化新变有力地推动了齐梁文学思潮向格律化的转变。

四、异相善巧与轻靡文学思潮

这一部分主要探讨了随着庶族皇权的崛起和文化新变的推动，新风俗尚成为齐梁时期文学审美的潮流，而印度文化中的女性观念以及佛经中的女性书写随着佛教在中国的传播而产生的文化冲击和影响，则对梁陈时期文学的轻靡化发挥了重要的推动作用。我们认为，在佛经翻译过程中，虽然印度文化中开放的女性观念和佛经中直露的女性书写已被严格过滤掉，但较为含蕴的女性书写却大量存在，而佛经中的这种书写则被佛教视为借"欲色异相"之超越达"弘道明教"之目的，这是梁陈文学轻靡化的一个直接渊源；同时，梁代佛教的国教化，武帝"舍道入佛"的示范作用，则是推动由皇族引领的文学思潮向宫体化嬗变的主要动力。

五、造像祈愿与北朝文学的仪式化

这一部分主要探讨盛行于北朝时期的佛教造像及其他佛事活动中的仪式因素对北朝文学仪式化倾向的影响。相较南朝佛教而言，北朝佛教重信仰而轻义理，造像活动尤为炽盛。由于统治阶级的大力提倡和时代氛围的驱动，当时的社会各阶层都广泛参与到佛教造像活动之中。因佛教造像而产生了造像记这类独特的文本，其生成过程、内容和书写特色都与仪式有着密切的关联，是北朝文学仪式化的一处缩影。由于政治、族群及信仰等因素的作用，不少文人参与到造像活动之中，使造像记的书写蔚为大观。不只造像记，北朝文人的许多作品都与仪式有密切关联。因此，北朝佛教的繁荣和佛事活动的兴盛促使北朝文学呈现出仪式化的倾向，这一现象在北朝文学及思想史上具有重要意义。

遵循以上研究思路，本书将主要运用文献学、文艺学、宗教学、接受美学、阐释学等相关方法，以及历史还原与逻辑演绎相结合、哲学阐释与文学阐释相结合等方法展开研究，以寻绎佛学东渐引起的文化新变在文学思潮嬗变中所起到的合理作用。在这一思路引导下，本书的创新之处主要表现在以下两方面。

第一,研究内容之新意。对六朝文学思潮的研究,已有成果更多关注的是具体个案的研究,如玄言诗、山水诗、永明体、宫体诗等形成的原因和具有的特点,而极少探讨六朝一系列文学思潮之间嬗变的文化动因何在,而本书的研究重点正在于此。

第二,研究思路之新意。对佛教文化与六朝文学思潮之关系的研究,已有成果在研究思路上大多以佛教为主体来考察其在各文学思潮中所发挥的作用,而较少关注各文学思潮的嬗变与佛教东来所引起的文化新变之间的密切关系。因此,本书选择以佛学东渐下的文化新变为切入点来展开研究,在研究思路与方法上有一定新意。

综上所述,本书的相关研究前人已有较多开创性成果,但同时因其难度也使该领域的研究到目前为止依然存在较多不足。本书的研究希望对某些问题有所补足,若能做到这一点已是难能可贵。但即便如此,本书的研究中肯定还存在很多不足,希望各位学者提出批评指正,以利我们进一步做好相关课题的研究。

第一章 玄佛流转与诗歌的哲理化思潮

思想界的新变为文学的哲理化发展提供了重要契机。两晋之时，佛教借助玄学的力量完成了从边缘文化向精英文化的蜕变，佛教于东晋迎来了发展的黄金阶段，这一现象为两晋文学从"缘情"走向"析理"并于东晋形成哲理化思潮发挥了重要作用。而在这一思潮形成以前，诗歌哲理化的发展也为此积蓄了力量。东晋时期，佛理诗、玄言诗的数量大为增加，文坛中弥漫着浓郁的哲理气息。文人们在诗作中书写自己的哲理性思考和体悟成为一种趋势及潮流，这些作品往往体现了文人哲理化书写的重要诉求，对后世文学的发展也产生了深远的影响。

第一节 4世纪前玄风流变中的诗歌哲理化

在东汉末年社会批判思潮的影响和带动下，由何晏、王弼开创的贵无论玄学如一股旋风，对当时的社会思潮产生了摧枯拉朽般的影响。魏晋玄学兴起，这场划时代的变革最终打破了两汉经学一统天下的局面。新的思想不断向文学、艺术等其他领域渗透，思想界的变化也影响着文人们的创作。

事实上，在东晋以前，我国诗歌的哲理化思潮并未真正形成。但随着时代的变革，一些文人已经悄然在这条道路上行进，开始了一些有益的尝试和探索。

一、玄意的初相

东汉末年,战乱频仍,社会经济惨遭严重破坏。土地荒芜,百姓流离失所,饱受战乱之苦。正如《后汉书》中所载:"以及今日,名都空而不居,百里绝而无民者,不可胜数。"①又如《三国志》中所云:"是时丧乱之后,吏民流散饥穷,户口损耗。"②战乱再加自然灾害又往往导致疫病的流行,使百姓的生活雪上加霜。曹操《说疫气》载:"建安二十二年,疠气流行,家家有僵尸之痛,室室有号泣之哀。或阖门而殪,或覆族而丧。"③曹丕《又与吴质书》亦云:"昔年疾疫,亲故多离其灾,徐、陈、应、刘,一时俱逝,痛可言邪!"④天灾人祸接踵而至,人们随时面临着病痛和死亡的威胁。

残酷的社会现实煎熬着普通百姓的日常,也深深触动着文人们的情感与思想。詹福瑞指出:"建安时期生命诗歌的主题是写丧生之痛与生之可恋。正始诗人的生命体验中增添了世事变化无常、生命不可把握的恐惕,诗歌主旋律开始转移到人生祸福无端、命运更加诡异而难以驾驭的深深忧虑上,由此而形成了此一时期特有的忧生之嗟。"⑤在悲惨的世相面前,人们难免会生起有关生死存亡的忧患意识,个人的前途命运和家国兴衰都会成为焦虑的核心。因此,有些文人开始力求寻找摆脱心灵苦闷的有效途径。

仲长统的诗已经表现出对老庄思想境界的企羡与向往,其《见志诗》云:"大道虽夷,见几者寡。任意无非,适物无可。……抗志山西,

---

① [南朝宋]范晔:《后汉书》,北京:中华书局,1965年,第1649页。
② [晋]陈寿:《三国志》,北京:中华书局,1971年,第491页。
③ [清]严可均辑:《全三国文》,北京:商务印书馆,1999年,第183页。
④ [清]严可均辑:《全三国文》,北京:商务印书馆,1999年,第66页。
⑤ 詹福瑞:《魏晋诗文的忧生之嗟》,《文学评论》,2020年第4期。

游心海左。元气为舟，微风为柁。敖翔太清，纵意容冶。"①诚然，庄子思想中所描绘的人格理想和独特境界恰恰可以给那些处在精神焦虑中的文人提供一剂良药，并在思考人生方面令他们产生共鸣。建安文人中的曹植也曾在诗作中流露其对人生的忧虑和对缥缈、超脱之境的向往，其《赠白马王彪诗》云："苦辛何虑思？天命信可疑。虚无求列仙，松子久吾欺。"②这一倾向在其《游仙诗》中表现得更为显著："人生不满百，戚戚少欢娱。意欲奋六翮，排雾陵紫虚。蝉蜕同松乔，翻迹登鼎湖。翱翔九天上，骋辔远行游。东观扶桑曜，西临弱水流。北极登玄渚，南翔陟丹邱。"③翱翔九天和骋辔远游的逍遥，以及及时行乐的状态无疑是诗人十分渴慕的自由，这正是其心灵痛苦的反映与表征。生命的脆弱无常与悲凉，人事变化的多端与无奈在曹植的诗作中体现得非常鲜明。如《送应氏诗》其二云："清时难屡得，嘉会不可常。天地无终极，人命若朝霜。"④又如《赠白马王彪诗》："变故在斯须，百年谁能持？离别永无会，执手将何时？"⑤

而早在被刘勰称为"五言之冠冕"的《古诗十九首》中，这种对生命短暂、命运无常的忧虑感喟和深沉追问便已然存在，如：

> 人生寄一世，奄忽若飚尘。
>
> 人生非金石，岂能长寿考。
>
> 浩浩阴阳移，年命如朝露。
>
> 人生忽如寄，寿无金石固。

---

① 逯钦立辑校：《先秦汉魏晋南北朝诗》，北京：中华书局，1983 年，第 205 页。
② 逯钦立辑校：《先秦汉魏晋南北朝诗》，北京：中华书局，1983 年，第 454 页。
③ 逯钦立辑校：《先秦汉魏晋南北朝诗》，北京：中华书局，1983 年，第 456 页。
④ 逯钦立辑校：《先秦汉魏晋南北朝诗》，北京：中华书局，1983 年，第 454 页。
⑤ 逯钦立辑校：《先秦汉魏晋南北朝诗》，北京：中华书局，1983 年，第 454 页。

生年不满百,常怀千岁忧。①

《古诗十九首》中类似的表达和对人生的感悟显然对曹植的诗作是有深刻影响的,两者之间存在情感上的共鸣。有忧思就必然希望有排解的出口,庄学中所描绘的理想境界正好吸引了诗人的目光,我们因而能在其作品中寻到《庄子》的身影。

　　然而,建安文人特殊的身份和地位决定了他们不能置身事外。作为统治集团的内部成员,曹植仍肩负着社会使命的重担,拥有浓厚的家国情怀与历史责任感。

　　因此,"闲居非吾志,甘心赴国忧"②正是其内心的真实独白,壮怀激烈的理想抱负势必驱使他为建功立业而孜孜一生。相矛盾的是,庄学恰恰是"从摆脱人际关系中来寻求个体的价值"③。因此,庄学思想与其价值诉求存在明显的冲突,这就注定了曹植不可能在作品中对庄子的思想进行理论思考和探求,《庄子》在诗中只是他浅尝辄止的审美化表达,更像是描绘了一个遥不可及的梦境,根本无法排解其内心的焦虑和痛苦。

　　处在变革时期的建安文人,其笔墨确实开一代风气之先,为沉闷的文坛送来一股清新、独特之风。鲁迅说过:"汉末魏初的文章是清峻,通脱。在曹操本身,也是一个改造文章的祖师。"④正因建安时期处在思想文化史上的转折时代,在汉末经学向魏晋玄学的过渡中呈

① 逯钦立辑校:《先秦汉魏晋南北朝诗》,北京:中华书局,1983 年,第 330—333 页。
② 逯钦立辑校:《先秦汉魏晋南北朝诗》,北京:中华书局,1983 年,第 457 页。
③ 李泽厚:《中国古代思想史论》,北京:生活·读书·新知三联书店,2008 年,第 201 页。
④ 鲁迅:《魏晋风度及文章与药及酒之关系》,《鲁迅全集》第 3 卷,北京:人民文学出版社,2005 年,第 525 页。

现其生机和活力,建安文人能够摆脱汉代儒家思想的桎梏,一除文字雕琢与堆砌的痼疾,故而能在当时的文坛上独领风骚,熠熠生辉。然而,志在建功立业的建安文人投身在了复杂而激烈的政治斗争中,满腔热血,忧国忧民。在遭遇人生苦闷时只能以浓烈的抒情和对人生的些许感悟来暂时借诗文一吐为快,庄学中的思想不适应也无法满足这一群体的心理诉求,因而这一时期的诗歌还谈不上哲理化,只是带有一种向往庄学人格理想和人生境界的朦胧倾向。

二、以玄饰情

到了正始时期,诗歌的哲理化倾向比先前更为显著了,尤以嵇康、阮籍的作品最为突出,故刘熙载《诗概》云:"曹子建、王仲宣之诗出于《骚》。阮步兵出于《庄》。"[1]

庄学中的理念和典故被他们很自然地化用或直接引用进诗作中。如,嵇康的《代秋胡歌诗》云:"绝智弃学,游心于玄默。"[2]《忧愤诗》云:"贱物贵身,志在守朴。"[3]又如,其《四言赠兄秀才入军诗》云:"俯仰自得,游心太玄。嘉彼钓叟,得鱼忘筌。"[4]庄子曾借孔子和老子间的对话来诠解"游心"的内涵:

老聃曰:"吾游心于物之初。"

……

孔子曰:"请问游是。"

---

[1]［清］刘熙载著,王气中笺注:《艺概笺注》,贵阳:贵州人民出版社,1986年,第162页。

[2]逯钦立辑校:《先秦汉魏晋南北朝诗》,北京:中华书局,1983年,第480页。

[3]逯钦立辑校:《先秦汉魏晋南北朝诗》,北京:中华书局,1983年,第481页。

[4]逯钦立辑校:《先秦汉魏晋南北朝诗》,北京:中华书局,1983年,第483页。

老聃曰:"夫得是,至美至乐也,得至美而游乎至乐,谓之至人。"①

在庄子看来,游心于道,即对"道"的观照是至人所能达到的至美至乐的境界,其实质是心灵所至的绝对自由的状态,因为这一状态彻底摆脱了利害观念的束缚。

庄子还借女偊之口阐明,只有做到"外天下""外物""外生"这三个层次,才能真正将"道"了然于心,进而在纷纷扰扰的世相中保持内心的平静:

南伯子葵问乎女偊曰:"子之年长矣,而色若孺子,何也?"

曰:"吾闻道矣。"

南伯子葵曰:"道可得学邪?"

曰:"恶!恶可!子非其人也。夫卜梁倚有圣人之才而无圣人之道,我有圣人之道而无圣人之才,吾欲以教之,庶几其果为圣人乎!不然,以圣人之道告圣人之才,亦易矣。吾犹告而守之,三日而后能外天下;已外天下矣,吾又守之,七日而后能外物;已外物矣,吾又守之,九日而后能外生;已外生矣,而后能朝彻;朝彻,而后能见独;见独,而后能无古今;无古今,而后能入于不死不生。杀生者不死,生生者不生。其为物,无不将也,无不迎也;无不毁也,无不成也。其名为撄宁。撄宁也者,撄而后成者也。"②

也就是说如果能够做到将人世间的富贵贫穷、利益得失甚至生死统

①陈鼓应注译:《庄子今注今译》,北京:商务印书馆,2007年,第623页。
②陈鼓应注译:《庄子今注今译》,北京:商务印书馆,2007年,第216—217页。

统置之度外,心灵便能获得极大的解放和自由。嵇康显然赞同和钦佩庄子所提倡的这一思想,所以在其诗作中多次传达了这一理念。如《答二郭诗》其三云:"详观凌世务,屯险多忧虞。施报更相市,大道匿不舒。夷路值枳棘,安步将焉如。权智相倾夺,名位不可居。鸾凤避尉罗,远托昆仑墟。庄周悼灵龟,越稷畏王舆。至人存诸己,隐璞乐玄虚。功名何足殉,乃欲列简书。"①

　　除了嵇康,阮籍也在其诗作如《咏怀诗》中多次引用或化用庄子思想中的玄理,在作品中融入了对庄子境界的认同和向往。试举几例如下:

　　谁言万事艰,逍遥可终生。临堂翳华树,悠悠念无形。(其三十六)

　　视彼庄周子,荣枯何足赖。(其三十八)

　　生命无期度,朝夕有不虞。列仙停修龄,养志在冲虚。(其四十一)

　　保身念道真,宠耀焉足崇。(其四十二)

　　吹嘘谁以益,江湖相捐忘。(其七十六)

　　昔有神仙士,乃处射山阿。乘云御飞龙,嘘噏叽琼华。可闻不可见,慷慨叹咨嗟。自伤非俦类,愁苦来相加。②(其七十八)

　　阮籍在诗作中对庄学典故的运用可谓驾轻就熟,信手拈来。《庄子·养生主》云:"为善无近名,为恶无近刑。缘督以为经,可以保身,

①逯钦立辑校:《先秦汉魏晋南北朝诗》,北京:中华书局,1983年,第487页。
②逯钦立辑校:《先秦汉魏晋南北朝诗》,北京:中华书局,1983年,第503—510页。

可以全生,可以养亲,可以尽年。"①在庄子看来,做世俗之人所谓的
"善"事而不求名,顺其自然则能保护生命,保全天性,有益于身心的
康健。庄子"法天贵真"的思想显然对阮籍有着深刻的影响,以至其
在诗作中发出"保身念道真,宠耀焉足崇"的感喟。此外,《庄子·逍
遥游》云:"藐姑射之山,有神人居焉,肌肤若冰雪,绰约若处子;不食
五谷,吸风饮露;乘云气,御飞龙,而游乎四海之外。其神凝,使物不
疵疠而年谷熟。"②姑射山上的神人,不食人间烟火,吸清风而饮露
水,乘云气而御飞龙,独与天地精神往来,好不逍遥自在。阮籍心向
往之但又伤其可闻而不可见的无奈。

　　除了嵇、阮二人,何晏的诗也有庄学思想的烙印,其《言志诗》云:
"鸿鹄比翼游,群飞戏太清。常恐夭纲罗,忧祸一旦并。岂若集五湖,
顺流唼浮萍。逍遥放志意,何为怵惕惊。"③此外,嵇康的友人阮侃在
诗作中也善用《庄子》中的典故。出自《庄子·外物》和《庄子·秋
水》的"神龟"被诗人们多次在作品中提及,如阮侃的《答嵇康诗》云:
"潜龙尚泥蟠,神龟隐其灵。庶保吾子言,养真以全生。"④又如嵇康
《述志诗》云:"斥鷃擅蒿林,仰笑神凤飞。坎井蜩蛙宅,神龟安
所归。"⑤

　　正如刘勰《文心雕龙·明诗》所云:"乃正始明道,诗杂仙心;何
晏之徒,率多浮浅。唯嵇志清峻,阮旨遥深,故能标焉。"⑥可见,正始

---

①陈鼓应注译:《庄子今注今译》,北京:商务印书馆,2007年,第113页。
②陈鼓应注译:《庄子今注今译》,北京:商务印书馆,2007年,第28页。
③逯钦立辑校:《先秦汉魏晋南北朝诗》,北京:中华书局,1983年,第468页。
④逯钦立辑校:《先秦汉魏晋南北朝诗》,北京:中华书局,1983年,第477—
　478页。
⑤逯钦立辑校:《先秦汉魏晋南北朝诗》,北京:中华书局,1983年,第489页。
⑥[南朝梁]刘勰著,陆侃如、牟世金译注:《文心雕龙译注》,济南:齐鲁书社,
　2009年,第144页。

时期,流露道家思想、关涉玄理的诗歌为数不少,且刘勰尤为欣赏嵇康的清高志趣和阮籍诗作的深远之境。

正始时期,"天下多故,名士少有全者"①。对文人来说,严酷而恐怖的政治环境令许多人的前途命运变得朝不保夕,岌岌可危。其内心在小心翼翼、谨言慎行的生活中变得更加敏感而伤悲,他们亟须一种思想或理论来消解身心的苦闷。在这种形势下,许多文人的思想和创作都在顺应潮流中做出改变。玄学逐渐流行开来,在何晏、王弼"以无为本"等玄学思想的贡献下,许多人也将研究兴趣投向《老子》《庄子》《周易》三玄。嵇康和阮籍也致力于对老庄思想的宣扬,崇"本"而抑"末",强调名教与自然的区别,对社会现实予以深刻批判,他们对魏晋玄学的发展做出了突出的贡献。此外,他们也在文学作品中流露对庄学境界的理解和向往,以诗歌的形式接纳玄学世界,从而找到一个能暂时安顿身心的场所。

然而,在这些含有哲理色彩的诗作中,主体的悲愤、愁苦、孤独之情等溢于言表,比如前文中提到阮籍所哀叹的"自伤非俦类,愁苦来相加"。面对恶劣的生存环境,他们抒发了与建安文人相似的感怀。在残酷的世相面前依然感到苦闷与彷徨,在借用庄学典故的同时伤感人生的短暂与人事的变化无常。如嵇康云:"人生譬朝露,世变多百罗。苟必有终极,彭聃不足多。仁义浇淳朴,前识丧道华。留弱丧自然,天真难可和。郢人审匠石,钟子识伯牙。真人不屡存,高唱谁当和。"②早在汉末文人秦嘉诗中就有几近相似的强烈的忧生之叹,其《赠妇诗》云:"人生譬朝露,居世多屯蹇。忧艰常早至,欢会常苦晚。"③类似的感慨在建安文人的诗作中亦不胜枚举。此外,嵇康的

---

①[唐]房玄龄等:《晋书》,北京:中华书局,1974年,第1360页。

②逯钦立辑校:《先秦汉魏晋南北朝诗》,北京:中华书局,1983年,第489页。

③逯钦立辑校:《先秦汉魏晋南北朝诗》,北京:中华书局,1983年,第186页。

兄长嵇喜在《答嵇康诗》中亦云：“李叟寄周朝，庄生游漆园。时至忽蝉蜕，变化无常端。”①

　　由此可以看出，正始文人诗作中的哲理并不纯粹，他们作诗的目的并不在于钻研玄理，而是希望通过用老庄的思想结合诗歌这一抒情方式来发泄内心的焦虑与苦闷，但事实上庄学理论未能治愈他们心灵的痛苦。而且，他们对庄学思想的理解只是停留在语言层面，并未真正内化为个人的思想境界，一再推崇老庄生死齐一、宠辱偕忘、摆脱利害观念的境界，却又因不能实现自己的理想抱负而忧从中来。如果这些理论能为他们的诉求提供合理的解决路径，痛苦又从何而来呢？显然，他们文学作品中的玄理对主体的情感及诗歌内容只是起到了一种修饰、增色作用，丰富了诗歌的旨趣。其诗作对玄理的接受大有虽不能至、心向往之的意味传达出来，所以姑且将他们诗歌中哲理化现象的特质称为“以玄饰情”。刘熙载的《诗概》一语道破一些文人诗作蕴含玄理的实质，“嵇叔夜，郭景纯，皆亮节之士。虽《秋胡行》贵玄默之致，《游仙诗》假栖遁之言，而激烈悲愤，自在言外。乃知识曲宜听其真也”②。

　　具体看来，认同庄子所倡导的哲学理念却与个人思想行为实质相冲突的现象，在嵇康、阮籍二人身上表现得十分显著。嵇、阮二人都对老庄思想有浓厚的兴趣，且两人都于外在呈现喜怒不形于色的状态，力图保持平静、优雅的风度，这似乎也是受到了庄学思想的影响。《晋书·阮籍传》云：“籍容貌瑰杰，志气宏放，傲然独得，任性不羁，而喜怒不形于色。……博览群籍，尤好《庄》《老》。嗜酒能啸，善

①逯钦立辑校：《先秦汉魏晋南北朝诗》，北京：中华书局，1983 年，第 550 页。
②［清］刘熙载著，王气中笺注：《艺概笺注》，贵阳：贵州人民出版社，1986 年，第 161 页。

弹琴。"①嵇康亦是如此:"博览无不该通,长好《老》《庄》。与魏宗室婚,拜中散大夫。常修养性服食之事,弹琴咏诗,自足于怀。……戎自言与康居山阳二十年,未尝见其喜愠之色。"②但这似乎只是表象,实际情况并非如此,史书上还记载阮籍本有济世之志,但为形势所迫而装醉避祸。虽然他一再在诗中强调不惧荣枯、不慕宠耀,要保身念真,顺应自然,但仍掩饰不住内心的愁苦与无奈。嵇康虽然也能做到表面的平静,但依然以《忧愤诗》发泄心中的块垒,写《与山巨源绝交书》来表达对世俗礼法的蔑视,其诸多行为仍表现了他性情刚烈的一面。因此,老庄玄理并不能真正将这些文人带入超越境界,庄学思想与现实生活的冲突也无法解决他们内心深处的痛苦,所以他们在诗作中融入玄理更像是一种宣泄情绪的手段和方式。

罗宗强先生认为:"建安诗人在强烈抒情时,已体认人生哲理,大抵叹岁月之流逝,人生短促而世路无穷。正始诗人则把对于人生哲理体认的范围扩大了,方式也有所变化。建安诗人是在抒情,在感喟中体认;正始诗人则在更深的层次上作哲理的思索。"③诚然,与建安文人相较,正始文人的诗作在哲理化的探求方面更加深入,但两者都具有浓厚的抒情色彩,传达出主体在心灵的痛苦感受层面具有一致性。此外,这一时期的诗歌仍未形成哲理化的思潮,这些现象也从侧面反映了他们所推崇和宣扬的玄学思想并不能带领他们走向超越之境,真正摆脱心灵的桎梏和枷锁。

三、哲理的弱化

如前所述,西晋以前诗歌的哲理化有加强的趋势,这些现象似乎

---

① [唐]房玄龄等:《晋书》,北京:中华书局,1974年,第1359页。
② [唐]房玄龄等:《晋书》,北京:中华书局,1974年,第1369—1370页。
③ 罗宗强:《魏晋南北朝文学思想史》,北京:中华书局,1996年,第41页。

预示着诗歌哲理化的思潮即将到来,事实却恰恰相反。西晋时期,诗歌中的哲理性非但没有加强,反而弱化了,有关玄言诗的创作也进入了萧条阶段。只有少数文人的诗作有一定的玄言色彩,但也不再像嵇、阮二人那样大量引用庄学典故了。

文人董京有两首玄理色彩相对浓厚的诗篇,且据史书记载,作者本人也真正做到了归隐遁世,回归自然,追求庄学中所倡导的理念。其诗二首如下:

> 乾道刚简,坤体敦密。茫茫太素,是则是述。末世流奔,以文代质。悠悠世目,孰知其实。逝将去此至虚,归此自然之室。
> 孔子不遇,时彼感麟。麟乎麟,胡不遁世以存真。①

此外,石崇在其诗《思归引》的序中写道:

> 余少有大志,夸迈流俗。弱冠登朝,历位二十五,年五十以事去官。晚节更乐放逸,笃好林薮,遂肥遁于河阳别业。其制宅也,却阻长堤,前临清渠,柏木几于万株,江水周于舍下。有观阁池沼,多养鱼鸟。家素习技,颇有秦赵之声。出则以游目弋钓为事,入则有琴书之娱。又好服食咽气,志在不朽,傲然有凌云之操。②

从石崇的描述来看,其晚年的生活返璞归真、乐于玄虚,志隐山林。有着洒脱自在的心境,不为俗世所累,但事实却未必如此。石崇财富之多在历史上是出了名的,他长年过着挥金如土、骄奢淫逸的生活。

---

① 逯钦立辑校:《先秦汉魏晋南北朝诗》,北京:中华书局,1983年,第601页。
② 逯钦立辑校:《先秦汉魏晋南北朝诗》,北京:中华书局,1983年,第643页。

《晋书·石崇传》云："财产丰积,室宇宏丽。后房百数,皆曳纨绣,珥金翠。丝竹尽当时之选,庖膳穷水陆之珍。与贵戚王恺、羊琇之徒以奢靡相尚。恺以粏澳釜,崇以蜡代薪。恺作紫丝布步障四十里,崇作锦步障五十里以敌之。崇涂屋以椒,恺用赤石脂。崇、恺争豪如此。"①且石崇与王恺斗富,足见其争强好胜、追名逐利之心的严重性,恰恰呈现的是一种被外物所负累的心态。史书又云："王恺、羊琇之俦,盛致声色,穷珍极丽。至元康中,夸恣成俗,转相高尚,石崇之俦,遂兼王、何。"②可见他的奢靡浮华更在他人之上。石崇的性情和品格也令人颇有微词,何谈拥有淡泊、超脱的心境?《晋书·嵇绍传》云："时石崇为都督,性虽骄暴,而绍将之以道,崇甚亲敬之。"③另,《晋书·潘岳传》云："岳性轻躁,趋世利,与石崇等诌事贾谧,每候其出,与崇辄望尘而拜。"④可见他"笃好林薮",心无挂碍,对自然的向往并非其真实的想法,更多是在描绘和享受一种审美化的、闲情逸致的生活方式及趣味。

在西晋短暂统一的政治环境中,文人们大多把目光投向了现实社会,对老庄境界的向往也不似先前那般热切。西晋文人仍醉心清谈,探讨玄理,但对玄理哲学内涵的探求已经让位于对审美化的生活趣味、对功名利禄的追逐了。无论清谈还是以玄言入诗,很多时候都在言不由衷,更多是在被世俗化的欲望和风气所驱使。晋人张华的《轻薄篇》云："末世多轻薄,骄代好浮华。志意既放逸,赀财亦丰奢。被服极纤丽,肴膳尽柔嘉。童仆余粱肉,婢妾蹈绫罗。文轩树羽盖,乘马鸣玉珂。横簪刻玳瑁,长鞭错象牙。足下金镶履,手中双莫耶。

①[唐]房玄龄等:《晋书》,北京:中华书局,1974年,第1007页。
②[唐]房玄龄等:《晋书》,北京:中华书局,1974年,第837页。
③[唐]房玄龄等:《晋书》,北京:中华书局,1974年,第2298页。
④[唐]房玄龄等:《晋书》,北京:中华书局,1974年,第1504页。

宾从焕络绎,侍御何芬葩。"①此诗将当时的社会风气概括得十分精当,豪奢相竞,注重物欲享受已经成为一种普遍的社会现象。波及之处,知识阶层也深陷其中。故而罗宗强先生指出:"如果说,正始清谈为一哲学时代士人沉迷于哲思的表现的话,那么西晋的清谈,主要的已经演变为士人普遍的一种生活享受,一种表示风流素养的手段了。"②因此,诗歌哲理化现象的停滞和缓慢发展也成为一种必然。

　　此外,司马氏政权一统天下后,大力倡导和振兴儒学,对老庄玄学思想的发展起到了一定的抑制作用。一些文人也在诗作中极力推崇、宣扬儒家思想和理念。较有代表性的如傅咸的《五经诗》,其《周易诗》云:"卑以自牧,谦而益光。进德修业,既有典常。晖光日新,照于四方。小人勿用,君子道长。"③此外,束皙的《补亡诗·由仪》云:"肃肃君子,由仪率性。明明后辟,仁以为政。"④还有夏侯湛的《周诗》等,都是对儒家思想的维护和宣扬。《世说新语·文学》云:"夏侯湛作《周诗》成,示潘安仁。安仁曰:'此非徒温雅,乃别见孝悌之性。'"⑤一语道出夏诗的特质。但值得注意的是,这一类诗并不包含哲理性,虽然它们传达了儒家思想,但并不蕴含对哲理的探讨,这类诗作是在儒家诗学思想指导下对儒家义理的宣扬,以诗歌的形式直截了当地言说儒家"克己复礼""进德修业""仁政"等核心思想,如傅咸的《论语诗》云:"克己复礼,学优则仕。富贵在天,为仁由己。以

---

①逯钦立辑校:《先秦汉魏晋南北朝诗》,北京:中华书局,1983 年,第 610—611 页。
②罗宗强:《魏晋南北朝文学思想史》,北京:中华书局,1996 年,第 62 页。
③逯钦立辑校:《先秦汉魏晋南北朝诗》,北京:中华书局,1983 年,第 604 页。
④逯钦立辑校:《先秦汉魏晋南北朝诗》,北京:中华书局,1983 年,第 641 页。
⑤[南朝宋]刘义庆著,[南朝梁]刘孝标注,余嘉锡笺疏:《世说新语笺疏》,上海:上海古籍出版社,1993 年,第 253 页。

道事君,死而后已。"①此外,张华的《励志诗》也体现了这一特色:"复礼终朝,天下归仁。若金受砺,若泥在钧。进德修业,辉光日新。"②但作者在其另一诗作中又表现了与此相矛盾的思想,其《答何劭诗》云:"洪钧陶万类,大块禀群生。明暗信异姿,静躁亦殊形。自予及有识,志不在功名。虚恬窃所好,文学少所经。"③本来诗人曾以"进德修业"等儒家理念来励志,却又直言自己淡泊名利,乐于玄虚。这恰恰也是当时许多文人言不由衷、处于自相矛盾现象的又一缩影。正如刘勰《文心雕龙·情采》所言:"故志深轩冕,而泛咏皋壤;心缠几务,而虚述人外。真宰弗存,翩其反矣。"④有些人明明志在高官厚禄,牵挂着繁忙的政务,却在高唱田园隐居生活,空谈世外之情致,可见真心与外在表现相悖的情形在当时并不鲜见。在以上诸多因素的综合作用下,西晋时期诗歌哲理化的发展与先前的趋势相比,反而弱化了。

总之,在这一动荡的变革时代,随着时局的变化和思想的不断革新,文人们逐渐思考、体认人生,将对人事的感悟和内心的痛苦之情融进诗作中。在诗歌中流露对玄远之境的向往或在诗中以玄饰情,都反映了处在忧思苦闷中的诗人们亟须用一种思想理论来武装和慰藉脆弱的心灵,但显然玄学的实际效果并不理想。此时的诗歌也终究没有形成哲理化的思潮,背后的原因值得我们思考。但一些文人仍然做出了不少尝试和努力,为诗歌哲理化思潮的最终到来积蓄了力量。

---

①逯钦立辑校:《先秦汉魏晋南北朝诗》,北京:中华书局,1983年,第604页。
②逯钦立辑校:《先秦汉魏晋南北朝诗》,北京:中华书局,1983年,第615页。
③逯钦立辑校:《先秦汉魏晋南北朝诗》,北京:中华书局,1983年,第618页。
④[南朝梁]刘勰著,陆侃如、牟世金译注:《文心雕龙译注》,济南:齐鲁书社,2009年,第428页。

第二节　汉晋佛教传播的哲理化元素

　　佛教文化有其固有的传统和特色,尤其善于运用种种方式来传达教义和哲理。因此,佛教借助了许多艺术门类来传播佛法智慧和普世真理。随着佛教在中土的传播,其所运用的这些方便法门和思维特征对中国文学及文化产生了深刻的影响。从东汉至西晋,以汉译佛经为代表的佛教哲理化书写正是文字般若,逐渐吸引着研究者的目光,为后世佛学与玄学的交汇以及诗歌哲理化思潮的形成埋下伏笔。

一、佛教艺术的哲理化表达

　　善于哲理化表达是佛教文化的一大传统和特色。佛教中的雕塑、画像、音乐、文学等,都成为佛教借以传达哲理和弘扬佛法的艺术门类。

　　公元 1 世纪时,古印度出现了最早的佛教造像艺术形式——犍陀罗造像。东汉时期,佛像艺术开始传入我国。原本佛教中的至理、至道是无法用语言和形象言说和表达的,正如僧肇的《涅槃无名论》云:“夫涅槃之为道也,寂寥虚旷,不可以形名得;微妙无相,不可以有心知。”[1]但为了使人能够理解和接受,佛教仍然需要借助具体的事物来传达其深奥的智慧。佛陀为了佛法的传播也曾使用种种方便法门,且根据接受者的不同特点来应机说法,并示现种种形象来传法。《大般涅槃经》云:“诸佛如来亦复如是,随诸众生种种音声而为说法,为令安住于正法故,随所应见而为示现种种形像。”[2]慧远的《襄

---

①[清]严可均辑:《全晋文》,北京:商务印书馆,1999 年,第 1813 页。
②(北凉)昙无谶译:《大般涅槃经》卷十,《大正新修大藏经》第 12 册,第 423 页。

阳丈六金像颂序》云:"夫形理虽殊,阶途有渐,精粗诚异,悟亦有因。是故拟状灵范,启殊津之心;仪形神模,辟百虑之会。"①慧皎在《义解论》中亦阐明了这个道理,且论述更为详尽。《义解论》云:"夫至理无言,玄致幽寂。幽寂故心行处断,无言故言语路绝。言语路绝,则有言伤其旨;心行处断,则作意失其真。所以净名杜口于方丈,释迦缄默于双树。将知理致渊寂,故圣为无言。但悠悠梦境,去理殊隔;蠢蠢之徒,非教孰启。是以圣人资灵妙以应物,体冥寂以通神,借微言以津道,托形传真。"②佛教对形像极为重视,因而又称为"象教"。北魏孝文帝的《立僧尼制诏》云:"自象教东流,千龄以半。"③佛像对佛教精神及理念的承载和传达是佛教文化哲理化表达的又一重要体现。此外,还有与佛像几乎起源于同时的佛画,除了被信仰者供养礼拜之外,也具备对佛教传说及佛教义理的图解功能。古代的佛画常常被绘于墙壁、纸绢或布面上,对佛理的传播起到了重要的推动作用。

在佛教音乐中,梵呗指的是以曲调诵经来赞咏、歌颂佛德。因据梵土(印度)曲谱咏唱,故称为梵呗。我国的梵呗相传源于曹植的改制。慧皎《经师论》云:"夫篇章之作,盖欲伸畅怀抱,褒述情志。咏歌之作,欲使言味流靡,辞韵相属。故《诗序》云:'情动于中,而形于言。言之不足,故咏歌之也。'然东国之歌也,则结韵以成咏;西方之赞也,则作偈以和声。……原夫梵呗之起,亦兆自陈思。"④在慧皎看来,歌咏的目的在于补"言之不足",这正说明了梵呗同样具有传达思

---

① [清]严可均辑:《全晋文》,北京:商务印书馆,1999年,第1785页。
② [南朝梁]释慧皎撰,汤用彤校注:《高僧传》,北京:中华书局,1992年,第342—343页。
③ [清]严可均辑:《全后魏文》,北京:商务印书馆,1999年,第58页。
④ [南朝梁]释慧皎撰,汤用彤校注:《高僧传》,北京:中华书局,1992年,第507—508页。

想的功能,以弥补言说的局限性。且慧皎的《唱导论》云:"唱导者,盖以宣唱法理,开导众心也。"①亦是相通的道理,所举这些方式都是传播法理,启迪、开导众生的有效手段。

此外,在佛经当中,一些经典的文学性很强,蕴含着丰富的人文精神。如《本生经》中一个常见的主题便是舍己救人,还有些本生故事体现了对孝道的推崇。整体看来,许多本生故事以其构思的大胆、新颖和手法的多元来传达佛教所倡导的理念。佛经当中诸如《杂譬喻经》《百喻经》等,更是集中展示了饱含哲理的譬喻故事,以生动、通俗或者幽默、风趣的故事给人以教化和启迪。如《百喻经》就以许多愚人所做的蠢事来作比,并在结尾点明作者打比方的用意。其中的《以梨打头破喻》云:

　　昔有愚人头上无毛,时有一人以梨打头,乃至二三悉皆伤破,时此愚人默然忍受不知避去。傍人见已而语之言:"何不避去,乃住受打致使头破?"愚人答言:"如彼人者憍慢恃力痴无智慧,见我头上无有发毛谓为是石,以梨打我头破乃尔。"傍人语言:"汝自愚痴,云何名彼以为痴也? 汝若不痴,为他所打,乃至头破不知逃避?"比丘亦尔,不能具修信戒闻慧,但整威仪以招利养,如彼愚人被他打头不知避去,乃至伤破反谓他痴,此比丘者亦复如是。②

文中以此类比,讽刺了那些假做威仪、自欺欺人却不自知的比丘。

除了艺术中的相关门类,佛教之中艺术化的器物亦包蕴了深刻

①[南朝梁]释慧皎撰,汤用彤校注:《高僧传》,北京:中华书局,1992 年,第 521 页。
②(印)僧伽斯那撰,[南朝齐]求那毗地译:《百喻经》卷一,《大正新修大藏经》第 4 册,第 543 页。

的哲理化内涵。佛教中的许多法器或供养物等,都有其意蕴和讲究,并非普通之物。较具代表性的如法器"木鱼",古称鱼鼓、鱼板。这种木质的鱼形法器随着历史的发展具有多种样式和用途,有召集大众、诵经、报时等作用。将这一法器做成鱼形,据说是因鱼的眼睛昼夜不闭,所以将木材刻成鱼状,借此自然现象来警醒修行者,莫生懈怠之心。又如,僧尼们常持的一种器物叫作"钵",又称钵多罗、钵和兰等,一般用作食器。持钵行乞时称为"托钵",但僧人们不能储存多个钵,因为对其护持要如同呵护自己的眼睛一般专一、洁净,所以还要常常用澡豆洗净,去除污垢。另外,佛教徒还喜欢用香花作为供养物。"花"在佛教中也有深刻的哲理性。《大毗卢遮那成佛经疏》云:"所谓花者,是从慈悲生义。即此净心种子于大悲胎藏中,万行开敷庄严佛菩提树,故说为花。"[①]因花被视有柔软、慈悲之德,它能使人心柔软、缓和,故成为重要的供养物之一。此外,佛教中的密教之法器比显教各宗具有更为浓厚的神秘性和象征化的哲理意涵。

有学者注意到了佛教文化中所普遍存在的象征意味,以及由此引发的对佛教义理的探讨。美国学者柯嘉豪便认为:"在讨论佛教象征符号在中国的不断涌现时,我们不应该把视线局限在佛教绘画和塑像的象征意味上。普遍用于日常仪轨中的法器,在进入中国后都被赋予了象征的含义。……象征渗透于佛教仪式与艺术中。有象征意涵的器物成为僧尼与在家信众供养时的对象,同时它们也引发了义理层面上的讨论与争辩。"[②]可见,佛教文化的象征性和符号性广泛存在于各个层面之中,这一现象和特色正是佛教进行艺术哲理化

---

① [唐]释一行:《大毗卢遮那成佛经疏》卷八,《大正新修大藏经》第39册,第659页。

② (美)柯嘉豪著,赵悠等译:《佛教对中国物质文化的影响》,上海:中西书局,2015年,第84页。

表达一以贯之的传统,无论是印度佛教还是汉传佛教,这一特质始终存在,且佛教进入中国后,这一现象尤甚。而佛教艺术哲理化表达的多样性正是佛教传播具有灵活性的体现,佛教的传播往往不墨守成规,能够根据接受者的特色而做出改变,具有极大的适应性和灵活性。姚兴的《通圣人教放大光明普照十方》云:"圣人之教,玄通无涯,致感多方,不可作一途求,不可以一理推。故应粗以粗应,细以细应,理固然矣。"[1]对佛法的理解亦然,不能堕入狭隘与固化。佛教艺术的哲理化表达及其多样性不仅有利于自身的广泛传播,也会对中国的文学艺术产生深远的影响。

值得注意的是,佛教在传播过程中注重哲理化表达,与其思维特点不无关系。首先,佛教思想具有较强的思辨性,故而重"理"。从佛经中可以发现,其中的术语和概念十分细致、繁复。如"五蕴""十二因缘""十八界"等,《放光般若经》云:

> 佛告舍利弗:"菩萨摩诃萨行般若波罗蜜,定意不起,当具四意止、四意断、四神足、五根、五力、七觉意、贤圣八品道,当具足空三昧、无相三昧、无愿三昧,具足四禅、四等、四无形三昧,具八解禅、得九次第禅。当复知九相:新死相、筋缠束薪相、青瘀相、脓相、血相、食不消相、骨节分离相、久骨相、烧焦可恶相。"[2]
> ⋯⋯
> 佛告舍利弗:"菩萨从初发意以来,常行六波罗蜜乃至道场,于其中间,常为声闻、辟支佛作护。何以故?舍利弗!世有菩萨,便知有五戒、十善、八斋、四禅、四等意、四无形定,乃至三十七品法尽现于世,便具足十八事、佛十种力、四无所畏。世间适

---

① [清]严可均辑:《全晋文》,北京:商务印书馆,1999年,第1674页。
② [西晋]无罗叉译:《放光般若经》卷一,《大正新修大藏经》第8册,第2页。

有是法,便知有王者种、梵志种、长者种、迦罗越种,便知有第
四天王上至三十三天,便知有须陀洹、斯陀含、阿那含、阿罗汉、
辟支佛,上至佛皆现于世。"①

佛经中名相的复杂与多样性由此可见一斑,这种细致程度亦有助于
训练传播者思维的缜密性。葛兆光指出:"人们阅读佛经时,可以很
容易地发现,佛教在讨论问题时,常常首先确立讨论的依据与基础,
然后以非常精致的思路,把感觉、知觉、意识和心理、物理乃至于社会
生活的体验贯通起来,形成一个衔接十分流贯的思路,形成一种层次
非常分明的追问。"②佛教思想层层推进、环环相扣,体现其逻辑性和
思辨性极强的特点,相较我国固有的形象化思维之倾向,佛教有其自
身的优越性。

具体看来,这一特点正是佛教重视"比量"的缘故。佛教认为思
维有"现量"与"比量"的区别。"比量"是指对形象、概念符号等进行
推理而得出认识。"现量"是指认识对象不经推理和加工,直接在主
体心中呈现,且两者又可以分成多种类别。佛学极为重视"比量",陈
兵认为:"佛法的基本原理缘起法则,便是运用比量推理而建
立。……佛陀所用的推理方法,主要是对相反观点进行批评性思考
的辩证推理。"③

其次,佛教思维的特点及高明之处在于,重视"比量"的同时也认
识到这一理性思维的局限性,这种逻辑和推理是无益于终极真理的
获得的。前面已经提到过,佛教认为至理是无法言说的,是无言而无
相的,故逻辑推理等思维方法无法解决形而上的问题。正如之前这

①［西晋］无罗叉译:《放光般若经》卷一,《大正新修大藏经》第 8 册,第 5 页。
②葛兆光:《中国思想史》第一卷,上海:复旦大学出版社,2013 年,第 375 页。
③陈兵:《佛教心理学》,西安:陕西师范大学出版总社,2015 年,第 333—334 页。

位学者所言:"究竟的佛法,是按经教文字般若所示之道修行,开发本具超越理性思维的般若智,去'自内证'。"①因此,佛教依然需要借助艺术或具体的物象来传达其奥义。

实际上,前文中所列举的诸多艺术门类都是有利于佛法传播的方便法门,而种种善巧方便都是为了开发和启迪智慧,最终目的是能够获得究竟的佛法,能够超越理性思维而体验、获得终极真理。那么进一步看来,佛教中的哲理化书写应属文字般若,是佛教文化及思维特质影响下的产物。反映其在善于思辨性、哲理性思考的同时又力图突破理性思维的局限。

二、汉晋佛教的哲理化书写

汉译佛经是了解东汉末年至西晋时期佛教哲理化书写的重要载体。在东晋形成诗歌哲理化思潮以前,僧人的文学创作也相对较少,我们只能重点从汉译佛经中去探索形成哲理化书写潮流以前的这一准备阶段。

佛教经典的汉译者最早可以追溯到东汉末年的安世高和支娄迦谶,他们到达洛阳后便开始从事译经事业。经过他们和后续一些僧人的努力,至西晋初,被翻译成汉文的佛经已达两百多部,如由支娄迦谶所译的《般舟三昧经》《道行般若经》,由安世高所译的《佛说大安般守意经》、西晋无罗叉翻译的《放光般若经》等。随着越来越多的经文被翻译,佛教中的理念和智慧也不断被介绍、传播到中国。安世高的禅法和支娄迦谶的般若学还成为汉代佛教的两大系统。翻译者和接受者也由此开始接触佛经中哲理化的表达方式。

具体看来,人们可以从汉晋时期僧人所翻译的佛经中了解到不

---

① 陈兵:《佛教心理学》,西安:陕西师范大学出版总社,2015年,第338页。

胜枚举的譬喻现象。佛经善用"譬喻"来说法,这也是佛陀所行方便法门的具体体现之一。《杂阿含经》云:"今当说譬,大智慧者,以譬得解。"①可见佛陀非常推崇以"譬喻"的方式来教化弟子及众生。由西晋竺法护所译的《正法华经》云:"佛告舍利弗:'向者吾不说斯法耶?以若干种善权方便,随其因缘而示现之,如来、至真、等正觉所分别演,皆为无上正真道故,我所咨嗟皆当知之,为菩萨也。又舍利弗!今吾引喻重解斯谊,有明慧者当了此譬喻。'"②

《佛光大辞典》将"譬喻"解释为"以了知之法,显未了知之法也"③。诚然,在佛经中经常可以看到,佛陀以具体事物来喻抽象的佛理,目的是为了让接受者易于明白其中深奥的哲理,转迷为悟,获得智慧。如西晋竺法护翻译的《正法华经》中就有著名的"法华七喻",这七喻分别是"火宅喻""穷子喻""药草喻""化城喻""衣珠喻""髻珠喻"及"医子喻"。如"火宅喻"以"火"喻"五浊""八苦",以"宅"喻"三界",用来说明三界众生遭受"八苦"的折磨,犹如房屋被大火焚烧一般,备受煎熬。"药草喻"则将众生的根性比作草木,将佛法比作雨露,意思是佛法如雨露,可以润泽众生。

佛教中还有许多以"譬喻"为名的佛经,如安世高翻译的《五阴譬喻经》、支娄迦谶翻译的《杂譬喻经》、康僧会翻译的《旧杂譬喻经》等。值得注意的是,佛经中所用的譬喻并不都是为了宣传佛教义理,其中还包含了许多普世的哲理。即使是佛理,当中的许多智慧对常人有关人生和社会的思考也颇有裨益。

此外,从当时的许多佛经来看,佛陀还惯以用偈来说法。东汉安世高所译《佛说婆罗门避死经》中有一则五言偈曰:

①[南朝宋]求那跋陀译:《杂阿含经》卷十,《大正新修大藏经》第 2 册,第 71 页。
②[西晋]竺法护译:《正法华经》卷二,《大正新修大藏经》第 9 册,第 75 页。
③慈怡主编:《佛光大辞典》,高雄:佛光出版社,1989 年,第 6809 页。

尔时，世尊见彼四婆罗门精进修善法五通有大威势，便说偈言："非空非海中，非入山石间。无有地方所，脱之不受死。"尔时，比丘闻佛所说，欢喜奉行。①

吴支谦所译的《佛说义足经》中有六言佛偈云：

佛以是因缘，为梵志说偈："不以忧愁悲声，多少得前所亡？痛忧亦无所益，怨家意快生喜。至诚有慧谛者，不忧老病死亡。欲快者反生恼，见其华色悦好。飞响不及无常，珍宝求解不死。知去不复忧追，念行致胜世宝。谛知是不可追，世人我卿亦然。远忧愁念正行，是世忧当何益？"②

还有七言佛偈，如东汉支娄迦谶所译《般舟三昧经》云：

佛尔时说偈言："若有菩萨求众德，当说奉行是三昧；信乐讽诵不疑者，其功德福无齐限。如一佛国之世界，皆破坏碎以为尘。一切佛土过是数，满中珍宝用布施；不如闻是三昧者，其功德福过上施。引譬功德不可喻，嘱累汝等当劝教。力行精进无懈怠，其有诵持是三昧。已为面见百千佛，假使最后大恐惧。持是三昧无所畏，行是比丘已见我。常为随佛不远离，如佛所言无有异。菩萨常当随其教，疾得正觉智慧海。"③

---

①［东汉］安世高译：《佛说婆罗门避死经》，《大正新修大藏经》第 2 册，第 854 页。
②［吴］支谦译：《佛说义足经》卷上，《大正新修大藏经》第 4 册，第 174 页。
③［东汉］支谶译：《般舟三昧经》，《大正新修大藏经》第 13 册，第 900 页。

此经中的佛偈,三言、五言、六言至七言皆备。

西晋竺法护译的《正法华经》中四言佛偈居多:

> 于时世尊叹舍利弗,如是至三,告曰勿重,诸天世人悉怀慢
> 恣,比丘、比丘尼坠大艰难。世尊以偈告舍利弗:"且止且止,用
> 此为问。斯慧微妙,众所不了。假使吾说,易得之谊。愚痴暗
> 塞,至怀慢恣。"①

当时的汉译佛经中包含了大量出自佛陀之口的偈言。广义上
的偈,梵语称为"伽陀"和"祇夜",二者皆为偈颂之体。前者直接
以韵文记录言说之法,没有散文;后者有散文,且在散文后面以韵
文重复其义。但二者的称呼也经常会被混用。狭义上的偈即"伽
陀",又称"偈佗""偈",意译为讽诵、偈颂、颂等,它往往由固定的
字数和音节组成。一些佛经在用散文叙述之后,再用韵文,即偈颂
概括。

用偈的妙处在于用较少的字句而收摄丰富的含义,且便于诵持。
《仁王经疏》云:"偈者,竭也。摄义竭尽,故名为偈。"②《大般涅槃
经》记载:

> 尔时释提桓因,自变其身作罗刹像,形甚可畏。下至雪山,
> 去其不远而便立住。是时罗刹,心无所畏,勇健难当,辩才次第,
> 其声清雅,宣过去佛所说半偈:"诸行无常,是生灭法。"说是半偈
> 已,便住其前,所现形貌甚可怖畏。顾眄遍视,观于四方。是苦

---

① [西晋]竺法护译:《正法华经》卷一,《大正新修大藏经》第9册,第69页。
② [唐]圆测:《仁王经疏》卷中,《大正新修大藏经》第33册,第392页。

行者,闻是半偈,心生欢喜。①

过去佛所说的半句偈语,便令闻者开悟,心生欢喜,偈语微言大义的特质由此可见一斑。用偈颂的形式来传达佛理,实乃佛教对文学有效利用的方式之一。此外,佛陀门下众多弟子的诗歌合集《长老偈》和《长老尼偈》,都是传播佛教精神与义理的重要载体。何光顺认为:"佛偈诗是印度佛教精神存在的居所。这种佛教精神同时就是佛偈诗最本质的诗学精神。哲理思辨与宗教情怀是印度佛教诗学精神的双重维度。"②不仅如此,这一传统和特质也对中国的文学及文化产生了深远的影响。随着佛教的传入和兴盛,散韵结合的汉译佛经逐渐引起文人的兴趣。其中的偈颂影响着中国文人的诗歌创作,因此,探讨佛教义理的诗歌不断增多,甚至有诸多诗歌仍以偈、颂、赞等为题。

此外,有关汉晋佛教的哲理化书写,我们还应注意其中掺杂老庄思想的现象。从安世高与支娄迦谶翻译佛经起,老子及道家思想中的术语和概念便不断出现在经文中,这一现象可以视为格义佛教及玄佛合流的基础和前奏,也可见当时佛教在中国的发展尚缺乏独立性。

例如,"道人""道士"本是中土的专有称谓,指道教炼丹求仙,擅长方术之人。在早期汉译佛经中,僧人往往被译作这些名称。如:

佛言:"人于世间,有明经贤者,若沙门道士,喜往问度世之

---

① [北凉]昙无谶译:《大般涅槃经》卷十四,《大正新修大藏经》第 12 册,第 450 页。

② 何光顺:《玄响寻踪:魏晋玄言诗研究》,广州:暨南大学出版社,2011 年,第 276 页。

道,心不嫉妒、贪爱高远贤者,从是得五善。"①(安世高译《佛说分别善恶所起经》)

　　佛告五人:"世有二事,以自侵欺。何谓为二? 杀生淫泆、恃豪贪欲;极身劳苦、内无道迹。无是二事,是真道人。"②(云果共康孟详译《中本起经》)

　　菩萨以偈答言:"发愿阿僧祇,欲度五道人。今往满本愿,是故欲得草。"③(竺大力共康孟详译《修行本起经》)

　　若王相念,作衣与国中沙门道士,若晓佛经者,咒愿女人得脱此勤苦。④(康僧会《旧杂譬喻经》)

　　另外,早期佛经还用"天师""真人"等道教术语来译"佛"。如吴支谦所译《佛开解梵志阿颰经》云:

　　阿颰言:"若无师者,名誉何美? 又国王子,多恓淫好乐,安肯涂行降志乞食,诲人不倦? 将是真人乎! 愿师可行观其道德。"

　　……

　　阿颰言:"我闻天帝释,与第七梵,皆下事之,所教弟子,悉得五通,轻举能飞,达视洞听,知人意志,及生所从来,死所趣向。

---

① [东汉]安世高译:《佛说分别善恶所起经》,《大正新修大藏经》第 17 册,第 517 页。
② [东汉]云果共康孟详译:《中本起经》卷上,《大正新修大藏经》第 4 册,第 148 页。
③ [东汉]竺大力共康孟详译:《修行本起经》卷下,《大正新修大藏经》第 3 册,第 470 页。
④ [吴]康僧会译:《旧杂譬喻经》卷下,《大正新修大藏经》第 4 册,第 511 页。

此盖天师,何肯来谒!"①

道家思想中的关键词"清净""无为""寂寞"等也被用来解释佛理,如安世高所译《佛说大安般守意经》云:

> 安为清,般为净,守为无,意名为,是清净无为也。无者谓活,为者谓生,不复得苦,故为活也。安为未,般为起。已未起,便为守意;若已意起,便为守意;若已起,意便走,为不守,当为还,故佛说安般守意也。安为受五阴,般为除五阴,守意为觉因缘,不随身口意也。②

又如,西晋竺法护所译《度世品经》云:"诸所有业悉无所著;又说诸法强如金刚,一切诸义如来所畅;又说众业寂寞憺怕;又演诸法悉无所生;讲一切法等一本净,说无合成。"③他翻译的《修行道地经》惯用"无为"一词,如:"以无为之道,消灭诸垢毒。"④又如:"佛言如是,弟子之行畏终始苦谓生死恼,惧三界患早欲灭度,故为示之。罗汉易得诱进使前,度于生死而尽三垢,得无为道自以为达成就具足。"⑤

如此翻译佛经是一种必然现象。佛教刚刚入华时,被许多人视作与道教相类似的神仙方术,东汉时还出现了黄老、浮屠之祠并存的现象。据《后汉书》记载,襄楷曾在奏书上写道:"又闻宫中立黄老、

---

①[吴]支谦译:《佛开解梵志阿颰经》,《大正新修大藏经》第1册,第259页。

②[吴]康僧会译:《佛说大安般守意经》卷上,《大正新修大藏经》第15册,第164页。

③[西晋]竺法护译:《度世品经》卷三,《大正新修大藏经》第10册,第628页。

④[西晋]竺法护译:《修行道地经》卷二,《大正新修大藏经》第15册,第189页。

⑤[西晋]竺法护译:《修行道地经》卷七,《大正新修大藏经》第15册,第226页。

浮屠之祠。……或言老子入夷狄为浮屠。"①由襄楷的视角,我们得以窥见当时桓帝将黄老和佛陀一起祭祀的现象,而且他提到的老子化胡说反映了佛教对道家的依附。值得注意的是,佛教的依附,经历了其对象由神仙方术到哲理思想的演变过程,即由最初依附神仙化的老子到思想性的老子、庄子,说明其哲理色彩渐趋浓厚。

　　用中国传统的固有概念和语词来翻译、阐释佛理被称为"格义"。这一方法固然能够使佛教迅速本土化并且有助其被文人接受,但随着佛经翻译渐多,人们的疑惑也渐渐多了起来。因为对同一词语的翻译出现了多种版本,为了探究这些概念的究竟内涵,一些文人开始对佛教经典的原义进行深入探索,所以出现了"合本子注"的现象,这一现象最早约在三国时期出现。葛兆光指出:"在这种对多种文本和思想的合校和格义中,知识阶层也渐渐在佛教语词中找到了理解的思路,同时在当时的讨论与争辩中,佛教义理渐渐在中国语境中生成了它自己的新的意义。"②而这种佛教早期的格义化书写不仅有利于将玄学引入佛学,拉开了玄佛合流的序幕,也加深了文人们对佛教义理的思考与研究兴趣。"合本子注"现象更是有助于促进研究者的哲理思辨能力。

　　总之,早期从事佛经翻译的僧人对佛教的哲理化书写做出了突出贡献。在这些僧人当中,许理和称安世高为中国佛教史的第一人,因为正是他开启了系统的佛典翻译并组织了第一个译场。许理和如此评价安世高的佛经翻译活动,"他的翻译尽管质朴,却标志着一种文学活动形式的开始,而从整体上看,这项活动必定被视为中国文化最具影响的成就之一"③。事实上,这一文学活动形式也的确为后来

①［南朝宋］范晔:《后汉书》,北京:中华书局,1965 年,第 1082 页。
②葛兆光:《中国思想史》第一卷,上海:复旦大学出版社,1998 年,第 531 页。
③（荷兰）许理和著,李四龙等译:《佛教征服中国:佛教在中国中古早期的传播与适应》,南京:江苏人民出版社,2017 年,第 42 页。

的玄言诗潮以及诗歌哲理化思潮的形成做出了重要铺垫。

第三节　玄佛合流与东晋玄言诗潮

东晋时期,佛理诗、玄言诗的数量大为增加,玄言诗的发展达到鼎盛。文坛中弥漫着浓郁的哲理气息,在诗歌中融入对玄佛之理的探求和人生境界的思考成为一代之风尚。这一时期,诗歌的哲理化思潮终于形成,其背后原因离不开佛教文化,尤其是佛教哲理化书写的深刻影响。

一、偈颂的推动作用

在士人之间盛行的清谈之风至永嘉年间便遇到了发展的瓶颈。郭象独化论的出现使人们很难在其理论之上有所创新。例如,《世说新语·文学》云:"《庄子·逍遥篇》,旧是难处,诸名贤所可钻味,而不能拔理于郭、向之外。"①然而,受社会环境和时代风气的影响,士人们对玄谈的兴趣有增无减,因而此时的思想界亟须一种新的理论来为他们的玄谈注入活力与发展的动力。东汉时期就已传入中土的佛教在此时终于吸引了士人们的目光。例如,东晋时期,士人们正苦于对《庄子·逍遥游》的钻研不能超越郭象、向秀的理论贡献,而支遁却以佛教的眼光阐释出新的义理,"支道林在白马寺中,将冯太常共语,因及《逍遥》。支卓然标新理于二家之表,立异义于众贤之外,皆是诸名贤寻味之所不得。后遂用支理"②。

---

① [南朝宋]刘义庆著,[南朝梁]刘孝标注,余嘉锡笺疏:《世说新语笺疏》,上海:上海古籍出版社,1993年,第220页。
② [南朝宋]刘义庆著,[南朝梁]刘孝标注,余嘉锡笺疏:《世说新语笺疏》,上海:上海古籍出版社,1993年,第220页。

上一节已经提到过,格义方法的运用最早可以追溯到安世高和支娄迦谶等佛经翻译的早期贡献者。经过了长久的发展,"格义"之风对士人们解读佛经、了解佛教思想提供了方便,有助于消除最初思想交流与碰撞中的阻力和隔阂,为玄佛合流的形成起到了重要的促进作用。据《高僧传》记载,竺法雅等僧人对格义之法大力提倡,并教导弟子:

> 法雅,河间人,凝正有器度,少善外学,长通佛义,衣冠士子,咸附谘禀。时依门徒,并世典有功,未善佛理。雅乃与康法朗等,以经中事数,拟配外书,为生解之例,谓之格义。
>
> 及毗浮、昙相等,亦辩格义,以训门徒。雅风采洒落,善于枢机。外典佛经,递互讲说。与道安、法汰每披释凑疑,共尽经要。后立寺于高邑,僧众百余,训诱无懈。雅弟子昙习,祖述先师,善于言论,为伪赵太子石宣所敬云。①

这些举措都便于让更多的人了解佛教中的思想观念,大大加速了佛教在中土的传播力度。而这些行为也会导致玄学家们以玄学的眼光看待佛教。如孙绰《喻道论》云:"夫佛也者,体道者也;道也者,导物者也;应感顺通,无为而无不为者也。无为,故虚寂自然;无不为,故神化万物。"②此外,如玄学家殷浩看到佛经中的玄学义理,"殷中军见佛经云:'理亦应阿堵上。'"③当时士人理解佛教离不开玄学思想的辅助。因佛教的般若空义与玄学的本无义有相似之处,故玄佛互

---

① [南朝梁]释慧皎撰,汤用彤校注:《高僧传》,北京:中华书局,1992 年,第152—153 页。
② [清]严可均辑:《全晋文》,北京:商务印书馆,1999 年,第 642 页。
③ [南朝宋]刘义庆著,[南朝梁]刘孝标注,余嘉锡笺疏:《世说新语笺疏》,上海:上海古籍出版社,1993 年,第 213 页。

释成为当时清谈时的常见景象。因此,葛兆光认为:"过去作为混杂着人生格言与思辨片段的道家玄思经过 3 世纪玄学的提炼,已经初步具备了一种形而上的哲理系统,而它的形而上的内容,由于其最接近佛教,所以成了最初理解佛教的语境。"①

整体看来,东晋时期的名士终于在玄学之外找到了与之相似且超越过去玄谈思想的新理论。在众多佛教徒和名士的努力下,佛教思想的传播更为广泛。许多士人开始从佛经中汲取营养,佛教中的理论和思想观念引起了他们浓厚的兴趣,也为他们的玄谈乃至文学创作打开了全新的视野。因此,这一时期的诗歌哲理化有了重要发展。

上一节已经提到过,佛经中往往包含大量的偈颂,就当时翻译的佛经来看,四言、五言、七言的偈颂居多。这些与诗歌在形式上相类似的偈颂一般直接传达佛理,这一现象引起了诸多僧人和文人的兴趣与关注,许多佛教色彩浓厚或饱含佛理的诗歌不断被创作出来。在佛教中,"赞"指以偈颂而赞叹佛德。一些僧人正是在对这一传统的继承下创作出一批赞佛诗,如支遁的《文殊师利赞》《弥勒赞》《维摩诘赞》《善思菩萨赞》《法作菩萨赞》等,这些诗歌受到佛经偈颂的启发而被创作出来,并且具有赞叹佛德的功能。刘勰《文心雕龙·颂赞》云:"然本其为义,事生奖叹,所以古来篇体,促而不广,必结言于四字之句,盘桓乎数韵之辞;约举以尽情,昭灼以送文,此其体也。"②刘勰对我国传统的赞体做出总结,指出自古以来的赞体篇幅都较为短小,以四言为一句,叙述事情简洁明了。而支遁所作的赞佛诗一般为五言。如《弥勒赞》云:

---

①葛兆光:《中国思想史》第一卷,上海:复旦大学出版社,2013 年,第 359 页。
②[南朝梁]刘勰著,陆侃如、牟世金译注:《文心雕龙译注》,济南:齐鲁书社,2009 年,第 180—181 页。

　　大人轨玄度，弱丧升虚迁。师通资自废，释迦登幽闲。弥勒
承神第，圣录载灵篇。乘乾因九五，龙飞兜率天。法鼓振玄宫，
逸响亮三千。晃晃凝素姿，结跏曜芳莲。寥朗高怀兴，八音畅自
然。恬智冥徼妙，缥眇咏重玄。磐纤七七纪，应运莅中播。挺此
四八姿，映蔚花林园。蕾蕾玄轮奏，三摅在昔缘。①

以支遁为例的五言赞佛诗赞颂了美好的佛德，传达了一定的佛理，不
仅丰富了我国传统的赞体，也扩大了我国传统诗歌的题材。又如，其
《四月八日赞佛诗》云：

　　三春迭云谢，首夏含朱明。祥祥令日泰，朗朗玄夕清。菩萨
彩灵和，眇然因化生。四王应期来，矫掌承玉形。飞天鼓弱罗，
腾攉散芝英。绿澜颓龙首，缥蕊瞖流泠。芙蕖育神葩，倾柯献朝
荣。芬津霈四境，甘露凝玉瓶。珍祥盈四八，玄黄曜紫庭。感降
非情想，恬怕无所营。玄根泯灵府，神条秀形名。圆光朗东旦，
金姿艳春精。含和总八音，吐纳流芳馨。迹随因溜浪，心与太虚
冥。六度启穷俗，八解濯世缨。慧泽融无外，空同忘化情。②

　　值得注意的是，在支遁的这两首赞佛诗中，多处出现了有关数字
名相的词语，如"三千""八音""六度"等，显然受到了佛教文化的影
响，佛经及当中的偈颂都较常用事数。
　　东晋时期文人们对佛经的阅读量不断增大，对佛教思想的理
解也在不断深入。许多名士在对佛经的钻研上下了巨大功夫。如
《世说新语·文学》云："殷中军读《小品》，下二百签，皆是精微，世

①［唐］释道宣：《广弘明集》卷十五，《大正新修大藏经》第52册，第197页。
②逯钦立辑校：《先秦汉魏晋南北朝诗》，北京：中华书局，1983年，第1077页。

之幽滞。"①又云："殷中军被废，徙东阳，大读佛经，皆精解。唯至'事数'处不解。遇见一道人，问所签，便释然。"②此外，一些士人对佛经的理解力也较前代大为提高，如《世说新语·文学》云："提婆初至，为东亭第讲《阿毗昙》。始发讲，坐裁半，僧弥便云：'都已晓。'"③佛经也成为士人们玄谈的重要谈资。"殷、谢诸人共集。谢因问殷：'眼往属万形，万形来入眼不？'"④这是士人们在就《成实论》中的命题来思考。总之，东晋时期的文人普遍对佛教产生了浓厚的兴趣，如孙绰、郗超等人，理论兴趣完全转向了佛理。随着佛经的翻译和大量传入，佛教思想进入了他们的理论及文学创作视域之中。

　　佛经中所包含的大量偈颂，不仅影响僧人们创作佛理诗，也推动着文人们的诗歌创作。有学者也注意到了佛偈与东晋玄言诗的关系，"当时翻译过来的众多天竺说理佛偈，业已具备了对本地诗歌潜移默化的能力，完全可以充当许询、孙绰、支遁等人创撰'理过其辞'篇章的蓝本。这种诗体上的参照和借鉴，就是催促玄言诗成熟分娩具有关键意义的直接动因"⑤。此外，佛经中的偈颂往往直接宣扬和论说佛理，这一形式也激发了士人用诗歌来探讨玄理及佛理的浓厚兴趣。在玄言诗中融入佛理，至许询、孙绰时大量出现。《续晋阳秋》曰："正始中，王弼、何晏好《庄》《老》玄胜之谈，而世遂贵焉。至江左

---

① [南朝宋]刘义庆著，[南朝梁]刘孝标注，余嘉锡笺疏：《世说新语笺疏》，上海：上海古籍出版社，1993年，第228—229页。
② [南朝宋]刘义庆著，[南朝梁]刘孝标注，余嘉锡笺疏：《世说新语笺疏》，上海：上海古籍出版社，1993年，第240页。
③ [南朝宋]刘义庆著，[南朝梁]刘孝标注，余嘉锡笺疏：《世说新语笺疏》，上海：上海古籍出版社，1993年，第242页。
④ [南朝宋]刘义庆著，[南朝梁]刘孝标注，余嘉锡笺疏：《世说新语笺疏》，上海：上海古籍出版社，1993年，第232页。
⑤ 陈允吉：《东晋玄言诗与佛偈》，《复旦学报》（社会科学版），1998年第1期。

李充尤盛。故郭璞五言始会合道家之言而韵之。询及太原孙绰转相祖尚，又加以三世之辞，而《诗》《骚》之体尽矣。询、绰并为一时文宗，自此作者悉体之。"①

因此，佛教在中土的流行使得佛经成为士人理论兴趣的焦点和玄谈的重要谈资，潜移默化地影响着当时的文学创作。在偈颂的推动作用下，许多僧人与文人都加入了创作佛理诗与玄言诗的队伍，此时的玄言诗被广泛注入佛理，形成诗歌哲理化的创作热潮。

二、僧尼的示范效应

东晋时期，一些著名僧尼在多个层面形成榜样作用与典范力量，受到名士的尊崇与追捧，故而他们的文学创作也受到众多文人的关注与效仿。这些僧尼所引起的示范效应是推动这一时期玄言诗潮形成的又一重要因素，对促进当时诗歌哲理化思潮的最终形成做出了不可磨灭的贡献。

在理论素养层面，一些高僧对高深义理的理解和阐释往往使其在玄谈中脱颖而出，令士人钦佩不已。据《世说新语·文学》记载，高僧康僧渊因对义理的见解不凡而闻名，"康僧渊初过江，未有知者，恒周旋市肆，乞索以自营。忽往殷渊源许，值盛有宾客，殷使坐，粗与寒温，遂及义理。语言辞旨，曾无愧色。领略粗举，一往参诣。由是知之"②。

另外，高僧支遁在这一方面表现得较为突出。前面提到过，支遁对《庄子·逍遥游》的创新性解说令名士们大加赞赏。《高僧传》中更是详细记载了支遁对玄学、佛学义理的独到见解被名士叹服的情形：

①［南朝宋］刘义庆著，［南朝梁］刘孝标注，余嘉锡笺疏：《世说新语笺疏》，上海：
　　上海古籍出版社，1993年，第262页。
②［南朝宋］刘义庆著，［南朝梁］刘孝标注，余嘉锡笺疏：《世说新语笺疏》，上海：
　　上海古籍出版社，1993年，第231页。

　　　　遁尝在白马寺与刘系之等谈《庄子·逍遥篇》，云："各适性
以为逍遥。"遁曰："不然，夫桀跖以残害为性，若适性为得者，彼
亦逍遥矣。"于是退而注《逍遥篇》。群儒旧学，莫不叹服。……
王羲之时在会稽，素闻遁名，未之信，谓人曰："一往之气，何足
言。"后遁既还剡，经由于郡，王故诣遁，观其风力。既至，王谓遁
曰："《逍遥篇》可得闻乎?"遁乃作数千言，标揭新理，才藻惊绝。
王遂披衿解带，流连不能已。仍请住灵嘉寺，意存相近。……郗
超后与亲友书云："林法师神理所通，玄拔独悟。实数百年来，绍
明大法，令真理不绝，一人而已。"①

　　高僧支遁令众多文人，尤其是当时的名士谢安、王羲之、郗超等人钦
佩不已，因其对玄学和佛学的理解在众人之上。王羲之曾沉浸在支
遁的高超见解中，郗超甚至认为支遁独悟妙玄，是数百年继承佛法，
令真理不至于灭绝的首功之人。

　　这一时期的许多高僧不仅对佛法领悟深刻，对玄学亦有精深的
研究。除支遁外，还有高僧竺法潜，具备玄佛兼通的才能，"潜优游讲
席三十余载，或畅方等，或释《老》《庄》。投身北面者，莫不内外兼
洽。至哀帝好重佛法，频遣两使殷勤征请，潜以诏旨之重，暂游宫阙，
即于御筵开讲《大品》，上及朝士并称善焉。于时简文作相，朝野以为
至德，以潜是道俗标领，又先朝友敬，尊重挹服，顶戴兼常，迄乎龙飞，
虔礼弥笃"②。竺法潜不仅善讲佛经，还解释《老子》《庄子》，向他学
习的人，最后都精通内外之学。简文帝视其为僧俗的楷模，礼敬甚
笃。还有慧远，庄老思想亦是其研究之所长，"故少为诸生，博综六

①［南朝梁］释慧皎撰，汤用彤校注：《高僧传》，北京：中华书局，1992 年，第
　　160—161 页。
②［南朝梁］释慧皎撰，汤用彤校注：《高僧传》，北京：中华书局，1992 年，第 156 页。

经,尤善《庄》《老》。……尝有客听讲,难实相义,往复移时,弥增疑昧。远乃引《庄子》义为连类,于是惑者晓然"①。

应当注意的是,不仅许多高僧在理论素养方面表现突出,一些比丘尼对佛教义理亦有深刻、独到的见解和领悟,令众人钦佩,向其学习者如云。如《比丘尼传》曰道馨尼"雅能清谈,尤善《小品》,贵在理通,不事辞辩,一州道学所共师宗。比丘尼讲经,馨其始也"②。《佛祖统纪》云:"三年,洛阳东寺尼道馨。为众说《法华》《维摩》,听者如市。"③对佛理有精深研究的还有高僧慧远的姑姑,何后寺的道仪尼,"聪明敏哲,博闻强记。诵《法华经》,讲《维摩》《小品》,精义妙理,因心独悟,戒行高峻,神气清邈"④。汤用彤指出,自朱士行提倡《般若》以来,讫于罗什,当推《般若》为佛教义学之大宗⑤。在他所列当时中国的《般若》学者中便包含道仪尼。这些对佛教义理有深刻、高超见解的比丘尼一样赢得文人的尊重、钦佩,成为他们学习的榜样与典范。

东晋时期的僧尼不仅凭借自身的理论修养征服了众多文人名士,也受到了统治阶级的礼遇和重视。在统治阶层的扶持下,当时僧尼的地位于整体上空前提高。

东晋的帝王贵族们奉佛风气甚浓,许多帝王痴迷佛经,常请高僧宣讲经典,讲论佛道。晋哀帝对佛经兴趣甚浓,多次征召高僧前往都

①[南朝梁]释慧皎撰,汤用彤校注:《高僧传》,北京:中华书局,1992 年,第211—212 页。

②[南朝梁]释宝唱著,王孺童校注:《比丘尼传校注》,北京:中华书局,2006 年,第25 页。

③[宋]释志磐:《佛祖统纪》卷三十六,《大正新修大藏经》第49 册,第340 页。

④[南朝梁]释宝唱著,王孺童校注:《比丘尼传校注》,北京:中华书局,2006 年,第40 页。

⑤汤用彤:《汉魏两晋南北朝佛教史》,北京:商务印书馆,2015 年,第126—127 页。

城讲经,如《高僧传》云:"至晋哀帝即位,频遣两使,征请出都,止东安寺,讲《道行波若》,白黑钦崇,朝野悦服。"①高僧于法开也多次被晋哀帝征召讲经,晋哀帝对他非常赏识,"至哀帝时,累被诏征,乃出京讲《放光经》,凡旧学抱疑,莫不因之披释,讲竟,辞还东山。帝恋德殷勤,赙钱绢及步舆,并冬夏之服"②。竺法义也得到孝武帝的青睐和赏识,"晋宁康三年(375),孝武皇帝遣使征请出都讲说,晋太元五年(380)卒于都,春秋七十有四矣。帝以钱十万,买新亭岗为墓,起塔三级"③。还有僧伽提婆,也受到了王公贵族的充分礼遇,"至隆安元年(397)来游京师,晋朝王公及风流名士,莫不造席致敬"④。

在当时,一些高尼的社会地位丝毫不亚于这些高僧,她们同样受到统治阶级的重视与扶持。据《比丘尼传》记载,北永安寺的昙备尼受到帝后的礼敬与资助,"晋穆皇帝礼接敬厚,常称曰:'久看更佳。'谓章皇后何氏曰:'京邑比丘尼,鲜有昙备之俦也。'到永和十年,后为立寺于定阴里,名永安"⑤。还有道瑗尼深得皇后的赏识与信赖,"晋太元中,皇后美其高行,凡有所修福,多凭斯寺。富贵妇女,争与之游"⑥。最值得称道的是简静寺的支妙音尼,"晋孝武皇帝、太傅会稽王道子、孟顗等,并相敬信。每与帝及太傅中朝学士谈论属文,雅有才致,藉甚有声。……权倾一朝,威行内外云"⑦。这些比丘尼多与

①[南朝梁]释慧皎撰,汤用彤校注:《高僧传》,北京:中华书局,1992年,第161页。
②[南朝梁]释慧皎撰,汤用彤校注:《高僧传》,北京:中华书局,1992年,第168页。
③[南朝梁]释慧皎撰,汤用彤校注:《高僧传》,北京:中华书局,1992年,第172页。
④[南朝梁]释慧皎撰,汤用彤校注:《高僧传》,北京:中华书局,1992年,第38页。
⑤[南朝梁]释宝唱著,王孺童校注:《比丘尼传校注》,北京:中华书局,2006年,第18页。
⑥[南朝梁]释宝唱著,王孺童校注:《比丘尼传校注》,北京:中华书局,2006年,第56页。
⑦[南朝梁]释宝唱著,王孺童校注:《比丘尼传校注》,北京:中华书局,2006年,第35—36页。

前朝、后宫有着千丝万缕的联系,政治和社会地位非同一般。

　　另外,帝王大臣们在物质上的布施和赏赐给予僧尼们充足的经济保障,使之过着优渥的生活。帝后的赏赐在前面已经提到,而许多大臣也不惜投入巨资支持其发展。据史书记载,大臣何充"性好释典,崇修佛寺,供给沙门以百数,靡费巨亿而不吝也"①。

　　自身高超的佛学修养和卓越的才华使这些僧尼获得了较高的政治、经济和社会地位,即使多数出身寒门或身为女性,都能跻身上层社会,与许多名士相媲美,这也是佛教文化传播中一个特别的现象。而这些僧尼的才华、地位和影响力吸引着许多文人名士争相与之交往。《高僧传》云:"支孝龙,淮阳人。少以风姿见重,加复神彩卓荦,高论适时。常披味《小品》,以为心要。陈留阮瞻、颍川庾凯,并结知音之交,世人呼为'八达'。"②支遁是东晋前期影响力最大的一位僧人,与之交往的名士更多,《高僧传》曰:"王洽、刘恢、殷浩、许询、郗超、孙绰、桓彦表、王敬仁、何次道、王文度、谢长遐、袁彦伯等,并一代名流,皆著尘外之狎。"③这些名流和支遁的关系都非常亲近。有学者据《高僧传》《世说新语》等文献统计,与支遁交游的名士名字可考者包括王濛、冯怀、王修等20余人,名字不可考者则不下百人④。

　　文人与僧尼交往,常以清谈、诗文往来或交游的方式进行。一位僧人周围常常聚集着一批名士进行清谈。如《高僧传》对康法畅记载道:"畅常执麈尾行,每值名宾,辄清谈尽日。"⑤《世说新语》对僧人与

①[唐]房玄龄等:《晋书》,北京:中华书局,1974年,第2030页。
②[南朝梁]释慧皎撰,汤用彤校注:《高僧传》,北京:中华书局,1992年,第149页。
③[南朝梁]释慧皎撰,汤用彤校注:《高僧传》,北京:中华书局,1992年,第159—160页。
④高文强:《东晋南朝文人接受佛教研究》,北京:中国社会科学出版社,2012年,第45页。
⑤[南朝梁]释慧皎撰,汤用彤校注:《高僧传》,北京:中华书局,1992年,第151页。

名士清谈的情景曾有详细的描绘：

> 支道林、许、谢盛德，共集王家。谢顾谓诸人："今日可谓彦
> 会，时既不可留，此集固亦难常。当共言咏，以写其怀。"许便问
> 主人有《庄子》不？正得《渔父》一篇。谢看题，便各使四坐通。
> 支道林先通，作七百许语，叙致精丽，才藻奇拔，众咸称善。于是
> 四坐各言怀毕。谢问曰："卿等尽不？"皆曰："今日之言，少不自
> 竭。"谢后粗难，因自叙其意，作万余语，才峰秀逸。既自难干，加
> 意气拟托，萧然自得，四坐莫不厌心。支谓谢曰："君一往奔诣，
> 故复自佳耳。"①

　　除了清谈，僧人和文人之间还经常诗文往来或产生文字之因缘。
名士孙绰曾经多次为僧人立赞，如《高僧传》云："时竺叔兰初译《放
光经》，龙既素乐无相，得即披阅，旬有余日，便就开讲。后不知所终
矣。孙绰为之赞曰：'小方易拟，大器难像，桓桓孝龙，克迈高广。物
竞宗归，人思效仰，云泉弥漫，兰风肦响。'"②
　　以上提到的多位僧尼，无论理论修养还是风度才华，都在当时
脱颖而出，令人瞩目，成为士人尊崇、争相结交和效仿的对象及楷
模。而许多僧尼颇善属文，具有非凡的文学才能。如《高僧传》云
释道安："安外涉群书，善为文章。长安中，衣冠子弟为诗赋者，皆
依附致誉。"③足见高僧道安的影响力之大、文学才华之高，为当世
典范。有不少的高尼也擅长笔墨，如前面提到的支妙音尼。僧尼

---

①［南朝宋］刘义庆著，［南朝梁］刘孝标注，余嘉锡笺疏：《世说新语笺疏》，上海：
　上海古籍出版社，1993年，第237页。
②［南朝梁］释慧皎撰，汤用彤校注：《高僧传》，北京：中华书局，1992年，第
　149—150页。
③［南朝梁］释慧皎撰，汤用彤校注：《高僧传》，北京：中华书局，1992年，第181页。

们对玄佛之理的感悟和思考有时要通过书写来呈现,所以一些僧人创作了不少的玄言诗及佛理诗,以诗歌的形式来传达对哲理的思索和探求。这便为众多文人树立了一种典范,使之争相效仿,与之诗文交流。一些高僧的带头和模范作用会带动更多的文人和僧人加入玄言诗的创作队伍,这便是僧尼们在玄言诗潮中所引起的示范效应。

高僧支遁所作的玄言诗在当时非常突出,有学者总结,由于支遁义解高明,其玄言诗极具理趣。今人马一浮说其诗"义从玄出而诗兼玄义,遂为理境极致",又说"林公诗为玄言之宗"。"支遁今存诗十八首,皆属当时流行的玄言诗,这些诗又可分为两类:演绎玄理而未及佛理者和以玄言演绎佛理者。"①诚然,我们前面已经提到过支遁在玄学以及佛学研究上的极高造诣,投射在诗歌创作方面,其对庄学思想的深刻领悟在他的不少诗作中表现得尤为鲜明。诸如"象罔得玄珠""薪尽火传""庖丁解牛"等,支遁可谓将《庄子》中的典故信手拈来,巧妙地将其融入诗作当中。例如,支遁的《咏怀诗》其二云:

> 端坐邻孤影,眇罔玄思劬。偃蹇收神辔,领略综名书。涉老咍双玄,披庄玩太初。咏发清风集,触思皆恬愉。俯欣质文蔚,仰悲二匠徂。萧萧柱下回,寂寂蒙邑虚。廓矣千载事,消液归空无。无矣复何伤,万殊归一涂。道会贵冥想,罔象掇玄珠。怅怏浊水际,几忘映清渠。反鉴归澄漠,容与含道符。心与理理密,形与物物疏。萧索人事去,独与神明居。②

---

① 杨合林:《从东晋玄言诗看佛、玄之际》,《湖南师范大学社会科学学报》,2006年第5期。
② 逯钦立辑校:《先秦汉魏晋南北朝诗》,北京:中华书局,1983年,第1080—1081页。

这样的诗歌较具代表性的还有其《述怀诗》的第二首：

> 总角敦大道，弱冠弄双玄。逍遥释长罗，高步寻帝先。妙损阶玄老，忘怀浪濠川。达观无不可，吹累皆自然。穷理增灵薪，昭昭神火传。熙怡安冲漠，优游乐静闲。膏腴无爽味，婉娈非雅弦。恢心委形度，亹亹随化迁。①

无论是咏怀还是述怀，支遁往往以哲理代替情思，体悟的都是人间至道。他将玄学思想自然而巧妙地化用在诗歌当中，形成刘勰所云"诗必柱下之旨归"②的特色。

高僧支遁既有高深的佛学造诣，又能以新的视角阐释庄老思想，被士人尊崇有加。他擅长玄佛互释，为众人解疑。因此，他创作的诗歌还具有玄释融合的特点，玄佛思想在其诗歌的哲理化书写当中圆融互通、交相辉映。例如，其《咏大德诗》云：

> 遐想存玄哉，冲风一何敞。品物缉荣熙，生途连惚恍。既丧大澄真，物诱则智荡。昔闻庖丁子，挥戈在神往。苟能嗣冲音，摄生犹指掌。乘彼来物间，投此默照朗。迈度推卷舒，忘怀附罔象。交乐盈胸襟，神会流俯仰。大同罗万殊，蔚若充甸网。寄旅海沤乡，委化同天壤。③

在佛教中，"大德"原为称佛之名，在律中则为比丘之称。意即"很有

①逯钦立辑校：《先秦汉魏晋南北朝诗》，北京：中华书局，1983年，第1082页。
②［南朝梁］刘勰著，陆侃如、牟世金译注：《文心雕龙译注》，济南：齐鲁书社，2009年，第576页。
③逯钦立辑校：《先秦汉魏晋南北朝诗》，北京：中华书局，1983年，第1082—1083页。

道德而且精通佛法的人"①。这首诗原本是在歌颂高僧大德,但支遁却用玄意幽远的笔触来刻画佛教徒的思想境界。又如,仍以其《四月八日赞佛诗》为例:

> 三春迭云谢,首夏含朱明。祥祥令日泰,朗朗玄夕清。菩萨彩灵和,眇然因化生。四王应期来,矫掌承玉形。飞天鼓弱罗,腾擢散芝英。绿澜颓龙首,缥蕊翳流泠。芙蕖育神葩,倾柯献朝荣。芬津霈四境,甘露凝玉瓶。珍祥盈四八,玄黄曜紫庭。感降非情想,恬怕无所营。玄根泯灵府,神条秀形名。圆光朗东旦,金姿艳春精。含和总八音,吐纳流芳馨。迹随因溜浪,心与太虚冥。六度启穷俗,八解濯世缨。慧泽融无外,空同忘化情。②

同样,这首本是赞佛之诗,四月八日是佛祖释迦牟尼的诞生日,故而后世的佛教徒非常重视每年的这一日,常行浴佛之礼来纪念佛陀的诞生。此诗呈现了许多佛教文化中的独特意象,如"菩萨""四王""飞天"等。但具有玄学意味的"玄根""太虚""忘化"等亦展现了道家的逍遥与超脱之境,鲜明地体现其诗歌具有玄释融合的哲理化色彩。此外,作为佛学素养极高的僧人,支遁还擅长以佛理作诗,更是将诗歌的哲理化书写推向一个新的高度:其"诗中包含的'即色本无'、兼忘以及融合大小乘禅法的顿悟禅观,较为全面地反映了支遁的佛学思想,是东晋玄言诗中富有独创思想和艺术特色的创作"③。

在这种示范作用的带动下,许多文人也纷纷热衷于用诗歌来探讨玄理,甚或在玄言诗中加入了许多佛理成分。如郗超《答傅郎诗》

①陈义孝编:《佛学常见词汇》,台北:文津出版社,1988年,第84页。
②逯钦立辑校:《先秦汉魏晋南北朝诗》,北京:中华书局,1983年,第1077页。
③张君梅:《略论支遁的佛理玄言诗》,《文学遗产》,2008年第2期。

的第一首即引佛理入诗,反映"空"的佛学命题:"森森群像,妙归玄同。原始无滞,孰云质通。悟之斯朗,执焉则封。器乖吹万,理贯一空。"①又如孙绰的《答许询诗》其二云:"峨峨高门,鬼窥其庭。弈弈华轮,路险则倾。前轸摧轴,后鸾振铃。将队竞奔,诲在临颈。达人悟始,外身遗荣。"②此诗将佛教的因果报应及转世轮回观念融入其中。在张翼与僧人往来的诗文中,常见其熟用佛教词汇,以佛理来抒发对人生的思考。如,《赠沙门竺法頵三首》其一云:

> 郁郁华阳岳,绝云抗飞峰。峭壁溜灵泉,秀岭森青松。悬严廓峥嵘,幽谷正寥笼。丹崖栖奇逸,碧室禅六通。泊寂清神气,绵眇矫妙踪。止观著无无,还净滞空空。外物岂大悲,独往非玄同。不见舍利弗,受屈维摩公。③

从这首诗来看,诗人并非完全说理,还是加入了部分的景物描写。而僧人的诗作往往哲理色彩相对浓厚,许多诗作通篇都是在宣扬佛理。

总之,这些做法对当时文人的诗歌创作产生了重要影响,他们所起到的示范效应推动着文人们的玄言诗创作,加速了诗歌哲理化思潮的最终形成。

三、佛理的超越意义

在玄佛合流的思想背景下,佛学与玄学构成僧人与文人哲理思辨的重要两维。一方面,玄佛互释成为普遍现象。正因般若谈空,与玄学之本无义有异曲同工之处,哲人们感受到了两种理论的相通性。

---

① 逯钦立辑校:《先秦汉魏晋南北朝诗》,北京:中华书局,1983年,第887页。
② 逯钦立辑校:《先秦汉魏晋南北朝诗》,北京:中华书局,1983年,第899页。
③ 逯钦立辑校:《先秦汉魏晋南北朝诗》,北京:中华书局,1983年,第893页。

故汤用彤指出："于是六家七宗,爰延十二,其所立论枢纽,均不出本末有无之辩,而且亦即真俗二谛之论也。六家者,均在谈无说空。……贵无贱有,返本归真,则晋代佛学与玄学之根本义,殊无区别。"①

　　诚然,玄学和佛学在帮助人们寻找本我、摆脱精神枷锁而寻求解脱的方面具有共通性。老子的"涤除玄览"和庄子的"心斋""坐忘"等一系列命题都是在告诫人们要不计利害得失,如何保持内心的宁静平和,如何达到超越有限而把握无限的自由之境。《庄子·庚桑楚》中说:"宇泰定者,发乎天光。发乎天光者,人见其人。"②因为心境安泰静定之人会发出自然的光辉,这也就是为什么当心胸正时,"正则静,静则明,明则虚,虚则无为而无不为也"③。另外,《庄子·人间世》云:"虚室生白,吉祥止止。"④其中的"室"即指人心,意思是如果将眼前的万物都看作空虚,就能使自己心境空明而发出纯白的自然之光,吉祥就会集于虚明之心。佛教中的许多观念与此相通,例如,佛教中非常重视禅定,其方法都是为了能够帮助人们排除内心的杂念与欲望,从而获得理想的超越之境,令身心安住。例如,《释禅波罗蜜次第法门》在描述二禅境界时云:"于后其心豁然明净,皎洁定心与喜俱发,亦如人从暗室中出,见外日月光明,其心豁然明亮。"⑤当时的许多僧人和文人都非常享受并自得于从玄佛的超越理论中去寻求心灵的解脱之境,因此他们也乐于在诗文中传达这一理念和倾向。

　　但另一方面,佛教理论有其自身的优越性。慧远曾云:"闻安讲

---

① 汤用彤:《汉魏两晋南北朝佛教史》,北京:商务印书馆,2015 年,第 218—220 页。
② 陈鼓应注译:《庄子今注今译》,北京:商务印书馆,2007 年,第 699 页。
③ 陈鼓应注译:《庄子今注今译》,北京:商务印书馆,2007 年,第 713 页。
④ 陈鼓应注译:《庄子今注今译》,北京:商务印书馆,2007 年,第 139 页。
⑤ [隋]释智𫖮:《释禅波罗蜜次第法门》卷五,《大正新修大藏经》第 46 册,第 513 页。

《波若经》,豁然而悟,乃叹曰:'儒道九流,皆糠秕耳。'"①许多文人认识到了佛教理论还有超越玄理的一面,有些思想和理念是佛教传入后才带来的,为他们认识世界、解决人生苦闷打开了一扇新的智慧之窗。

在佛教传入以前,人们并没有"三世"的概念,只知有现在生活的阶段和时间,而死亡则是必然和终结。但在佛教的理论中,人生不只有现世,还有前世和来世,是一个无限的轮回。这一观念从某种程度来讲化解了人们的死亡焦虑,对接受者产生了极大的心理冲击和震撼。这一理论被许多士人接受,并视其为佛法之要义。东晋时期,王谧在《答桓玄难》中写道:"夫神道设教,诚难以言辩,意以为大设灵奇,示以报应,此最影响之实理。佛教之根要,今若谓三世为虚诞,罪福为畏惧,则释迦之所明,殆将无寄矣。"②郗超的《奉法要》云:"三自归者,归佛,归十二部经,归比丘僧;过去、现在、当来三世十方佛,三世十方经法,三世十方僧。每礼拜,忏悔皆当至心归命,并慈念一切众生。愿令悉得度脱。"③此外,张新安的《答谯王论孔释书》云:"夫妙学穷理,乃圣乃神,光景烛八维,俯仰观九有。然而运值百龄,宵均万劫者,岂非嘉缘未构,故业化莫孚哉? 是以圣灵辍轨,斯文莫载,靡得明征理归,指斥宗致,只以微显,婉而成潜。徙冥远之生,导三世之源,积善启报应之辙,网宿昭仁蒐之苗。"④可见,三世的观念已在士人中影响相当广泛,构成人们对人生新的认知,为观察人生命运及意义提供了新的视角。

转世轮回的理论与因果报应相联系,佛教认为,人在今世的福祸或生活状况是由前世所作的"业"决定的,善恶有报,那么其实是人自

①[南朝梁]释慧皎撰,汤用彤校注:《高僧传》,北京:中华书局,1992年,第211页。
②[清]严可均辑:《全晋文》,北京:商务印书馆,1999年,第185页。
③[清]严可均辑:《全晋文》,北京:商务印书馆,1999年,第1165页。
④[清]严可均辑:《全晋文》,北京:商务印书馆,1999年,第1523页。

己决定自己来世的命运。这一理论也被广泛认可和接受。《正诬论》云："诚如所言,佛亦曾为恶耳。今所以得佛者,改恶从善故也。若长恶不悛,迷而后遂往,则长夜受苦,轮转五道,而无解脱之由矣。今以其能掘众恶之栽,灭三毒之烬,修五戒之善,尽十德之美,行之累劫,倦而不已,晓了本际,畅三世空,故能解生死之虚,外无为之场耳。"[1]受佛教报应论的影响,作者认为人在今世的善恶行为会决定来世的果报,而今世受苦的根源即在于承受前世所作恶业的惩罚。从这一角度出发,人们对现实的苦难便有了新的体会和认知。郗超的《奉法要》曰:"《经》云:'生苦、老苦,病苦、死苦,怨憎会苦恩爱别离苦,所求不得苦。'遇此诸苦,则宜深惟缘对,兼觉魔伪,开以达观,弘以等心。"[2]

　　既然人生苦难的根源是前世的行为,那么意味着人可以决定自己来世的命运。而死亡也并不可怕,只是这一阶段的暂时终结而已。这些观念不仅与魏晋思潮与玄学的精神实质相契合,因为把握自我和人的自觉是魏晋思想的精神内核,而佛教的业报轮回恰恰也是在凸显自我主体的力量;而且,佛教这些理论还能化解乱世中人们的死亡焦虑和痛苦,给人们的头脑和心灵带来了一场彻底的革命。要知道,这是玄学理论无法解决的问题。因此,在当时的诗文创作中可以见到的是,东晋时的玄言诗,已经不再有正始时期那样浓烈的抒情意味,已寻不到惜时叹世的惆怅和强烈的忧生之嗟。许多诗歌变成了纯粹的哲理探讨,士人们已经可以从理性思辨和哲理探求中享受精神的愉悦。因此,他们大量地创作玄言诗,用理论来化解和排解心中的苦闷及彷徨,而不再需要用强烈的抒情来宣泄内心的块垒。东晋也最终迎来玄言诗创作的巅峰时期。

　　另外,值得注意的是,除了谈理之外,东晋时期的玄言诗中还有

---

[1]［清］严可均辑:《全晋文》,北京:商务印书馆,1999年,第1839页。
[2]［清］严可均辑:《全晋文》,北京:商务印书馆,1999年,第1169页。

许多人物品藻的成分,如郭璞的《答王门子诗》其一云:"芊芊玉英,济美琼林。靡靡王生,实迈俊心。藻艳三秀,响谐韶音。映彩春兰,擢蕊秋岑。"①王胡之的《赠庾翼诗》其一云:"仪凤厉天,腾龙陵云。昂昂猗人,逸足绝群。温风既畅,玉润兰芬。如彼春零,流津烟煴。"②这与当时的社会风气有关,因为在魏晋时期,士大夫们如此讲究人的仪表与风度,已经成为普遍之风。他们尤为欣赏人的内在美,这种美是以人的品性与才华为基础所展现的一种超凡脱俗的精神气质。名士们有时对高僧神采之欣赏甚或超过对其佛学素养的钦佩。正如《世说新语·文学》云:"支道林、许掾诸人共在会稽王斋头。支为法师,许为都讲。支通一义,四坐莫不厌心。许送一难,众人莫不抃舞。但共嗟咏二家之美,不辩其理之所在。"③众人只顾着赞叹欣赏支遁的神采而不去分辨其所讲的义理了。在人的精神气质和风度方面,许多高僧与名士不分伯仲。孙绰的《道贤论》即将七位高僧与名士相比,展现两两之间相似的风采:

护公德居物宗,巨源位登论道:二公风德高远,足为流辈矣。

帛祖衅起于管蕃,中散祸作于钟会:二贤并以俊迈之气,昧其图身之虑,栖心事外,轻世招患,殆不异也。

法乘安丰,少有机悟之鉴,虽道俗殊操,阡陌可以相准。

潜公道素渊重,有远大之量;刘伶肆意放荡,以宇宙为小。虽高栖之业,刘所不及,而旷大之体同焉。

支遁、向秀,雅尚庄、老。二子异时,风好玄同矣。

---

① 逯钦立辑校:《先秦汉魏晋南北朝诗》,北京:中华书局,1983年,第863页。
② 逯钦立辑校:《先秦汉魏晋南北朝诗》,北京:中华书局,1983年,第885页。
③ [南朝宋]刘义庆著,[南朝梁]刘孝标注,余嘉锡笺疏:《世说新语笺疏》,上海:上海古籍出版社,1993年,第227页。

　　兰公遗身,高尚妙迹,殆至人之流。阮步兵傲独不群,亦兰之俦也。①

　　因此,在东晋的玄言诗中,也时有人物品藻的语言出现。而除了社会风气的影响,更重要的是玄学与佛学理论的相契性——对人的本体之重视、对绝对自由和无限超越之人格本体的关注,以及佛教的超越性对当时的文学产生了深刻的影响。佛教理论将个体视为命运的主宰,这便加深了士人对自我及人格的重视程度。

　　汤用彤先生指出:"《高僧传》曰'孙权使支谦与韦昭共辅东宫',言或非实。然名僧名士之相结合,当滥觞于斯日。其后《般若》大行于世,而僧人立身行事又在在与清谈者契合。夫《般若》理趣,同符《老》《庄》。而名僧风格,酷肖清流,宜佛教玄风,大振于华夏也。"②整体看来,这一现象不仅影响着东晋时期的诗歌创作,形成了历史上的玄言诗潮,也最终建构了诗歌的哲理化思潮。然而,历史上许多人对玄言诗的评价并不高,钟嵘《诗品序》云:"永嘉时,贵黄、老,尚虚谈。于时篇什,理过其辞,淡乎寡味。爰及江表,微波尚传:孙绰、许询、桓、庾诸公诗,皆平典似《道德论》。"③许多玄言诗会因纯粹说理的特点而被人诟病,认为其枯燥乏味,审美性缺失。但如果能从客观的角度看待玄言诗与佛理诗的形成、特点及作用,联系其产生的多重因素与背景,便不应有失偏颇,而当充分、客观地认识其意义与价值。

---

① [清]严可均辑:《全晋文》,北京:商务印书馆,1999 年,第 645 页。
② 汤用彤:《汉魏两晋南北朝佛教史》,北京:商务印书馆,2015 年,第 125 页。
③ [南朝梁]钟嵘著,曹旭笺注:《诗品笺注》,北京:人民文学出版社,2009 年,第 15 页。

第四节　诗歌哲理化的创作诉求
及其思潮的文学史意义

从前文中诗歌哲理化思潮的发展脉络可以看出,在佛教文化的影响下,诗人们在创作中书写自己的哲理性思考和体悟渐趋成为一种潮流,至东晋时期达到鼎盛,而这些诗作往往反映了作者进行诗歌哲理化创作的重要诉求。东晋时诗歌哲理化思潮的形成对后世文学的发展也产生了深远的影响。

一、诗以言智

在笔者看来,"诗以言智"是时人进行诗歌哲理化创作的诉求之一,是六朝时期文人在传统观念"诗言志"及"诗缘情"上的自我突破,也是中国诗学理论发展中的一个新现象。

"诗言志"与"诗缘情"是中国传统诗学的两个重要命题。前者一直被喻为中国诗论"开山的纲领"①。有关"诗言志"较为完整的表述,见于今文《尚书·尧典》(古文《尚书·舜典》):"夔!命汝典乐,教胄子。直而温,宽而栗,刚而无虐,简而无傲。诗言志,歌永言,声依永,律和声。八音克谐,无相夺伦,神人以和。"②而对于"志"的内涵,历来说法不一,而且不同时期的侧重点也不尽相同。对此,朱自清和闻一多的见解在现代学者中较具代表性。闻一多认为,"志"乃"怀抱","怀抱"泛指诗人内心所蕴藏的各种情意,"言志"与"言情"等同。朱自清则认为"志"与"礼"密不可分,它关联着与古代社会政教、人伦紧密相关的特定情意。

①朱自清:《诗言志辨》,上海:华东师范大学出版社,1996年,第4页。
②王世舜、王翠叶译注:《尚书》,北京:中华书局,2012年,第28页。

当代不少学者对此也提出了自己的看法。例如，陈伯海先生认为，"志"不仅包含了与社会政教、人伦相关联的理性因素，也蕴含着内心情意之感性因素。"'情'固然属于感性（广义的，包括人的全部感受性，不光指感性认知），'志'却不限于理性。作为'心之所之'的意向，且与社会政教、人伦相关联的怀抱，'志'的情意指向中必然含有理性的成分，并对其整个情意活动起着重要的指导与规范作用。但'志'又是'心之所止'，是情意在内心的蕴积，其中自然包含大量的感性因素。内心蕴积的情意因素经外物的诱导，发而为有指向的情意活动，这便是'志'的发动，其指向虽不能不受理性规范的制约，而作为情意活动本身则仍具有感性的质素。"①诚然，孔颖达云："在己为情，情动为志，情志一也。"②所以，"志"应当是人的思想、意愿和情感的集合。

魏晋时期，玄学打破了儒学独尊的地位，一定程度上复兴了老庄道家崇尚自然、法天贵真的价值取向，对当时诗学理念及其审美观念都产生了深刻影响。魏晋诗学开始向内发现诗歌本身的意义，强调诗歌应表达自然真情成为诗学的主流观念，以情论诗者在六朝屡见不鲜。"诗缘情"遂成为"诗言志"之后又一新的诗学观念。在中国古代诗学研究中，"诗缘情"往往被视为与"诗言志"相对立的诗歌主张，"志"与"情"相较，前者往往是关联着政治教化的个体意志与抱负，倾向于理性；后者侧重于个体的情感与欲望，偏于感性及审美。

然而，也有学者认为："'志'和'情'在汉语中并不是两个绝对排斥的范畴，二者皆从'心'，它们不可能如客观和主观、精神和物质那样具有比较清晰的对应关系。"③相当于也承认了"志"和"情"在情

①陈伯海：《释"诗言志"——兼论中国诗学"开山的纲领"》，《文学遗产》，2005年第 3 期。
②李学勤主编：《春秋左传正义》，北京：北京大学出版社，1999 年，第 1455 页。
③戴伟华：《论五言诗的起源——从"诗言志"、"诗缘情"的差异说起》，《中国社会科学》，2005 年第 6 期。

感因素上的一致性。另外,这位学者还认为五言诗是汉语中最适宜表达情感的句式,后世四言之外,最先成熟的便是五言诗。汉魏之间,文士在推动五言诗创作上的贡献之一即是用五言抒发自己的情感,此种情形以《古诗十九首》为代表。然而,还应看到的是,诗人们不仅用五言抒发自己的情感,还在诗中传达着对宇宙人生等形而上问题的思考、对玄佛之理的探求和体悟,甚或用诗来书写纯粹的哲理思辨,而这里是不强调情感成分的。因此,从这一角度来讲,有关东晋时期众多的玄言诗和佛理诗,诗人的书写动机和目的是为智而作,以诗言智,与先前的"诗以言志"和"诗缘情"相较,有很大的不同。

而这里的"智"并不是指普通的才智。一方面,它关乎书写主体对玄佛之理的理解、体悟和探求,以诗歌的形式来直接表达对老庄思想或佛学的认知和体会。如名士孙放的《咏庄子诗》云:"巨细同一马,物化无常归。修鲲解长鳞,鹏起片云飞。抚翼抟积风,仰凌垂天翚。"①便是吟咏对庄学思想的体悟。东晋时的许多文人对佛学兴趣颇浓,所以不少人用诗歌来书写和展现对佛学的心得,如张翼的《答康僧渊诗》云:

> 茫茫混成始,豁矣四天朗。三辰还须弥,百亿同一像。灵和陶氤氲,会之有妙常。大慈济群生,冥感如影响。蔚蔚沙弥众,粲粲万心仰。谁不欣大乘,兆定于玄曩。三法虽成林,居士亦有党。不见虬与龙,洒鳞凌霄上。冲心超远寄,浪怀邈独往。众妙常所晞,维摩余所赏。苟未体善权,与子同佛仿。悠悠诚满域,所遗在废想。②

①逯钦立辑校:《先秦汉魏晋南北朝诗》,北京:中华书局,1983年,第903页。
②逯钦立辑校:《先秦汉魏晋南北朝诗》,北京:中华书局,1983年,第893—894页。

此外，"智"的另一面关乎文人们对"大道"的探求和体悟，它是哲人洞察万物、明了一切世相的智慧，是超越感性和理性之外的对于世界本体的把握。

这种智慧首先建立在对"大造"和"时物"的洞察之上，正如孙绰在《答许询诗》其一中云："仰观大造，俯览时物。机过患生，吉凶相拂。智以利昏，识由情屈。野有寒枯，朝有炎郁。失则震惊，得必充诎。"①又如谢安的《与王胡之诗》其一云："鲜冰玉凝，遇阳则消。素雪珠丽，洁不崇朝。膏以朗煎，兰由芳凋。哲人悟之，和任不摽。外不寄傲，内润琼瑶。如彼潜鸿，拂羽雪霄。"②其实他们所称谓的哲人，其特点正在于能够从纷繁复杂的世相中洞穿真理，思虑清明，最终实现与"道"的合而为一。因此，他们还在诗中展现哲人应有的特质并感慨哲人的稀缺，能够真正理解、体悟至道的人少之又少，如庐山诸道人曾在《游石门诗》中云："形有巨细，智亦宜然。乃喟然叹：宇宙虽遐，古今一契。灵鹫邈矣，荒途日隔。不有哲人，风迹谁存。应深悟远，慨焉长怀。"③又如，孙绰《赠温峤诗》其一云："大朴无像，钻之者鲜。玄风虽存，微言靡演。邈矣哲人，测深钩缅。谁谓道辽，得之无远。"④

随着玄学及佛学思想的盛行，许多文人醉心清谈，他们体会到了哲理思辨的乐趣，在终极思考和追问中安顿自我的身心。据《高僧传》记载，当王羲之听到支遁有关《逍遥》篇的讲解之后，竟然兴奋得流连忘返而不能舍，甚至邀请支遁前往灵嘉寺居住，方便与之相互亲近，足见当时文人对玄佛之理的痴迷、对大道的向往。王羲之的《兰

①逯钦立辑校：《先秦汉魏晋南北朝诗》，北京：中华书局，1983年，第899页。
②逯钦立辑校：《先秦汉魏晋南北朝诗》，北京：中华书局，1983年，第905页。
③逯钦立辑校：《先秦汉魏晋南北朝诗》，北京：中华书局，1983年，第1086页。
④逯钦立辑校：《先秦汉魏晋南北朝诗》，北京：中华书局，1983年，第897页。

亭诗二首》其一云:"悠悠大象运,轮转无停际。陶化非吾因,去来非吾制。"①文人对玄理的思考和体悟,势必要通过诗歌的形式呈现出来,以示自我对玄思哲理的独特体认。名士郗超认识到了智与慧的力量,故在《答傅郎诗》其三中云:"迹以化形,慧以通神。时钦运钦,遘兹渊人。澄源领本,启此归津。投契凯入,挥刃擢新。发悟虽迹,反观已陈。"②

　　东晋时期诗人们对"智"的重视、对哲理探求的浓厚兴趣,一方面来自老庄思想的影响。《老子》云:"涤除玄鉴,能无疵乎?"③只有洗尽尘垢,排除各种主观欲念和成见,保持内心的虚静,才能使头脑如镜子一般清澈澄明,从而实现对"道"的观照。河上公注云:"心居玄冥之处,览知万物,故谓之玄览。"④这实质上是一种静观的智慧,在虚静中让人免受外物和各种杂念的干扰,从而烛照万物,洞彻幽微。在《庄子·天地》中,庄子借一虚构的人物描绘了"神人"的特征,他超然天地之外,不见行迹,虚名空旷,与至道冥合。从成玄英的疏来看,这种"智"不是探寻普通事理的智慧,而是通达至理的大智。"智周万物,明逾三景,无幽不烛,岂非旷远!"成玄英疏曰:"乘,用也。光,智也。上品神人,用智照物,虽复光如日月,即照而亡,堕体黜聪,心形俱遣,是故与形灭亡者也。"⑤

　　另一方面,随着玄佛合流和佛教的盛行,诗歌哲理化的"诗以言智"之创作诉求,实际上更多受到了佛教思想及诗偈特点的影响。首先,佛教的"般若"即译作"智慧"。《大智度论》曰:"般若者,秦言智

①逯钦立辑校:《先秦汉魏晋南北朝诗》,北京:中华书局,1983 年,第 895 页。
②逯钦立辑校:《先秦汉魏晋南北朝诗》,北京:中华书局,1983 年,第 888 页。
③陈鼓应注译:《老子今注今译》,北京:商务印书馆,2003 年,第 108 页。
④王卡点校:《老子道德经河上公章句》,北京:中华书局,1993 年,第 35 页。
⑤[清]郭庆藩撰,王孝鱼点校:《庄子集释》,北京:中华书局,2012 年,第 448 页。

慧。一切诸智慧中,最为第一,无上无比无等,更无胜者。"①《大乘义章》曰:"言般若者,此方名慧,于法观达,故称为慧。"②《法华义疏》则曰:"无境不照,名为波若。"③这些典籍皆诠释了般若之智的内涵,体现了佛教对智慧的重视。在佛教中,"智"和"慧"又有所区别,丁福保在《佛学大辞典》中解释梵语"若那"被译曰"智","般若"被译曰"慧"。决断曰智,简择曰慧。又知俗谛曰智,照真谛曰慧。通为一也④。即智和慧有明了俗谛和真谛的区别。但在本节中,我们所指的智并不做以上区分,而是两者的统一,且诗歌的哲理化创作更侧重对真谛的体悟和认知。此外,佛教崇尚"智光",因智慧能破无明之暗,所以常以光譬,喜"放光灭暗冥"。佛教以光明为智慧的象征,所以与明相对的"无明"则被佛教视为一切烦恼愚痴的根源。《大乘义章》曰:"于法不了名无明。"⑤又曰:"言无明者,痴暗之心。体无慧明,故曰无明。"⑥又因智慧能洗掉烦恼之垢,能烧烦恼之薪,所以还将智慧喻以水、火。另外,佛教中还有"转识成智"的说法,即转凡夫有漏的八识成为佛的四智,亦即转第八识为大圆镜智。大圆镜智是一种能观照一切事物而无不明了的智慧,此智慧清净圆满,洞彻内外,如大圆镜般映照万物。

其次,佛经中的诗偈具有"言智"的特征。在汉语佛教经典中,诗和偈常被视为同一种文体,《一切经音义》云:"偈,梵云伽陀,此云

---

① (印)龙树撰,[后秦]鸠摩罗什译:《大智度论》卷四十三,《大正新修大藏经》
　　第 25 册,第 370 页。
② [隋]释慧远:《大乘义章》卷十二,《大正新修大藏经》第 44 册,第 705 页。
③ [隋]释吉藏:《法华义疏》卷三,《大正新修大藏经》第 34 册,第 484 页。
④ 丁福保编:《佛学大辞典》,上海:上海书店,1991 年,第 2203 页。
⑤ [隋]释慧远:《大乘义章》卷四,《大正新修大藏经》第 44 册,第 492 页。
⑥ [隋]释慧远:《大乘义章》卷四,《大正新修大藏经》第 44 册,第 547 页。

颂,美歌也。"①《妙法莲华经玄赞》曰:"梵云伽陀,此翻为颂,颂者美也歌也。颂中文句极美丽故、歌颂之故,讹略云偈。"②《法句经序》云:"偈者,结语,犹诗颂也。"③因此,汉语佛教经典中常"诗偈"并称,且在文章目录分类时也将"诗偈"作为一类文体④,故拾得才有诗云:"我诗也是诗,有人唤作偈。诗偈总一般,读时须子细。"⑤所以,在汉语佛教经典中论偈犹如论诗。

偈颂(包括重颂和孤起)作为十二部经中的文体类别,虽然从其文体特征来说有其独特功能,诸如"少字摄多义""为钝根重说""随意乐""易受持"⑥等等,但偈颂依然还是佛经,其根本意义与佛经的根本意义是一致的。慧能大师讲法中曾论及对佛经的看法:"一切经书,及诸文字,小大二乘,十二部经,皆因人置,因智惠性故,故然能建立。"⑦佛经的根本意义在传递智慧——成佛的大智慧。因此,既然"经以言智",自然"偈亦以言智",由此自然可推出"诗以言智",所以,从佛教的角度来看,诗偈的根本意义在于言智,言菩提般若之智。故而此特点对诗歌哲理化创作的"言智"诉求有着潜移默化的影响便在情理之中。

总之,老庄思想,尤其是佛学思想中对"智"的追求和倡导,指引着人们用诗歌的方式来追寻大道和超越境界,消解了文人们强烈的

---

①[唐]释慧琳:《一切经音义》卷二十七,《大正新修大藏经》第54册,第483页。

②[唐]释窥基:《妙法莲华经玄赞》卷二,《大正新修大藏经》第34册,第684页。

③[南朝梁]释僧祐:《出三藏记集》卷七,《大正新修大藏经》第55册,第49页。

④参见《云幻宸禅师语录》《入就瑞白禅师语录》《即非禅师全录》等目录,《嘉兴大藏经》第36、26、38册,台北:新文丰出版有限公司,2018年。

⑤[唐]寒山著,项楚注:《寒山诗注》(附拾得诗注),北京:中华书局,2000年,第844页。

⑥[宋]释子璿:《首楞严义疏注经》卷五,《大正新修大藏经》第39册,第892页。

⑦[唐]慧能著,郭朋校释:《坛经校释》,北京:中华书局,2012年,第71页。

忧生之嗟和对命运无常的感伤之情绪。在诗歌的创作中感悟真谛，最终以更积极的心理状态来处世。值得注意的是，如果从文艺是人的心灵表现这一角度看待"诗言志"，那么"诗言智"与此有相通之处，但后者有自身的独特内涵。另外，如果说"情"关乎感性，"志"是感性与理性的统一，那么"智"则侧重于理性及超理性。与先前所出现的两大纲领性命题相较，"诗言智"有自身的发展逻辑和特殊风貌。

二、清淡之风

对诗歌清淡之风格的崇尚和自觉追求是东晋诗歌哲理化创作的又一诉求。有关这一时期的玄言及佛理诗，钟嵘《诗品序》云："永嘉时，贵黄、老，尚虚谈。于时篇什，理过其辞，淡乎寡味。爰及江表，微波尚传：孙绰、许询、桓、庾诸公诗，皆平典似《道德论》。"①虽然钟嵘对这类诗的评价并不高，但也指出了这些诗歌寡淡、平典的风格特色。

总体来看，这一时期的哲理化诗歌呈现清淡的风格。从时人创作的诗歌来讲，其中的玄言诗和佛理诗较多，诗歌的题材和内容首先决定了这一风格特色。玄佛合流以及佛教兴盛的结果是把书写者带入思辨与抽象思维的文化场域与氛围之中。他们不仅醉心清谈，且乐于将对玄学和佛学的理解以及对世界本体性的思考融入诗歌创作之中，并用抽象逻辑思维及通感直觉思维演绎对"道"的把握和体认。因此，书写的对象和思维方式都造就了当时哲理化书写的特色。而且，当时的大多数诗人往往着眼于对哲理的思考，所以并不在意诗歌的文学技巧。从当时士人所醉心的清谈之"清"字可以看出，他们快意的是纯粹的名理思辨和哲学探讨，并不涉及政治或世俗之事，谈论

---

①［南朝梁］钟嵘著，曹旭笺注：《诗品笺注》，北京：人民文学出版社，2009 年，第15 页。

的内容也相当纯粹和超越,因而反映在诗歌创作中亦是如此。但当时的文人是非常享受这些文化活动的,而且许多理论也排解了他们内心的忧虑和苦闷,他们不再需要靠浓烈的抒情来消解。后人如果脱离了当时的文化语境,直观他们的诗歌则会认为其在艺术特质上有所缺失,读来令人枯燥和乏味,这种评价和感受恰恰是脱离了当时文人所处的文化及思想语境所得出的结论,是有失公允的。

书写者对清淡之风的偏好与他们的生活方式、精神追求以及人格特质也不无关联。东晋时期士人们的生活已经不再像西晋那样物质化和世俗化,从纵欲任诞转向超脱、自然,追求宁静的精神天地。许多学者把这类现象归结为东晋士人的偏安心态之表现,似乎是地理和政治环境的影响,但笔者认为固然有这方面的因素,但思想理论对群体的影响才更为巨大和直接,佛教的盛行恰恰与士人这类表现的出现时间相重合,这不能说是一种巧合,因此不能忽视佛教思想对士人生活方式和精神状态的巨大影响。从当时一些文人的诗歌内容来看,对简易、清淡生活方式及淡泊宁静的精神追求成为当时文人的一大特质。例如,孙绰的《赠谢安诗》云:"庭无乱辙,室有清弦。足不越疆,谈不离玄。心凭浮云,气齐皓然。仰咏道海,俯膺俗教。天生而静,物诱则躁。"①诗中描绘了其清简的生活方式和内容,并且认识到了"物诱则躁"的道理。

王羲之在诗歌中也表现了其相当高逸、洒脱的境界,如《兰亭诗二首》其二云:"鉴明去尘垢,止则鄙吝生。体之固未易,三觞解天刑。方寸无停主,矜伐将自平。虽无丝与竹,玄泉有清声。虽无啸与歌,咏言有余馨。取乐在一朝,寄之齐千龄。"②再如,他的《答许询诗》云:"取欢仁智乐,寄畅山水阴。清泠涧下濑,历落松竹松。

①逯钦立辑校:《先秦汉魏晋南北朝诗》,北京:中华书局,1983年,第900页。
②逯钦立辑校:《先秦汉魏晋南北朝诗》,北京:中华书局,1983年,第896页。

争先非吾事，静照在忘求。"①在他看来，玄泉的清声可以代替热闹的丝竹，咏言的余馨可以取代喧嚣的歌啸，并于此当中获得无限的乐趣。此外，"鉴明"之智是不可以停止的，否则会生出吝鄙。在《答许询诗》中，还明确表示出自己不愿争先的心态，追求的是静观的智慧。

其实，就当时的许多名士而言，他们多出身于世家大族，生活从来就不清贫，反而要比许多人都富足、优渥。但在玄佛思想的影响下，他们对理论的兴致足以冲淡其物欲追求。正如孔子闻韶乐而三日不知肉味的道理。孙绰的《兰亭诗二首》其二云："流风拂枉渚，停云荫九皋。莺语吟修竹，游鳞戏澜涛。携笔落云藻，微言剖纤毫。时珍岂不甘，忘味在闻韶。"②他们岂不知时珍的鲜美，只是醉心于对"道"的探求而不在意外物的繁华罢了，足见玄佛之理对他们的影响之巨大。陈顺智认为："与玄学清谈盛行相表里，东晋中叶清虚恬淡的人生哲学盛行，栖遁隐逸、游历山水、不务政事，而追求内心精神的冲虚淡泊、行为举止的萧散洒脱，这些都为玄言诗注入了精神情感性的因素，使得玄言诗表面看来不关人事、'淡乎寡味'。"③想必对于诗歌的创作亦如此，他们关注的焦点是以诗歌来书写哲理，对于文学技巧和审美旨趣则并不在意。

此外，从当时士人的娱乐方式和交友理念来讲，简约和清淡也是他们追求的特色，这恰与他们诗作的风格相一致。名士们平时偏爱的娱乐内容之一即是围棋，《世说新语》中有多处名士们下围棋的情形，如《世说新语·排调》云："王长豫幼便和令，丞相爱恋甚笃。每共围棋，丞相欲举行，长豫按指不听。丞相笑曰：'讵得尔？相与似有

---

① 逯钦立辑校：《先秦汉魏晋南北朝诗》，北京：中华书局，1983年，第896页。
② 逯钦立辑校：《先秦汉魏晋南北朝诗》，北京：中华书局，1983年，第901页。
③ 陈顺智：《论东晋玄言诗兴盛的原因》，《社会科学研究》，2005年第6期。

瓜葛。'"①

　　围棋是一种纯粹的逻辑思辨活动,名士们却以此为消遣和娱乐,足见他们对"理"的兴趣非同一般。宁稼雨认为名士们喜爱围棋的深层原因,"是他们从围棋的哲学意识和文化精神上悟出了名士的人生观念和人格魅力之所在,所以'王中郎以围棋是坐隐,支公以围棋为手谈'。坐在棋桌前的隐居和用手指的清谈可以说是他们对围棋价值魅力的最好理解"②。可见,在当时,文人们的生活和娱乐方式在特色上都保持着高度的一致性,所以其诗歌的风格也是一以贯之的体现。

　　在交友理念上,士人们推崇孔子"君子之交淡如水"的主张,追求的也是清淡、平和的纯粹、自然之谊。王胡之的两首诗作都反映了这一倾向:

　　　　友以淡合,理随道泰。余与夫子,自然冥会。暂面豁怀,倾枕解带。玉液相润,琼林增蔼。心齐飞沉,相望事外。譬诸龙鱼,陵云潜濑。③(《赠庾翼诗》)
　　　　利交甘绝,仰违玄指。君子淡亲,湛若澄水。余与吾生,相忘隐机。泰不期显,在悴通否。④(《答谢安诗》)

　　总之,当时文人名士在诸多层面都体现出了崇"清"、尚"淡"的雅好与特色,因此,其诗歌风格仍保留和体现了这一特质,故对清淡

<hr>

① [南朝宋]刘义庆著,[南朝梁]刘孝标注,余嘉锡笺疏:《世说新语笺疏》,上海:上海古籍出版社,1993年,第796页。
② 宁稼雨:《魏晋士人人格精神——〈世说新语〉的士人精神史研究》,天津:南开大学出版社,2003年,第245页。
③ 逯钦立辑校:《先秦汉魏晋南北朝诗》,北京:中华书局,1983年,第886页。
④ 逯钦立辑校:《先秦汉魏晋南北朝诗》,北京:中华书局,1983年,第887页。

之风的自觉追寻和审美传达是其时诗歌哲理化创作的又一显性
诉求。

三、酬唱往来

　　随着佛教的盛行,文人和僧人之间的往来逐渐密切。除了交游
和清谈,以诗歌酬唱往来也是他们之间重要的交往形式之一。因此,诗
歌的哲理化创作还成为加强文人与僧人之间联络的重要纽带。许多文
人名士钦佩高僧的理论修养和风度才华,乐于与僧人探讨玄佛之理,许
多高僧亦钦佩名士的风度与才华,故相互之间常常以诗歌赠答的形式
来交往。如康僧渊与名士张翼交往甚密,所以康僧渊有《代答张君祖
诗》与《又答张君祖诗》传世。张翼则作有《答康僧渊诗》及《赠沙门
竺法頠三首》,从张翼赠答给僧人的诗作来看,其内容多涉及佛理:

　　　茫茫混成始,豁矣四天朗。三辰还须弥,百亿同一像。灵和
陶氤氲,会之有妙常。大慈济群生,冥感如影响。蔚蔚沙弥众,
粲粲万心仰。谁不欣大乘,兆定于玄囊。三法虽成林,居士亦有
党。不见虬与龙,洒鳞凌霄上。冲心超远寄,浪怀邈独往。众妙
常所晞,维摩余所赏。苟未体善权,与子同佛仿。悠悠诚满域,
所遗在废想。①(《答康僧渊诗》)

　　　郁郁华阳岳,绝云抗飞峰。峭壁溜灵泉,秀岭森青松。悬严
廓峥嵘,幽谷正寥笼。丹崖栖奇逸,碧室禅六通。泊寂清神气,
绵眇矫妙踪。止观著无无,还净滞空空。外物岂大悲,独往非玄
同。不见舍利弗,受屈维摩公。②(《赠沙门竺法頠三首》其一)

---

① 逯钦立辑校:《先秦汉魏晋南北朝诗》,北京:中华书局,1983 年,第 893—
894 页。
② 逯钦立辑校:《先秦汉魏晋南北朝诗》,北京:中华书局,1983 年,第 893 页。

　　张翼,字君祖。他在第一首诗中直言自己欣赏大乘思想,欣赏维摩居士,体现了自己对佛法的喜爱,第二首诗中书写对佛教核心观念"空""无"的理解。《诗纪》云:"按张君祖、庾(康)僧渊诸诗,皆恬淡雅逸有晋风。"①可见张翼和康僧渊在诗歌创作风格上的一致性,这是二人思想理念和精神追求上的共契性所导致的必然结果。

　　值得注意的是,东晋时期与僧人交往越密切的文人,在玄言诗及佛理诗的创作数量上亦越多,说明文人与僧人的交往是推动文人从事诗歌哲理化创作的一个重要因素。而僧人与文人交往之密切,正在于二者在精神追求上的共通性。

　　罗宗强先生认为:"东晋中期以后,士人的最高精神境界,是潇洒高逸。不论是在位,还是又仕又隐,还是纯粹的隐士,都以潇洒高逸为最高的精神追求。"②他们身上所呈现的是潇洒宁静而任自然的气质和优雅从容的风度,这与其时的高僧是共通的。《高僧传·慧远传》云:"善属文章,辞气清雅,席上谈吐,精义简要,加以容仪端整,风采洒落。"③"陈郡谢灵运负才傲俗,少所推崇,及一相见,肃然心服。"④慧远的形象显然受到文人的钦佩,因此,这种精神层面的互通性必然使文人渴望与高僧交往、亲近,而诗歌赠答正是达到此目的的重要手段和方式。

　　以玄言及佛理诗相互赠答的行为不限于文人与僧人之间,文人与文人之间亦采用这一方式相交往。但与前者的情形略有不同。在清谈之风盛行的时代,人们在讨论玄佛之理的过程中,如果能提出标新立异的独到见解就会受到大家的普遍称赞,所以评价人品高下的

①逯钦立辑校:《先秦汉魏晋南北朝诗》,北京:中华书局,1983年,第891页。
②罗宗强:《玄学与魏晋士人心态》,天津:南开大学出版社,2003年,第265页。
③[南朝梁]释慧皎撰,汤用彤校注:《高僧传》,北京:中华书局,1992年,第222页。
④[南朝梁]释慧皎撰,汤用彤校注:《高僧传》,北京:中华书局,1992年,第221页。

标准甚至以逻辑思维及抽象思维能力的高下为准绳。对玄佛之理是否体悟深刻还成为衡量其才能高低的重要砝码。例如,《世说新语·文学》记载:"支道林初从东出,住东安寺中。王长史宿构精理,并撰其才藻,往与支语,不大当对。王叙致作数百语,自谓是名理奇藻。支徐徐谓曰:'身与君别多年,君义言了不长进。'王大惭而退。"①又如,《世说新语·文学》云:"诸葛玄年少不肯学问。始与王夷甫谈,便已超诣。王叹曰:'卿天才卓出,若复小加研寻,一无所愧。'玄后看《庄》《老》,更与王语,便足相抗衡。"②因此,文人在交往过程中用诗歌赠答的形式来体现自身的才华,相互切磋、交流玄佛之理也成为一种必然。如孙绰的《赠温峤诗》《与庾冰诗》《答许询诗》《赠谢安诗》等诗作,都在其中书写了对玄佛之理的理解和感悟。

四、文学史意义

以上反映了东晋诗歌哲理化创作的几点诉求,而诗歌哲理化思潮出现的意义即在于,一方面,它是后世哲理诗形成与发展的原点。玄言诗及佛理诗不重辞藻、抒情而关键在于体现作者高超的理论思辨能力和卓越的领悟力。对宇宙本体问题的认识和追问贯穿其中,这一现象也丰富了诗歌的题材和内容。而后世出现的哲理诗显然是受到了玄言诗及佛理诗创作的影响,何光顺认为:"中国玄言诗晚熟的原因在于自先秦以来诗歌史基本是以《诗经》体、《楚辞》体与《乐府》体等抒情诗的'通感思维'为主导思维方式,从而导致了玄言诗体的'玄学思维'方式难以被认同。这种诗性的玄学思维虽尚未有西

---

①［南朝宋］刘义庆著,［南朝梁］刘孝标注,余嘉锡笺疏:《世说新语笺疏》,上海:上海古籍出版社,1993 年,第 228 页。
②［南朝宋］刘义庆著,［南朝梁］刘孝标注,余嘉锡笺疏:《世说新语笺疏》,上海:上海古籍出版社,1993 年,第 202 页。

方理性思维的彻底性,却激活了中国诗歌中的理境感悟传统。"①而这里的玄言诗应当包含佛理诗,佛学中的现量与比量、既重逻辑思维又重直觉思维的特质都会对当时诗歌的哲理化书写产生重要作用,并深刻影响着后世哲理诗的不断发展与成熟。

　　另一方面,在诗歌哲理化思潮中,这种哲理化书写特色还开启、推动着后世诗文平淡之风格的形成与发展。我们知道,作为诗歌哲理化思潮的重要思想资源之玄学,其老子哲学树立了"淡乎其无味"的审美标准,"道之出口,淡乎其无味,视之不足见,听之不足闻,用之不足既"②。而这里的"淡乎其无味",正是在提倡一种特殊的美感,一种平淡的趣味③。"淡"作为美学范畴,到了庄学那里又有了更为丰富的内涵。有学者分析:"在老庄那里,'淡'具有三个维度的美学思想内涵:第一,'淡'与道的可感性相关,形成一种淡之味;第二,'淡'与应物经验相关,形成一种淡之情;第三,'淡'与理想的生命境界相关,形成一种淡之境。淡之味、淡之情与淡之境的相合形成了自成一体的道家平淡美学,蕴含有关自然、自由与超越的中国美学之思。"④因此,玄学思想中的以淡为美为诗歌哲理化的平淡之风绘上了精神的底色。

　　而东晋之后,士风已不像正始那样充满火药味。在阮籍和嵇康等人那里所看到的作为实践的、主体性的人生探究意愿逐渐丧失。在般若说空的理论引导下,东晋士人从西晋士人的纵欲狂诞转向追求宁静的精神境界。东晋文人与佛教徒的隐逸思想、状态相契合。

①何光顺:《玄响寻踪:魏晋玄言诗研究》,广州:暨南大学出版社,2011 年,第48 页。
②陈鼓应注译:《老子今注今译》,北京:商务印书馆,2003 年,第 205 页。
③叶朗:《中国美学史大纲》,上海:上海人民出版社,1985 年,第 33 页。
④余开亮:《论道家平淡美学本义兼及对"味美"说的辨析》,《学术研究》,2021 年第 2 期。

此时玄佛思想广泛流行,隐逸行为成为士人们普遍关心的事情。他们寄情山水,游心物外。日本学者吉川忠夫认为,"伴随着作为稳定体制的门阀贵族社会的确立,出现了与以往极为不同形态的逸民":"不避世的逸民和不艰苦的隐逸"①。前文中我们已经分析了东晋文人的生活态度,他们的这种生活方式与佛教徒们有相通之处,能够产生共鸣。他们都取代古人艰苦的隐逸而变为坐享其成的隐逸,这是建立在经济安逸基础上的悠然自适的生活。因此,在玄佛合流思想的影响下,哲理化诗歌的书写者无疑在精神上是超越的。他们"所追求和企图树立的是一种富有情感而独立自足、绝对自由而无限超越的人格本体"②。因此,他们重自然而轻礼法,性情得到极大的解放。所以,其精神旨趣与人格理想反映在诗歌创作中,便形成了崇"理"而尚"淡"的美学风格,对后世产生了深远的影响。

到了唐代,司空图的《二十四诗品》总结了诗有"冲淡"之风格,这类诗的特色与东晋时的玄言诗、佛理诗有异曲同工之妙,尤以王维的诗歌为代表。有学者总结了这种"冲淡"境界的审美特征之表现:"创作主体具有澹泊素洁、虚静专注的精神心态;心物关系具有物我融通、心物妙契、物淡我亦淡的特征;取象造境具有幽柔、淡远、恬静的特色。"③诚然,《二十四诗品·冲淡》云:"素处以默,妙机其微。饮之太和,独鹤与飞。"④司空图认为具有冲淡的处世态度和心理状态

①（日）吉川忠夫著,王启发译:《六朝精神史研究》,南京:江苏人民出版社,2010年,第19页。
②李泽厚:《中国古代思想史论》,北京:生活·读书·新知三联书店,2008年,第206页。
③杨景生:《论司空图〈诗品〉"冲淡"境界的审美特征》,《齐鲁学刊》,2010年第4期。
④[唐]司空图著,罗仲鼎、蔡乃中注:《二十四诗品》,杭州:浙江古籍出版社,2013年,第7页。

才能领略诗风的微妙,正如老子提出的"涤除玄览""致虚极,守静笃"、庄子的"虚室生白"等命题,其思想理念与东晋时期诸多文人、僧人的观念相一致。而司空图对"冲淡"风格的论述,正是以诗歌的形式并化用老庄思想所作,其本身又何尝不是一首玄言诗呢?

宋代,作为中国诗歌理论史上"平淡"诗论的首倡者和实践者,梅尧臣极为欣赏并重视诗歌的平淡之美。在他看来,"重以平淡若古乐,听之疏越如朱弦"①,"作诗无古今,唯造平淡难"②。此外,苏轼对"淡"之审美范畴亦颇有心得,面对陶渊明和柳宗元的诗作,苏轼有《评韩柳诗》云:"所贵乎枯澹者,谓其外枯而中膏,似澹而实美,渊明、子厚之流是也。若中边皆枯澹,亦何足道。"③苏轼对"淡"有了更深层次和更为中道的理解,其理想中的平淡之境,不是全为枯淡,而是"外枯而中膏",枯淡与华美兼容并生,是"发纤秾于简古,寄至味于澹泊"④。王先霈先生指出:"苏轼所说的'至味''中膏'是什么?那就是诗化了的人生哲理,是从人生忧患中体验得来又溶化在心灵深处的哲理。"⑤因此,这种独特的人生体悟又化在了宋代文人哲理化的书写当中,是其性灵濡染了玄佛之思以后的进一步飞跃与升华。

到了清代,仍然承继并重视以"淡"为美之风格的文人当以姚鼐为典型,其谓:"文章之境,莫佳于平淡,措语遣意,有若自然生成者。"⑥姚鼐将平淡视为文章的最高境界,故而有学者以"平淡"为关键词来评价姚鼐的古文风貌特征,"姚鼐,作为'善为古文辞'的文章

---

① 朱东润:《梅尧臣集编年校注》,上海:上海古籍出版社,1980年,第115页。
② 朱东润:《梅尧臣集编年校注》,上海:上海古籍出版社,1980年,第845页。
③ 孔凡礼点校:《苏轼文集》,北京:中华书局,1986年,第2109—2110页。
④ 孔凡礼点校:《苏轼文集》,北京:中华书局,1986年,第2124页。
⑤ 王先霈:《中国古代诗学十五讲》,北京:北京大学出版社,2007年,第93页。
⑥ 周中明选注评点:《姚鼐文选》,苏州:苏州大学出版社,2001年,第314—315页。

泰斗,承左史精神,得韩欧神理,兼方刘之长,其古文神韵、平淡、雅洁,独辟一家之境,具有澹远洁适、萧然高寄的文章气象,是最具代表性和典范性的桐城文章"①。而究其文章平淡之风貌,仍可以追溯至东晋诗歌哲理化思潮的精神内核之中,足见这一文学思潮影响之深远。

---

① 张树文、吴微:《神韵·平淡·雅洁——论姚鼐古文的风貌特征》,《江淮论坛》,2003 年第 1 期。

第二章　游仙涅槃与山水文学思潮

　　山水文学思潮是继东晋诗歌哲理化思潮形成以后的又一典型。晋宋时期的山水审美意识产生了新的变化,许多文学作品中的山水不再只是作为背景和陪衬出现,其符号和工具属性退居其次,人们开始将山水作为审美对象的主体,发现山水本身所具有的美。在这一思潮中,主体的观物方式以及审美心态的变化固然受到多种因素的影响,但佛教对其产生的作用不容小觑,因为山水文学思潮在晋宋时期形成,较之前代,佛教因素是其中可以观察到的关键变量。山水书写早已有之,但山水文学思潮何以在晋宋时期出现? 其究竟受到佛教怎样的影响呢?

第一节　游仙寻道与汉晋山水书写

　　继东晋时期诗歌的哲理化思潮形成以后,文坛之中又有一股新的文学思潮兴起而进入人们的视线。刘勰《文心雕龙·明诗》所云"宋初文咏,体有因革;庄、老告退,而山水方滋"①即指出了这一现象。晋宋之际,宣扬老庄思想的作品逐渐退出文坛,而以谢灵运为代表的山水诗派在前者唱罢后登场,同时亦将山水文学思潮推向历史

---

① [南朝梁]刘勰著,陆侃如、牟世金译注:《文心雕龙译注》,济南:齐鲁书社,2009年,第146页。

舞台。然而,在这一思潮形成之前,涉及山水的文学书写早已有之,但并未形成山水文学之气候,因而也并未形成山水文学之思潮。所以我们需要追问的是,晋宋以前的山水书写有着什么样的特点呢?

一、山水书写中的仙境想象

在真正意义上的山水文学形成以前,许多文人的作品也会涉及对山水的书写,仙境想象是其书写的侧重点之一。在汉代的诗歌当中,作者对仙人和仙境的描绘常常离不开山水,因为山水往往是人们想象之中仙人的居所。以下列几首诗歌为例:

> 仙人骑白鹿,发短耳何长。导我上太华,揽芝获赤幢。来到主人门,奉药一玉箱。主人服此药,身体日康强。发白复更黑,延年寿命长。[1] (《长歌行》)

> 来日大难,口燥唇干。今日相乐,皆当喜欢。经历名山,芝草翻翻。仙人王乔,奉药一丸。自惜袖短,内手知寒。[2] (《善哉行》)

> 邪径过空庐,好人常独居。卒得神仙道,上与天相扶。过谒王父母,乃在太山隅。离天四五里,道逢赤松俱。揽辔为我御,将吾上天游。天上何所有,历历种白榆。桂树夹道生,青龙对伏趺。凤凰鸣啾啾,一母将九雏。[3] (《陇西行》)

> 上陵何美美,下津风以寒。问客从何来,言从水中央。桂树为君船,青丝为君笮。木兰为君棹,黄金错其间。沧海之雀赤翅鸿,白雁随。山林乍开乍合,曾不知日月明。醴泉之水,光泽何

---

[1] 逯钦立辑校:《先秦汉魏晋南北朝诗》,北京:中华书局,1983 年,第 262 页。

[2] 逯钦立辑校:《先秦汉魏晋南北朝诗》,北京:中华书局,1983 年,第 266 页。

[3] 逯钦立辑校:《先秦汉魏晋南北朝诗》,北京:中华书局,1983 年,第 267 页。

蔚蔚。芝为车,龙为马。览遨游,四海外。甘露初二年,芝生铜
池中。仙人下来饮,延寿千万岁。①(《上陵》)

作者想象在奇山异水中往往有仙人居住,作者对仙境中山水的
描绘传达出其人对仙境强烈的向往之情,实则是对长生不老和延年
益寿的期盼,而这一现象最早受到先秦典籍的影响。《列子·黄帝》
云:"列姑射山在海河洲中,山上有神人焉,吸风饮露,不食五谷;心如
渊泉,形如处女;不偎不爱,仙圣为之臣;不畏不怒,愿悫为之使;不施
不惠,而物自足;不聚不敛,而已无愆。阴阳常调,日月常明,四时常
若,风雨常均,字育常时,年谷常丰;而土无札伤,人无夭恶,物无疵
厉,鬼无灵响焉。"②据《列子》所言,海河洲中的姑射山便是某位神人
居住的地方,想象着神人在此吸风饮露,好不自在。

《庄子》同样对此山及山上的神人有所描述,《庄子·逍遥游》
云:"藐姑射之山,有神人居焉,肌肤若冰雪,绰约若处子;不食五谷,
吸风饮露;乘云气,御飞龙,而游乎四海之外。其神凝,使物不疵疠而
年谷熟。"③《庄子》将此山中的神人想象得更为逍遥自在,其境令人
神往。此外,《庄子》中的描写还多处将神灵与山水相关联。如《庄
子·大宗师》云:"堪坏得之,以袭昆仑;冯夷得之,以游大川;肩吾得
之,以处大山;黄帝得之,以登云天;颛顼得之,以处玄宫;禺强得之,
立乎北极;西王母得之,坐乎少广。"④得到庄子所谓的"道"以后,堪
坏入主昆仑山为神;冯夷得到了道,即游大川而为黄河之神……堪坏
乃昆仑山之神,冯夷为黄河之神,肩吾为泰山之神。在诸多典籍的记

①逯钦立辑校:《先秦汉魏晋南北朝诗》,北京:中华书局,1983 年,第 158 页。
②杨伯峻:《列子集释》,北京:中华书局,1979 年,第 44—45 页。
③陈鼓应注译:《庄子今注今译》,北京:商务印书馆,2007 年,第 28 页。
④陈鼓应注译:《庄子今注今译》,北京:商务印书馆,2007 年,第 213 页。

载中,这些名山大川里面皆有神人主宰,而这些神话寓言往往会加深诗人们的仙境想象,因而在抒发对仙境和长生的向往之情时免不了出现对山水的描绘,但其重点并不是在书写山水本身。

到了建安文人时代,有关仙境想象的作品更为丰富。如曹操的《气出倡》云:

> 驾六龙乘风而行,行四海外路。下之八邦,历登高山。临溪谷,乘云而行,行四海外。东到泰山,仙人玉女下来遨游。骖驾六龙饮玉浆,河水尽不东流。解愁腹饮玉浆,奉持行。东到蓬莱山,㾕之天之门。王阙下引见得入,赤松相对。四面顾望,视正焜煌,开王心正兴其气。百道至,传告无穷,闭其口但当爱气。寿万年,东到海与天连。神仙之道,出窈入冥。常当专之,心恬惔无所愒欲,闭门坐自守。天与期气,愿得神之人。乘驾云车,骖驾白鹿。上到天之门,来赐神之药。跪受之敬神齐,当如此道自来。华阴山自以为大,高百丈浮云为之盖。仙人欲来,出随风列之雨。吹我洞箫,鼓瑟琴。何闇闇,酒与歌戏,今日相乐诚为乐。玉女起起儛移数时,鼓吹一何嘈嘈。从西北来时,仙道多驾烟乘云驾龙。郁何蓩蓩,遨游八极。乃到昆仑之山西王母侧,神仙金止玉亭。来者为谁,赤松王乔乃德旋之门,乐共饮食到黄昏。多驾合坐,万岁长,宜子孙。游君山甚为真,磪䃣砟硌尔自为神。乃到王母台,金阶玉为堂,芝草生殿傍。东西厢客满堂,主人当行觞,坐者长寿遽何央。长乐,甫始宜孙子,常愿主人增年与天相守。①

----

①逯钦立辑校:《先秦汉魏晋南北朝诗》,北京:中华书局,1983 年,第 345—346 页。

作者想象在泰山、蓬莱山、昆仑山等仙山之中,有仙人、神人等驾烟乘云,游乎其中,表达了自身对逍遥快意人生的向往及延年益寿的渴望。另外,诗人在《精列》和《秋胡行》这两首诗中,多次提及昆仑山、蓬莱山、泰山等传说中的著名仙山,期望能与神人共游,表达了对生命短暂的慨叹与对长寿的期盼。

　　　厥初生,造化之陶物,莫不有终期。莫不有终期,圣贤不能免,何为怀此忧。愿螭龙之驾,思想昆仑居。思想昆仑居,见欺于迂怪,志意在蓬莱。志意在蓬莱,周孔圣徂落,会稽以坟丘。会稽以坟丘,陶陶谁能度,君子以弗忧。年之暮,奈何时过时来微。①（《精列》）

　　　愿登泰华山,神人共远游。经历昆仑山,到蓬莱。飘飖八极,与神人俱。思得神药,万岁为期,歌以言志。愿登泰华山,天地何长久。人道居之短,天地何长久。人道居之短,世言伯阳,殊不知老。赤松王乔,亦云得道。得之未闻,庶以寿考,歌以言志。②（《秋胡行》）

　　"三曹"之中的曹丕,其诗作中也有相类似的山水书写,如《芙蓉池作诗》云:"乘辇夜行游,逍遥步西园。双渠相溉灌,嘉木绕通川。卑枝拂羽盖,修条摩苍天。惊风扶轮毂,飞鸟翔我前。丹霞夹明月,华星出云间。上天垂光彩,五色一何鲜。寿命非松乔,谁能得神仙。遨游快心意,保己终百年。"③诗人在对仙境的想象和山水的书写中感慨长生不老并不能实现,但求能够活得逍遥自在、健康长寿。

①逯钦立辑校:《先秦汉魏晋南北朝诗》,北京:中华书局,1983年,第346页。
②逯钦立辑校:《先秦汉魏晋南北朝诗》,北京:中华书局,1983年,第350页。
③逯钦立辑校:《先秦汉魏晋南北朝诗》,北京:中华书局,1983年,第400页。

　　此外,曹植在其《远游篇》中也描绘了仙人、玉女在其中自由出入和生活的山水,"远游临四海,俯仰观洪波。大鱼若曲陵,承浪相经过。灵鳌戴方丈,神狱俨嵯峨。仙人翔其隅,玉女戏其阿。琼芝可疗饥,仰首吸朝霞。昆仑本吾宅,中州非我家。将归谒东父,一举超流沙。鼓翼舞时风,长啸激清歌。金石固易敝,日月同光华。齐年与天地,万乘安足多"①。另有《五游咏》《仙人篇》等作亦是如此。

　　由此看来,在山水书写的早期,山水并不是作者写作的主体和目的,其对仙境的想象往往是在神话寓言的影响下,通过对仙境的描绘和对仙人生活场景的想象来抒发对长生的渴望及对逍遥自在生活的向往之情。

　　值得注意的是,山水书写中所反映的这种渴望长生不老、益寿延年的倾向与统治者的提倡不无关联。历史上,秦始皇与汉武帝皆信奉神仙,秦始皇对仙道之事甚是热衷,《史记》记载:"于是始皇遂东游海上,行礼祠名山大川及八神,求仙人羡门之属。"②当时将能使人成仙的得道之人称为"方士",为了到仙山中求得长生不死之药,秦始皇大费周折,找童男童女和方士为其效劳,耗费了大量的人力物力:

　　　　自威、宣、燕昭使人入海求蓬莱、方丈、瀛洲。此三神山者,其传在渤海中,去人不远;患且至,则船风引而去。盖尝有至者,诸仙人及不死之药皆在焉。其物禽兽尽白,而黄金银为宫阙。未至,望之如云;及到,三神山反居水下。临之,风辄引去,终莫能至云。世主莫不甘心焉。及至秦始皇并天下,至海上,则方士言之不可胜数。始皇自以为至海上而恐不及矣,使人乃赍童男女入海求之。船交海中,皆以风为解,曰未能至,望见之焉。其

————————
①逯钦立辑校:《先秦汉魏晋南北朝诗》,北京:中华书局,1983 年,第 434 页。
②[汉]司马迁:《史记》,北京:中华书局,1959 年,第 1367 页。

明年,始皇复游海上,至琅邪,过恒山,从上党归。后三年,游碣石,考入海方士,从上郡归。后五年,始皇南至湘山,遂登会稽,并海上,冀遇海中三神山之奇药。不得,还至沙丘崩。①

对于这些虚无缥缈之事,最终的结局当然是未果。到了汉武帝时,事情较前者有过之而无不及。汉武帝也亲近神仙方士,痴迷于求仙访道。《史记》记载:"今天子初即位,尤敬鬼神之祀。……少君言上曰:'祠灶则致物,致物而丹沙可化为黄金,黄金成以为饮食器则益寿,益寿而海中蓬莱仙者乃可见,见之以封禅则不死,黄帝是也。臣尝游海上,见安期生,安期生食巨枣,大如瓜。安期生仙者,通蓬莱中,合则见人,不合则隐。'于是天子始亲祠灶,遣方士入海求蓬莱安期生之属,而事化丹沙诸药齐为黄金矣。"②

秦始皇、汉武帝对神仙迷信的信仰,最终也导致黄老之学的流行。渴望长生不老的倾向屡见不鲜,因而许多文人也在诗文中抒发了对仙境的向往,实则反映了人们对死亡莫大的担忧和恐惧。而且尚未有一种理论和思想能够克服他们心中的死亡焦虑,他们还未能从山水中体验到自在和超脱。

二、情感背景中的山水书写

在山水文学思潮形成以前,山水书写的侧重点除了描绘诗人的仙境想象之外,面对山水而感物伤怀是文人作品涉及山水的又一书写内容。这一现象在建安文人与正始文人的作品中表现得尤为突出。

从曹丕的《丹霞蔽日行》、《善哉行二首》其一、《于玄武陂作诗》

---

① [汉]司马迁:《史记》,北京:中华书局,1959年,第1369—1370页。
② [汉]司马迁:《史记》,北京:中华书局,1959年,第1384—1385页。

这三首诗中可以看出,山水所触发的人事感伤之情溢于言表:

> 丹霞蔽日,采虹垂天。谷水潺潺,木落翩翩。孤禽失群,悲鸣云间。月盈则冲,华不再繁。古来有之,嗟我何言。① (《丹霞蔽日行》)

> 上山采薇,薄暮苦饥。溪谷多风,霜露沾衣。野雉群雊,猴猿相追。还望故乡,郁何叠叠。高山有崖,林木有枝。忧来无方,人莫之知。人生如寄,多忧何为。今我不乐,岁月如驰。汤汤川流,中有行舟。随波转薄,有似客游。策我良马,被我轻裘。载驰载驱,聊以忘忧。② (《善哉行二首》其一)

> 兄弟共行游,驱车出西城。野田广开辟,川渠互相经。黍稷何郁郁,流波激悲声。菱芡覆绿水,芙蓉发丹荣。柳垂重荫绿,向我池边生。乘渚望长洲,群鸟讙哗鸣。萍藻泛滥浮,澹澹随风倾。忘忧共容与,畅此千秋情。③ (《于玄武陂作诗》)

尤其是作者的后两首诗歌,山水先是成为诗人情感的映射,如"流波激悲声",山水所呈现的状态正是作者内心惆怅之绪的反映。作者因物而感怀,感喟人生如寄、生命短暂,但又希望在山水中聊以忘忧。实际上,诗人只是在短暂的山水游览中,暂时忘却了眼前的忧愁,或者是在勉强地抽离烦恼,但人生的苦闷无法真正摆脱,最终却是不能实现真正的心灵自由,所以在山水的书写中依然将悲凉的情绪流露其间。

---

①逯钦立辑校:《先秦汉魏晋南北朝诗》,北京:中华书局,1983年,第391页。
②逯钦立辑校:《先秦汉魏晋南北朝诗》,北京:中华书局,1983年,第390—391页。
③逯钦立辑校:《先秦汉魏晋南北朝诗》,北京:中华书局,1983年,第400页。

除了"三曹"中的曹丕，还有曹植更多地书写了诸如"高树多悲风，海水扬其波"①之类充盈着感伤情绪的作品。如其《赠白马王彪诗》云："太谷何寥廓，山树郁苍苍。霖雨泥我涂，流潦浩纵横。中逵绝无轨，改辙登高冈。修坂造云日，我马玄以黄。玄黄犹能进，我思郁以纡。郁纡将何念，亲爱在离居。本图相与偕，中更不克俱。鸱枭鸣衡轭，豺狼当路衢。苍蝇间白黑，谗巧反亲疏。欲还绝无蹊，揽辔止踟蹰。踟蹰亦何留，相思无终极。秋风发微凉，寒蝉鸣我侧。原野何萧条，白日忽西匿。归鸟赴乔林，翩翩厉羽翼。孤兽走索群，衔草不遑食。感物伤我怀，抚心长太息。"②在山水的点缀和他物的描绘中，诗人直接抒发了"感物伤我怀，抚心长太息"的感喟。

再如，其《幽思赋》云："倚高台之曲嵋，处幽僻之闲深。望翔云之悠悠，羌朝霁而夕阴。顾秋华之零落，感岁暮而伤心。观跃鱼于南沼，聆鸣鹤乎北林。搦素笔而慷慨，扬大雅之哀吟。仰清风以叹息，寄予思于悲弦。信有心而在远，重登高以临川。何余心之烦错？宁翰墨之能传。"③作者在山水中观鱼跃、聆鹤鸣，因秋华之零落而伤感，在登高与临川中叹息，轻吐哀愁。因此，在建安文人的笔下，山水从来都不是他们书写的重点，而只是作为一种陪衬出现。又如，应场的《报赵淑丽诗》云："朝云不归，夕结成阴。离群犹宿，永思长吟。有鸟孤栖，哀鸣北林。嗟我怀矣，感物伤心。"④其《别诗二首》云：

　　　　朝云浮四海，日暮归故山。行役怀旧土，悲思不能言。悠悠涉千里，未知何时旋。

①逯钦立辑校：《先秦汉魏晋南北朝诗》，北京：中华书局，1983 年，第 425 页。
②逯钦立辑校：《先秦汉魏晋南北朝诗》，北京：中华书局，1983 年，第 453 页。
③［清］严可均辑：《全三国文》，北京：商务印书馆，1999 年，第 129 页。
④逯钦立辑校：《先秦汉魏晋南北朝诗》，北京：中华书局，1983 年，第 382 页。

　　　　浩浩长河水,九折东北流。晨夜赴沧海,海流亦何抽。远适
　　万里道,归来未有由。临河累太息,五内怀伤忧。①

　　在山水之中,诗人感受的是哀鸣林中的孤鸟;看到日暮归山而悲从中来,又临河叹息,忧伤不能已,实乃感物而伤心。

　　到了正始文学那里,文人依然将山水作为抒怀的陪衬和背景,在山水中抒发对历史和人生的感喟。如嵇喜的《答嵇康诗》云:"华堂临浚沼,灵芝茂清泉。仰瞻春禽翔,俯察绿水滨。逍遥步兰渚,感物怀古人。李叟寄周朝,庄生游漆园。时至忽蝉蜕,变化无常端。"②又如,傅玄的《青青河边草篇》云:"青青河边草,悠悠万里道。草生在春时,远道还有期。春至草不生,期尽欢无声。感物怀思心,梦想发中情。梦君如鸳鸯,比翼云间翔。既觉寂无见,旷如参与商。梦君结同心,比翼游北林。既觉寂无见,旷如商与参。河洛自用固,不如中岳安。回流不及返,浮云往自还。悲风动思心,悠悠谁知者。悬景无停居,忽如驰驷马。倾耳怀音响,转目泪双堕。生存无会期,要君黄泉下。"③诗人在山水中或感怀历史和古人,发怀古之幽情,感慨变化无常。或因山水自然而触发悲痛之情,并不是在书写山水本身。

　　汉魏时期,社会动荡不安,长期的分裂割据、频繁的政权更迭、连年的征战导致当时的社会经济惨遭严重破坏。土地荒芜,民不聊生。战乱、天灾、疫病流行等,让其时的百姓生活在水深火热之中,常常面临着疾病、饥饿、死亡等痛苦。文人对社会现状的感受更加敏感,这一现状更是让他们常常处于"五内怀忧"的状态,因此他们内心的感

---

①逯钦立辑校:《先秦汉魏晋南北朝诗》,北京:中华书局,1983 年,第 383 页。
②逯钦立辑校:《先秦汉魏晋南北朝诗》,北京:中华书局,1983 年,第 550 页。
③逯钦立辑校:《先秦汉魏晋南北朝诗》,北京:中华书局,1983 年,第 556—
　　557 页。

伤也极易投射在诗文中,大自然中的山水更易牵动他们敏感而脆弱的神经。所以他们内心真正的关注点也并不在山水本身,只是借山水来感物抒怀。

　　除了在山水中感物伤怀,在山水中纵欲自娱亦是山水文学思潮出现以前山水书写的又一表征,这一现象于西晋时期的诗作中表现得较为突出。如曹摅《赠石崇诗》其一云:"昂昂我牧,德惟人豪。作镇方岳,有徽其高。英风远扇,峻迹遐招。攻璞荆岨,滋兰江皋。朝采芝蕙,夕玩琼瑶。岂乏砥石,乃收艾萧。"①"朝采芝蕙,夕玩琼瑶",正是一种纵情恣意的娱乐方式,这一特点恰恰与西晋的时代风气与生活方式相匹配。这首诗所赠送的对象石崇在当时正以斗富和奢靡的生活而著称。其本人所作的《思归引》亦鲜明体现了他纵情山水、以山水自娱的潇洒之生活方式及内容:

　　　　余少有大志,夸迈流俗。弱冠登朝,历位二十五。年五十以事去官,晚节更乐放逸。笃好林薮,遂肥遁于河阳别业。其制宅也,却阻长堤。前临清渠,柏木几于万株,江水周于舍下。有观阁池沼,多养鱼鸟。家素习技,颇有秦赵之声。出则以游目弋钓为事,入则有琴书之娱。又好服食咽气,志在不朽。傲然有凌云之操。欻复见牵羁,婆娑于九列,困于人间烦黩,常思归而永叹。寻览乐篇有思归引,怆古人之心有同于今,故制此曲。此曲有弦无歌,今为作歌辞以述余怀。恨时无知音者,令造新声而播于丝竹也。

　　　　思归引,归河阳,假余翼鸿鹤高飞翔。经芒阜,济河梁,望我旧馆心悦康。清渠激,鱼彷徨,雁惊溯波群相将。终日周览乐无

_____

①逯钦立辑校:《先秦汉魏晋南北朝诗》,北京:中华书局,1983年,第751页。

　　方。登云阁,列姬姜。拊丝竹,叩宫商。宴华池,酌玉觞。①

在这里,山水也不是作者书写的重点,作者仍以山水为背景,展现的
是自身在山水之中优哉游哉的闲适,一种畅快淋漓的娱乐方式。又
如,石崇的《赠棘腆诗》云:"久官无成绩,栖迟于徐方。寂寂守空城,
悠悠思故乡。恂恂二三贤,身远屈龙光。携手沂泗间,遂登舞雩堂。
文藻譬春华,谈话犹兰芳。消忧以觞醴,娱耳以名娟。博弈逞妙思,
弓矢威边疆。"②在山水中携手游览,甚至以美酒消愁,与名娟嬉戏取
乐,将奢靡、物质的生活方式推向极致,山水只是他们用来消遣的
场所。

　　另外,在陆机的《驾言出北阙行》一诗中,也有纵情山水、及时行
乐的观念。"驾言出北阙,踯躅遵山陵。长松何郁郁,丘墓互相承。
念昔徂殁子,悠悠不可胜。安寝重冥庐,天壤莫能兴。人生何所促,
忽如朝露凝。辛苦百年间,戚戚如履冰。仁智亦何补,迁化有明征。
求仙鲜克仙,太虚不可凌。良会罄美服,对酒宴同声。"③作者已经不
似汉魏诗人那样想象山水之中的仙境,渴慕长生不老。他甚至直言
"求仙鲜克仙,太虚不可凌",仙境已不是他们向往的乐土,他们追求
的是现实世界中的纵情恣意、及时行乐。也正如潘岳所作的《为贾谧
作赠陆机诗》其九:"昔余与子,缱绻东朝。虽礼以宾,情通友僚。嬉
娱丝竹,抚鞞舞韶。修日朗月,携手逍遥。"④在丝竹乐舞声中携手逍
遥,享受快意、奢华的生活。

　　究其社会风气的影响,西晋时期,士人的生活风尚向奢华与纵欲

①逯钦立辑校:《先秦汉魏晋南北朝诗》,北京:中华书局,1983年,第643—644页。
②逯钦立辑校:《先秦汉魏晋南北朝诗》,北京:中华书局,1983年,第645页。
③逯钦立辑校:《先秦汉魏晋南北朝诗》,北京:中华书局,1983年,第662页。
④逯钦立辑校:《先秦汉魏晋南北朝诗》,北京:中华书局,1983年,第630页。

转变,他们对物欲的追求达到了惊人的程度,典型的例如石崇与王恺斗富,其奢侈程度令人咋舌。石崇的财富之多在历史上是出了名的,他长年过着挥金如土、骄奢淫逸的生活。据史书记载:"王恺、羊琇之俦,盛致声色,穷珍极丽。至元康中,夸恣成俗,转相高尚,石崇之侈,遂兼王、何。"①所以石崇才能写下"消忧以觞醴,娱耳以名娼"这样的诗句,正是其生活状态的真实写照。他在山水中纵情玩乐,山水只是他解闷和娱乐的场所而已。

因此,在东晋以前,文人对山水的书写并不是在欣赏山水自身,山水往往只是他们书写的陪衬和背景,不是其审美对象的主体,也并未形成书写山水的风气。从书写的内容来看,他们既不能在山水中实现身心的超越,也无法真正意识到山水自身所存在的美。因而此时的山水并不具有独立的审美价值,正如葛晓音所言,"在山水诗独立之前,古诗中的景物描写多为情志而设,是诗人主观感情中的意象,景物常常作为人生的比照,而没有自身的审美价值"②。

三、山水的符号意蕴

整体看来,在晋宋山水文学思潮形成之前,山水不具有独立的审美价值,其主要表征就在于山水的符号化,正是山水被不断地符号化和工具化导致山水自身的美易于被遮蔽和忽视。

追溯历史我们可以发现,早在孔子谈及对自然美的欣赏那里,山水就被赋予了特定的内涵。《论语》云:"子曰:'知者乐水,仁者乐山。知者动,仁者静。知者乐,仁者寿。'"③朱熹对此解释道:"知者达于事理而周流无滞,有似于水,故乐水;仁者安于义理而厚重不迁,

---

①[唐]房玄龄等:《晋书》,北京:中华书局,1974年,第837页。
②葛晓音:《山水·审美·理趣》,上海:复旦大学出版社,2020年,第17页。
③杨伯峻译注:《论语译注》,北京:中华书局,2009年,第61页。

有似于山,故乐山。"①这说明,知者和仁者欣赏的并不是山水本身,而是知者能够从水的形象中观看到与自己理想相洽的道德品质,仁者亦是同理。山水之所以能成为人们观看和欣赏的对象,都在于它背后所承载的丰富意涵。又如:"子在川上,曰:'逝者如斯夫! 不舍昼夜。'"②

后来战国及汉代的学者都纷纷对孔子的这些观念进行阐释和发挥,最终形成了所谓"比德"理论。如汉代刘向的《说苑·杂言》云:

> 子贡问曰:"君子见大水必观焉,何也?"孔子曰:"夫水者,君子比德焉:遍予而无私,似德;所及者生,似仁;其流卑下,句倨皆循其理,似义;浅者流行,深者不测,似智;其赴百仞之谷不疑,似勇;绵弱而微达,似察;受恶不让,似贞;包蒙不清以入,鲜洁以出,似善化;主量必平,似正;盈不求概,似度;其万折必东,似意。是以君子见大水必观焉尔也。"③

在先秦诸子百家争鸣的时代,不仅儒家注意到了"水"之特点以及与知者相通的品性,道家、兵家等也都重视并欣赏它的特质,从而以此譬喻并言理。如《老子》曰:"上善若水。水善利万物而不争,处众人之所恶,故几于道。居善地,心善渊,与善仁,言善信,政善治,事善能,动善时。夫唯不争,故无尤。"④这是道家以水来喻上善之人,体现了两者具有相似的品格。兵家亦有以水为喻的典型,《孙子兵

---

①[宋]朱熹:《四书章句集注》,北京:中华书局,2011年,第87页。

②杨伯峻译注:《论语译注》,北京:中华书局,2009年,第91页。

③[汉]刘向撰,王天海、杨秀岚译注:《说苑》,北京:中华书局,2020年,第918页。

④陈鼓应注译:《老子今注今译》,北京:商务印书馆,2003年,第102页。

法》云:"夫兵形象水,水之形,避高而趋下,兵之形,避实而击虚。水因地而制流,兵因敌而制胜。故兵无常势,水无常形,能因敌变化而取胜者,谓之神。"①因此,先秦诸子中的这些看法都将山水的某些特性与人的道德品质或行为方式相联结,从而赋予山水特殊的内涵,使其趋向于一种观念象征物。

先秦不少文学作品对于自然山水的呈现亦可谓"醉翁之意不在酒"。《诗经》中对自然的描绘,往往是在运用比兴的手法来传情达意。例如我们熟悉的"关关雎鸠,在河之洲。窈窕淑女,君子好逑"②,以"兴"的手法使人产生联想,其实质是从自然中寻找到能与人类引起共鸣的生命感,引发由物及心的联想。再如屈原的《橘颂》以及其笔下众多的香草意象,早已和孔子的"知者乐水,仁者乐山"一道积淀出山水等自然物象之比德的观念。

到了汉代,古诗十九首中也有不少关涉自然的描绘,例如,"青青河畔草,郁郁园中柳"③,若单独拈出此二句,看似清新自然,与谢灵运山水诗中的"池塘生春草,园柳变鸣禽"④两句所呈现的美感似乎没有太大差异,但却有本质的不同。前者是感发的起兴,书写的目的是为了引出"盈盈楼上女",与后者欣赏自然美本身不同。徐复观先生将魏晋以前人们通过文学所看到的人与自然的关系,总结为诗六义中的"比"与"兴"的关系。而"比"与"兴"的差别即在于:比是以某一自然景物,有意地与自己的境遇,实际是由境遇所引起的感情相比拟。兴是自己内蕴的感情,偶然与自然景物相触发,因而把内蕴的感情引发出来。他还进一步指出魏晋前后文学所体现的人与自然及

---

① [春秋]孙武撰,[三国]曹操等注,杨丙安校理:《十一家注孙子校理》,北京:中华书局,1999年,第124—125页。

②周振甫译注:《诗经译注》,北京:中华书局,2010年,第1页。

③隋树森集释:《古诗十九首集释》,北京:中华书局,2018年,第21页。

④刘心明译注:《谢灵运鲍照诗选译》,南京:凤凰出版社,2011年,第27页。

山水关系的主要区别："人通过比兴而与自然相接触的情形,虽然魏晋时代及其以后,当然会继续存在。但自然向人生所发生的比兴的作用,是片段地、偶然地关系。在此种关系中,人的主体性占有很明显地地位;所以也只赋予自然以人格化,很少将自己加以自然化。在这里,人很少主动地去追寻自然,更不会要求在自然中求得人生的安顿。孔子的'仁者乐山,智者乐水',依然是比兴的意义;仁者智者,依然是以仁知为其人生,而不会以山水为其人生。……同时,在魏晋以前,山水与人的情绪相融,不一定是出于以山水为美地对象,也不一定是为了满足美地要求。但到魏晋时代,则主要是以山水为美地对象;追寻山水,主要是为了满足追寻者的美地要求。"①

所以,无论是比兴还是比德,抑或是前文中梳理过的,包含着作者仙境想象和以情感为背景的山水书写等现象,都在不断将山水工具化,突显其符号价值。葛晓音认为:"中国山水田园诗的基本精神是回归自然,与造化冥合为一。但从先秦以来,山水与世界万物一样,都只是哲学家们认识自然的一种物质媒介。'自然'是一个抽象的理念,指的是一切非人为的、天然的存在,既可包括自然界,也包含人的自然天性,并未与山水田园等同起来。因此晋宋以前涉及山水、田园的诗歌,尽管有的也归结到超尘离俗、纵情物外的思想,但尚未形成'寄情山水田园即与自然体合为一'的明确观念。"②这段话中的"物质媒介"即是指山水的工具属性与符号价值,实际上,山水背后附着的内容越多,便越影响人们观照并发现山水本身所具有的审美价值。

总之,晋宋以前的文人们并没有真正关心山水的本然之美,山水书写普遍只是作为一种背景和陪衬。山水成为文人游仙寻道抑或感物抒怀、纵情游乐的工具,山水始终与文人处于相疏离和隔膜的状

①徐复观:《中国艺术精神》,沈阳:春风文艺出版社,1987年,第197页。
②葛晓音:《山水·审美·理趣》,上海:复旦大学出版社,2020年,第2页。

态。所以,如何改变文人们观看山水的方式和角度,便需要一种契机
的到来。

第二节　晋宋山水文学思潮兴起的佛学因素

晋宋时期,山水文学思潮兴起。在许多文学作品中,山水不再只
是作为背景和陪衬而出现。人们开始将山水作为审美对象的主体,
着眼于山水的本然之美。但山水书写早已有之,山水文学思潮为何
在晋宋时期得以出现。较之前代,佛教因素是其中可以观察到的重
要变量。在一些高僧的努力下,佛学思潮从般若学向涅槃学转变,也
就是说佛教由最初依附玄学逐渐走上了独立化的发展道路。人们对
佛教思想的理解不断深入,在逐渐明了佛教义理本来面目的过程中,
思维方式和观物方式因此得以改变。哲学思想的演变成为推动山水
文学思潮兴起的重要因素。

一、从般若到涅槃

东汉末年,支娄迦谶译出《道行般若经》,奠定了般若思想流行的
基础。汉魏以来,佛教的般若经类往往受到研究者的偏爱。东晋时
期,奉佛的王公贵族与文人士大夫对般若思想产生了浓厚的兴趣,也
使其成为当时名士们重要的玄谈之资。名僧们也以能够讲说般若并
阐发新义而受到士人的追捧和推崇。总之,般若性空学说成为两晋
时期佛学的主流理论。

然而,由于许多般若类的经文较为晦涩难懂,在佛教依附玄学的
背景下,钻研佛教的学者往往用玄学的观点理解和比附佛教思想。
在许理和看来,玄学是在中古中国有文化阶层的心智生活(the intel-
lectual life)中占据主导地位的思想流派之一。它"以对本体论问题
的极大兴趣为特征:追问这个变化的世界所依赖的永恒不变的基

质"。玄学"代表了中古中国思想中较为抽象、脱俗和观念化的倾向"①。魏晋玄学旨在探讨本末、有无的关系问题,而般若学的理论核心在于对万物空有问题的阐发,两者之间存在的相似性成为最初佛学对玄学依赖的基础。因而早期佛教学者解说佛典往往采用"格义"之法,竺法雅、道安等高僧都曾提倡并采用此法。即用中国固有的名词、概念及范畴来比附般若学经典中的相关内容,尤其是以老庄思想来阐发般若之空理。《世说新语》载:"殷中军见佛经云:'理亦应阿堵上。'"②侧面反映了魏晋时期,佛教理论家对玄学家所讲的老庄之教的吸纳、融合,这说明当时的佛学正是在借助玄学的力量来发展自身。

因为对《般若经》的"空"义理解不一,所以形成了"六家七宗"。六家指本无、心无、即色、识含、幻化、缘会等六派,其中本无又分为两派,故合称七宗。若按其基本观点来划分,六家七宗实际上只有三派,即本无、即色和心无。本无派的代表人物为高僧道安。他主张万物本性就是"空""无","空""无"本体在万物之上,是有形万物的最后根据。

支遁是即色派的代表人物,著有《释即色本无论》《即色游玄论》《妙观章》《道行旨归》等,用"即色本无"和"即色游玄"两个命题,将般若的"空观"与庄子的"逍遥"相结合,促使般若学理论达到了一个全新的高度。

支遁佛学思想的主要内容包含即色论,这是关于佛教般若性空的学说。《世说新语·文学》注引《妙观章》云:"夫色之性也,不自有

---

① (荷)许理和著,李四龙等译:《佛教征服中国:佛教在中国中古早期的传播与适应》,南京:江苏人民出版社,2017年,第127—128页。

② [南朝宋]刘义庆著,[南朝梁]刘孝标注,余嘉锡笺疏:《世说新语笺疏》,上海:上海古籍出版社,1993年,第213页。

色。色不自有，虽色而空。故曰色即为空，色复异空。"①对于这句话的理解，方立天先生认为："物质现象不是来自物质的本体。由于不是来自物质的本体，虽是物质现象，而实际上是空的，所以说物质现象就是空，物质现象虽然空，但是作为现象是存在的，又和绝对空无的'空'不同。"②孙昌武先生对此评价，支遁"虽然仍然没有理解大乘佛教'缘起性空'的真谛，但已认识到色、空不一不异的道理，比起当时般若学中流行的'本无''心无'观点显然前进一大步。他的人生观主张超越物质世界的绝对自由，表现出浓厚的玄学色彩"③。

　　而综观支遁有关即色论思想的表述，至少包含这两个主要方面：其一，"所谓即色论者，是讲'即色自然空'，是要就色（物质现象）来看就是空的"；其二，"般若的智慧是'无智于智，故能运于智'，由于要教化，就不得不寄言，要用语言、名词、概念，也就有智慧。但是'智存于物，实无迹也'，般若智慧并不执着事物的形迹，'至理'是'无名'的"。"要真正具有般若智慧，把握即色性空，是要废去语言"，取消感觉与思维活动的④。

　　针对般若学发展初期的情况，严北溟先生指出："当时佛学各派对《般若》的理解，实际上是以玄学为出发点的，因而玄学各派的分歧也不能不反映到般若学者的研究中来。例如本无派的'崇本息末'说带有王、何'贵无'玄学与早期禅学的综合的色彩；心无派的'有为实有'说带有裴頠'崇有'论的特点；而即色派支道林的'拔新理于向、

---

① ［南朝宋］刘义庆著，［南朝梁］刘孝标注，余嘉锡笺疏：《世说新语笺疏》，上海：上海古籍出版社，1993 年，第 222 页。
② 方立天：《魏晋南北朝佛教论丛》，北京：中华书局，1982 年，第 29—30 页。
③ 孙昌武：《佛教与中国文学》（第 2 版），上海：上海人民出版社，2007 年，第 55 页。
④ 方立天：《魏晋南北朝佛教论丛》，北京：中华书局，1982 年，第 34 页。

郭之表',也表明他的思想脱胎于向、郭一派玄学的痕迹。"①因此,这些状况反映了玄佛合流的时代背景,此时的佛教还未走上独立发展的道路。"格义"的方法虽然在一定程度上能够帮助士人理解佛教,有利于佛教在中土的传播,但同时也导致人们对佛教义理的认识出现偏差,接受者并不能真正把握佛学的奥义和精髓。正如孙昌武先生指出的那样:"从玄学的角度来接受和发挥般若教理,必然包含对这一外来思想的无意的误解和有意的曲解。"②

而促使这种局面得以扭转的关键人物便是著名高僧鸠摩罗什。鸠摩罗什来华之后,于姚秦时代翻译出了许多经论,还详细介绍了盛行于印度的龙树系之大乘学说,改变了人们以往对于大小乘区别以及大乘性质、主要内容的模糊认识。对于鸠摩罗什在佛学理论上的贡献,汤用彤先生曾指出:"至什公而无我义始大明也。自汉以来,精灵起灭,因报相寻,为法之根本义。魏晋之世,义学僧人谈《般若》者,亦莫不多言色空。支愍度立心无义,则群情大诧。而佛法之所谓无我者,则译为非身。"③又说"罗什之学主毕竟空也。……毕竟空,即大乘无常之妙旨也"④。反映了鸠摩罗什在佛学上的主要造诣。

在鸠摩罗什门下,学问比较精专,能够称得上得罗什真传的要数其弟子僧肇。罗什称:"秦人解空第一者,僧肇其人也。"⑤吉藏曾云:"若肇公名肇,可谓玄宗之始。"⑥吕澂认为,吉藏"简直把他提高到了三论宗实际创始人的地位这种认识,自隋唐以来成为定论"⑦。汤用

①严北溟:《中国佛教哲学简史》,上海:上海人民出版社,1985年,第55页。
②孙昌武:《中国佛教文化史》(第一册),北京:中华书局,2010年,第280页。
③汤用彤:《汉魏两晋南北朝佛教史》,北京:商务印书馆,2015年,第254页。
④汤用彤:《汉魏两晋南北朝佛教史》,北京:商务印书馆,2015年,第255页。
⑤[隋]吉藏:《净名玄论》卷六,《大正新修大藏经》第38册,第892页。
⑥[隋]吉藏:《百论序疏》,《大正新修大藏经》第42册,第232页。
⑦吕澂:《中国佛学源流略讲》,北京:中华书局,1979年,第100—101页。

彤则对其评价道："僧肇悟发天真,早玩《庄》《老》,晚从罗什。所作,《物不迁》《不真空》及《般若无知》三论,融会中印之义理,于体用问题有深切之证知,而以极优美极有力之文字表达其义,故为中华哲学文字最有价值之著作也。"①

前面我们提到过当时般若学的局限性,僧肇便曾经对"六家七宗"中的"即色宗"进行批判,主要指出其两方面的错误:"一个是把色看成是概念化的结果,单纯从认识论上来理解空性;另一个是不了解所谓非色、色空,也就是假有之意;没有假有,也无所谓空。这是由于当时的般若理论有了全面的介绍,认识到缘生为空的道理:诸法既是缘起,是假有,同时也就是空,不实在;决不可以在缘起、假有之外,概念化之后,才有所谓空。"②针对谈空所存在的问题,汤用彤先生也曾指出过,"从来佛家谈空,皆不免于偏。僧叡曰:'六家偏而不即'是矣。支愍度、竺法温之心无论旨在空心,支道林主境色无自性,从物方面说空,均有所偏。而东晋以来,佛教大师释道安以及竺法深,染当时玄学之风,亦不免偏于虚无"③。在僧肇的努力下,"般若学脱离了玄学的影响,纳入佛教的范围,从而结束了六家七宗所造成的理论界的纷乱"④。佛教义学有了重要的变化,"肇公而后,义学南渡。《涅槃》《成实》,相继风行。但《涅槃》虽出于《般若》,而其学已自真空入于妙有"⑤。

《涅槃经》的传入和翻译是我国佛教史上的里程碑事件,是佛教

①汤用彤:《汉魏两晋南北朝佛教史》,北京:商务印书馆,2015年,第267页。
②吕澂:《中国佛学源流略讲》,北京:中华书局,1979年,第51页。
③汤用彤:《汉魏两晋南北朝佛教史》,北京:商务印书馆,2015年,第268页。
④任继愈主编:《中国哲学发展史》(魏晋南北朝卷),北京:人民出版社,1988年,第521页。
⑤汤用彤:《汉魏两晋南北朝佛教史》,北京:商务印书馆,2015年,第270—271页。

逐步走上独立发展道路的又一重要标志。无名氏所写的《大涅槃经记》记载了此部经卷的由来：

> 此《大涅槃经》初十卷，有五品。其梵本是东方道人智猛。从天竺将来，暂憩高昌。有天竺沙门昙无谶，广学博见，道俗兼综，游方观化，先在燉煌。河西王宿植洪业，素心冥契，契应王公，躬统士众，西定燉煌，会遇其人。神解悟识，请迎诣州，安止内苑，遣使高昌，取此梵本，命谶译出。此经初分，唯有五品，次六品已后，其本在燉煌。谶因出经下际，知部党不足，访募余残。有梵道人应期送到此经梵本，都二万五千偈。后来梵本，想亦近具足。但顷来国家殷猥，未暇更译，遂少停滞，诸可流布者，经中大意，宗涂悉举，无所少也。今现已有十三品，作四十卷，为经文句执笔者一承经师口所译，不加华饰。其经初后所演佛性广略之间耳，无相违也。①

文中所提到的僧人昙无谶对《涅槃经》的翻译做出了重要贡献。昙无谶乃中天竺人，北凉玄始元年（412），河西王沮渠蒙逊迎昙无谶入姑臧，其在此学习汉语三年后开始着手翻译《涅槃经》的前分，只有五品。后来因该经品数不足，昙无谶赴于阗，寻得余品之后将其陆续翻译。公元421年，昙无谶译出大本《涅槃经》三十六卷（今存四十卷），世称"北本涅槃"。昙无谶所传的涅槃学说，曾对中国佛学产生巨大影响。其所译《涅槃经》指出一切众生都具备能自觉成佛的佛性因素，甚至包括断了善根的一阐提，引起当时佛教界的激烈论争，开创了义学上涅槃师的一派。

公元416年，曾去印度求法的高僧法显回到建业，带来了《大涅槃经》的基本部分。418年，其与觉贤合作译出六卷，名《大般泥洹

---

① ［清］严可均辑：《全宋文》，北京：商务印书馆，1999年，第650页。

经》。后来,南朝宋谢灵运以昙无谶所译《大般涅槃经》勘合法显与佛陀跋陀罗的译本,改订文字成书,称"南本涅槃"。从此南北各大家,都提倡《涅槃经》,研习之风日渐浓厚。

《大般涅槃经》云:"譬如从牛出乳,从乳出酪,从酪出生酥,从生酥出熟酥,从熟酥出醍醐,醍醐最上,若有服者众病皆除,所有诸药,悉入其中。善男子! 佛亦如是,从佛出生十二部经,从十二部经出修多罗,从修多罗出方等经,从方等经出般若波罗蜜,从般若波罗蜜出大涅槃,犹如醍醐。"①以"醍醐"喻《涅槃经》,说明此经被视为最精华、最究竟之说。

被称为鸠摩罗什门下四杰之一的道生(又名竺道生),为佛教的纠偏及独立化发展亦做出了卓越的贡献。在罗什门下的诸优秀弟子中,除僧肇外则应推道生。其天资聪颖,悟性极高。《高僧传》曰:"又六卷《泥洹》先至京师,生剖析经理,洞入幽微,乃说阿阐提人皆得成佛。"②道生在昙无谶所译的《大涅槃经》未传来之前,看到略本六卷《泥洹》,就分析入微,悟到一阐提人都能成佛。却遭到保守派学者的反对并被驱逐。后来昙无谶所译《大涅槃经》传到南方,果然与道生所说相符。讲到了一阐提可以成佛,印证了道生预见的正确性,道生由此备受钦佩。道生早年精于般若,后大力宣扬佛性涅槃,其学说能够融会般若空观和涅槃佛性说的精义。他认为一切众生皆有佛性,"佛性即我","本有佛性,即是慈念众生也"③。"一切众生,皆当作佛。"④汤用彤先生对其评价道:"我国译经,自道安之后大盛。道

①[北凉]昙无谶译:《大般涅槃经》卷十四,《大正新修大藏经》第12册,第449页。
②[南朝梁]释慧皎撰,汤用彤校注:《高僧传》,北京:中华书局,1992年,第256页。
③[南朝梁]释宝亮等集:《大般涅槃经集解》卷十八,《大正新修大藏经》第37册,第448页。
④(日)前田慧云等编:《续藏经》第27册,台北:新文丰出版有限公司,1975年,第5页。

安在长安,所出多属一切有部。罗什在长安时,所出注重《般若》三论。昙无谶在凉州所译,以《涅槃》为要。竺道生者,盖能直接此三源头,吸收众流,又加之以慧解,固是中华佛学史上有数之人才。"①

因此,这里的从般若到涅槃主要体现了人们对佛教义理的纠偏,同时也说明了佛教从最初依附玄学到逐步独立以及人们对佛教之认识在不断深化,所以能够不断接近佛教义理的本来面目。值得注意的是,佛教能够摆脱对玄学的依附而逐渐走上独立化的发展道路,还与一个人的功劳密不可分,那便是高僧慧远。我们知道,佛教中的许多观念都与儒家思想产生冲突,这种冲突和矛盾不解决,佛教便根本无法在中土顺利传播,人们对佛学的模糊认识也就无法被纠偏。而在调和佛儒关系方面,东晋时期的慧远曾做出了突出贡献。慧远提出的"内外之道,可合而明矣"②(《沙门不敬王者论》)是点明佛儒关系的基本原则。他指出,奉上、尊亲与忠孝也是佛经上指明的,与儒家的倡导并不矛盾,"处俗则奉上之礼,尊亲之敬,忠孝之义,表于经文;在三之训,彰乎圣典,斯则王制同命,有若符契"③(《答桓玄书》)。而且,出家修行看似远离尘世,实则是更高层次的忠君与孝亲,"是故内乖天属之重,而不违其孝;外阙奉主之恭,而不失其敬。若斯人者,自誓始于落簪,立志成于暮岁,如令一夫全德,则道洽六亲,泽流天下,虽不处王侯之位,固已协契皇极,大庇生民矣"④(《重与慧远书》)。另外,在政治方面,佛教有着与儒学相似的作用,"重资生,助王化于治道者也"⑤(《沙门不敬王者论》),迎合了统治阶级的观念和立场。佛教也因此赢得了统治者的认可和扶植,慧远的一

①汤用彤:《汉魏两晋南北朝佛教史》,北京:商务印书馆,2015年,第489—490页。
②[清]严可均辑:《全晋文》,北京:商务印书馆,1999年,第1770页。
③[清]严可均辑:《全晋文》,北京:商务印书馆,1999年,第1766页。
④[清]严可均辑:《全晋文》,北京:商务印书馆,1999年,第1766页。
⑤[清]严可均辑:《全晋文》,北京:商务印书馆,1999年,第1768页。

系列努力为佛教在中土的顺利传播和佛教的独立发展扫除了巨大障碍。

二、从物象到实相

佛教涅槃学说涉及的许多理论命题对于中土的接受者来说都是全新的概念,佛教逐渐走上独立化的发展道路之后,也不断在和道家的思想划清界限。佛学的接受者在逐渐认识到佛教理论的本来面目后,思维方式和观物方式都随之发生重要变化,其中最突出的表现便是从物象到实相的转变。

从对山水的审美来看,人们以往观物方式的特点主要在于不直面所观对象本身,这一点从前面我们对早期山水书写特点的梳理中便可窥见端倪。无论比德、比兴还是山水成为悟道的工具,山水本身都不具有独立的审美价值。在山水书写中,人们并未从山水自身处着眼,观照到的都是附着在物以外的种种现象。然而,人们对佛教义理的认识不断深化,尤其是对实相的正确理解,使得人们的思维方式与观物方式发生了重要变化。

在对佛教义理的纠偏过程中,人们认识到了佛教所云"实相"的内涵。鸠摩罗什译典中的"实相",含有"空"的意义,乃龙树以来所强调。僧肇《肇论·宗本义》云:"性常自空,故谓之性空。性空故,故曰法性。法性如是,故曰实相。实相自无,非推之使无,故名本无。言不有不无者,不如有见常见之有,邪见断见之无耳。若以有为有,则以无为无。有既不有,则无无也。夫不存无以观法者,可谓识法实相矣。是谓虽观有而无所取相,然则法相为无相之相,圣人之心,谓住无所住矣。三乘等观性空而得道也,性空者为诸法实相也。见法实相,故云正观。"①他认识到了诸法实相的本质在于性空,见法实相

---

①[清]严可均辑:《全晋文》,北京:商务印书馆,1999年,第1812页。

则是佛教中的正观。

　　所谓"诸法实相",正是大乘佛教所树立的标帜,用"实相印"来指称一切诸法的真实相状。实与虚妄相对,意为真实不虚,实相可以指万有的本体。佛性、法性、法身、真如、涅槃、真性、实性等等,与实相所指相同。《金刚经》云:"凡所有相,皆是虚妄。"①是讲唯有实相,即一切诸法的真实体相不变不坏。在佛教看来,宇宙万物都由因缘和合而成,不能脱离外缘而存在,没有永恒不变的自性,此即"空"。这种空性是本来存在的,也就是说诸法的本质具备空性,亦即实相、真如。《大般涅槃经》云:"无相之相,名为实相。"②《中论·观法品》云:"诸法尽毕竟空,无生无灭,是名诸法实相。"③作为万有的本体,实相超越了一切物象,也超越了具有相对性的语言。

　　但进一步来看,佛教认为实相既空又不空,对实相的解释呈现出中道思维的特点。吕澂先生指出:"罗什所传的龙树学就是四论之学。""贯彻于四论中的主要思想,乃是实相的学说。所谓实相,相当于后来一般组织大乘学说为境、行、果中的'境'。境是行果之所依,是行果的理论基础。龙树宗对境的论述,即是中道实相。实相是佛家的宇宙真理观。用中道来解释实相,也就是以'二谛相即'来解释实相,从真谛来看空,从俗谛来看是有。换言之,这种中道实相论是既看到空,也看到非空;同时又不着两边,于是便成为非有(空)非非有(非空)。罗什对姚兴解释佛学时,曾明白地说,佛学'以实相命

---

① [后秦]鸠摩罗什译:《金刚般若波罗蜜经》,《大正新修大藏经》第 8 册,第 749 页。
② [北凉]昙无谶译:《大般涅槃经》卷四十,《大正新修大藏经》第 12 册,第 603 页。
③ (印)龙树撰,[后秦]鸠摩罗什译:《中论》卷三,《大正新修大藏经》第 30 册,第 23 页。

宗'。他自己也写过《实相论》二卷。所以后人称罗什之学为'实相宗'。"①又指出："罗什之所谓实相,可能就是慧仪所说的六家中最后一家的说法,以'二谛相即'的中道来解释。"②

中道思维具有不落一边的特点,得罗什正传的弟子僧肇对涅槃的解释也体现了这一点。其《涅槃无名论》云:

> 《净名》曰:"不离烦恼而得涅槃。"《天女》曰:"不出魔界而入佛界。"然则玄道在于妙悟,妙悟在于即真,即真即有无齐观,齐观即彼己莫二。所以天地与我同根,万物与我一体。同我则非复有无,异我则乖于会通。所以不出不在而道存乎其间矣。何则？夫至人虚心冥照,理无不统。怀六合于胸中而灵鉴有余,镜万有于方寸而其神常虚。至能拔玄根于未始,即群动以静心。恬淡渊默,妙契自然。所以处有不有,居无不无。居无不无,故不无于无;处有不有,故不有于有。故能不出有无而不在有无者也。然则法无有无之相,圣无有无之知。圣无有无之知,则无心于内;法无有无之相,则无数于外。于外无数,于内无心,彼此寂灭,物我冥一,怕尔无朕,乃曰涅槃。③

这里提到获得涅槃的境界恰恰在于不离烦恼、不离魔界。而且,入佛界的关键在于妙悟佛教玄理,妙悟就是要即真。突出强调了主体的冥想与观照作用,主客之间既不对立又不合一。其所言"处有不有,居无不无"等,都是中道思维的体现。对于"实相"与"涅槃",方立天先生言道:"涅槃寂静作为佛教的最终理想境界,也

---

① 吕澂:《中国佛学源流略讲》,北京:中华书局,1979年,第97页。
② 吕澂:《中国佛学源流略讲》,北京:中华书局,1979年,第98页。
③ [后秦]释僧肇:《肇论》,《大正新修大藏经》第45册,第159页。

被认为是宇宙万物的实相,进而还被视为是宇宙万物的真理。佛教宣传这种真理是非语言思维所能表达和把握的,只有凭借内省式的直觉才能证悟。"①指出了两者之间的关联并重视观照者自身的觉悟。

总的看来,佛教理论拥有能够参透宇宙万物之真相的智慧,告诫人们要善于分辨虚妄之相。"实相"的意义正在于引导人们认识宇宙事物的真相或本然状态。因此,这种思维方式也自然会启发人们去观照审美对象的本然之美。

山水诗的兴起可谓文学发展史上的重要景观,自然山水成为独立的审美对象走进人们的艺术视野,促进了山水文学思潮的蓬勃发展。而佛教哲学对山水诗兴起所起到的作用和影响,还是有不少学者关注到了这一问题。例如,蒋述卓认为:"至于佛教,尤其是它所包含的佛教哲学,对于玄言诗向山水诗的转变到底起了什么作用以及它对山水诗的创作方法及其境界产生了什么影响,目前的研究尚少。而晋宋之际佛经翻译日趋发达,佛教哲学已初步为当时的士大夫逐渐接受,并且在玄学以及文学艺术上有所反映。不谈佛教对山水文学思潮的影响,显然是一大缺陷。"②他探究了佛教对山水文学思潮的影响,给予我们有益的启示,但他仍然视山水为悟道的工具和载体。认为谢灵运"描写山水,也是将山水与玄理(亦包括佛理)结合在一起,使山水成为言玄悟道的工具的"。还指出:"在玄佛合流的时代,佛教僧人在将山水带入玄言诗中来时,实际上他们也同时将佛学'即色悟空'的理论与实践带了进来,并揉合了玄学的思想方法论。他们把山水当作言玄悟道的工具,从而促使了哲学本体论的转变。……当山水诗勃兴之时,并不意味着老庄(包括佛教)本体的完

①方立天:《佛教哲学》,北京:中国人民大学出版社,2012年,第108页。
②蒋述卓:《佛教与中国古典文艺美学》,长沙:岳麓书社,2007年,第168页。

全消失,而是意味着老庄(包括佛教)本体的转移,即从'空''无'转向具体的自然山水之中了。而它所起的客观效果则是把人们从内心的玄虚世界中引向了外在的客观世界,从而促使了晋宋之际山水文学思潮的兴起。在玄言诗向山水诗转变的过程中,佛教哲学的加入就恰恰起了一个引导与过渡的作用。"①

　　诚然,佛教哲学为玄言诗向山水诗的转变起到了重要的引导与过渡作用,但笔者并不认同此时的山水书写对于佛学接受的唯工具属性。谢灵运是山水诗的开创者,虽然他的山水诗中也有悟道的成分,但如果他只将山水作为悟道的工具,此时的山水又如何具有独立的审美价值呢? 所以,根据前面对佛学思潮发展的梳理,可以看出佛教哲学的影响在于引导人们去直面对象自身,观照并发现山水的本然之美,这恰恰是在消解山水的工具属性与符号意蕴,只有看清山水的独立审美价值方能书写出山水的本色之美。

第三节　文人对佛教的接受
及其山水审美的新变

　　佛教义理不断被纠偏的过程也意味着佛教逐渐走上了独立发展的道路。佛教从曹魏、西晋时期对玄学的依附,到东晋的玄佛合流,再至晋宋时的独立发展,以其强大的文化生命力和传播力而最终取代玄学成为晋宋之际南方的主流文化。许多文人对佛教文化表现出了莫大的热情,加之统治阶级的政策支持,他们不仅与名僧广泛交游,酬唱往来,相互切磋,还积极参与各类佛事活动。对佛教义理的深入认识影响着他们的观物方式和自然审美观念,所以其山水书写呈现出与以往不同的特点。钱锺书对晋宋时期的山水审美概括道:

————————

① 蒋述卓:《佛教与中国古典文艺美学》,长沙:岳麓书社,2007 年,第 177 页。

"人于山水,如'好美色',山水于人,如'惊知己';此种境界,晋、宋以前文字中所未有也。"①

　　晋宋之际,自然界的山水景物不断涌入作品当中,山水以其独立的审美价值令文坛的景象焕然一新。被称为"大变太元之气"②的谢混,在《游西池》中写道:"惠风荡繁囿,白云屯曾阿。景昃鸣禽集,水木湛清华。"③而这样清新自然的诗句只能算是一处剪影,被评价为"谢诗如芙蓉出水"④的谢灵运,则以独到的眼光和笔力成为山水诗的鼻祖。除了山水诗,谢灵运还有《游名山志》《居名山志》以及《山居赋》等作品传世,无不提醒人们关注山水的本色之美。正因谢灵运对山水文学思潮具有重要贡献,所以我们将在下一节中专门对其进行分析。在谢灵运之外,还有同一时期或稍晚的诸多文人,在他们的共同推动下,山水的独立审美价值不断被发掘,山水文学思潮也终于形成,而这一切皆深深关联着主体对佛教文化的接受与认同。

一、晋宋文人与佛教

　　晋宋时期,佛教的地位非同一般,普慧指出了佛教在当时南方社会文化中所占据的主流地位:"尽管宋元嘉年间设立了四学:儒、玄、史、文,并由著名学士雷次宗、朱膺之、庾蔚之等主持儒学,何尚之主持玄学,何承天主持史学,谢元主持文学,开馆授徒。但在这四学的主持人中,雷次宗曾入庐山师事慧远,为'莲社'成员,何尚之笃信佛法,故而未能使此四学成为显学。而此时在社会和文化

①钱锺书:《管锥编》,北京:中华书局,1986年,第1038页。
②[南朝梁]沈约:《宋书》,北京:中华书局,1974年,第1778页。
③逯钦立辑校:《先秦汉魏晋南北朝诗》,北京:中华书局,1983年,第934页。
④[南朝梁]钟嵘著,曹旭笺注:《诗品笺注》,北京:人民文学出版社,2009年,第160页。

领域,尤其在思想理论界,最为活跃、最有影响、最受人们关注的则是佛教。"①

佛教在逐渐走上独立化发展道路的过程中,更加吸引和推动一大批文人参与到佛事活动中来,许多文人都与佛教结下深厚的不解之缘。例如,晋宋时期著名的山水画家宗炳(375—443)便有虔诚的佛教信仰以及高超的佛学造诣。其生平被记录在《宋书》的《隐逸传》当中:

> 宗炳字少文,南阳涅阳人也。祖承,宜都太守。父繇之,湘乡令。母同郡师氏,聪辩有学义,教授诸子。
>
> 炳居丧过礼,为乡闾所称。刺史殷仲堪、桓玄并辟主簿,举秀才,不就。高祖诛刘毅,领荆州,问毅府咨议参军申永曰:"今日何施而可?"永曰:"除其宿蚌,倍其惠泽,贯叙门次,显擢才能,如此而已。"高祖纳之,辟炳为主簿,不起。问其故,答曰:"栖丘饮谷,三十余年。"高祖善其对。妙善琴书,精于言理,每游山水,往辄忘归。征西长史王敬弘每从之,未尝不弥日也。乃下入庐山,就释慧远考寻文义。②

从"就释慧远考寻文义"可以了解到宗炳曾师从当时佛教界的核心人物慧远,关系较为密切。慧远在庐山讲学时,宗炳曾伴其左右。《高僧传·慧远传》记载:"时远讲《丧服经》,雷次宗、宗炳等,并执卷承旨。"③又载:"彭城刘遗民、豫章雷次宗、雁门周续之、新蔡毕颖之、

---

①普慧:《中古佛教文学研究》,西安:世界图书出版西安有限公司,2014年,第25页。

②[南朝梁]沈约:《宋书》,北京:中华书局,1974年,第2278页。

③[南朝梁]释慧皎撰,汤用彤校注:《高僧传》,北京:中华书局,1992年,第221页。

南阳宗炳、张莱民、张季硕等,并弃世遗荣,依远游止。远乃于精舍无量寿像前,建斋立誓,共期西方。……远以凡夫之情难割,乃制七日展哀,遗命使露骸松下,既而弟子收葬。浔阳太守阮保,于山西岭凿圹开隧,谢灵运为造碑文,铭其遗德,南阳宗炳又立碑寺门。"①慧远逝世后,谢灵运为其撰写碑文,宗炳则为其在寺门前立碑。

宗炳有着较高的佛学造诣,其最具代表性的佛学论著乃《明佛论》。在当时有关"神灭"和"神不灭"的哲学论争中,《明佛论》和谢灵运的《辨宗论》皆具有巨大的影响力。文中言道:

> 夫《洪范》庶征休咎之应,皆由心来。逮白虹贯日,太白入昴,寒谷生黍,崩城陨霜之类,皆发自人情而远形天事,固相为形影矣。夫形无无影,声无无响,亦情无无报矣。岂直贯日陨霜之类哉? 皆莫不随情曲应,物无遁形,但或结于身,或播于事,交赊纷纭,显昧渺漫,孰睹其际哉? 众变盈世,群象满目,皆万世已来,精感之所集矣。故佛经云:"一切诸法,从意生形。"又云:"心为法本,心作天堂,心作地狱。"义由此也。是以清心洁情,必妙生于英丽之境;浊情滓行,永悖于三途之域,何斯唱之迢遰,微明有实理,而直疏魂沐想,飞诚悚志者哉?②

宗炳已经领会到佛经所云"一切诸法,从意生形"的深刻内涵。在看似纷繁复杂的世相背后,存在着恒常不变之真理。此观念受到慧远思想的深刻影响。

慧远的《法性论》是其在佛学上的最重要之作。高僧慧远对佛法

①［南朝梁］释慧皎撰,汤用彤校注:《高僧传》,北京:中华书局,1992年,第214—222页。

②［清］严可均辑:《全宋文》,北京:商务印书馆,1999年,第195—196页。

的高超理解得到了鸠摩罗什的认可和赞叹："先是中土未有泥洹常住之说,但言寿命长远而已。远乃叹曰:'佛是至极,至极则无变,无变之理,岂有穷耶。'因著《法性论》曰:'至极以不变为性,得性以体极为宗。'罗什见论而叹曰:'边国人未有经,便暗与理合,岂不妙哉。'"①对于慧远所著《法性论》在佛学方面的贡献及价值,吕澂先生指出:

> 论旨针对旧说泥洹只谈"长久",未明"不变",所以特为阐发"不变"之义。论文已佚,有些著作引用它的主要论点是:"至极以不变为性,得性以体极为宗"(见《高僧传》),"至极"和"极",指的泥洹,"体"说证会,"性"即法性。泥洹以不变为其法性,要得到这种不变之性,就应以体会泥洹为其宗旨。当时慧远尚未接触罗什所传大乘之学,而在研究中就有此与大乘暗合的见解,实为难得。所以后来很得罗什的称赞。②

慧远对于"泥洹"的阐释,汤用彤认为:"不变至极之体,即为泥洹(泥洹今译涅槃。按慧达《肇论疏》云:远师《法性论》成后二章,始得什师所译《大品经》以为明验,证成前义云。法性者,名涅槃,不可坏,不可戏论)。"③因此,慧远充分认识到世界的本体智慧,认为万物的本体之性恒常不变,而要想获得这一不变之本性,需以体悟终极实相为宗旨。其对涅槃和实相的理解与我们前面所梳理的自鸠摩罗什以来对佛教义理的纠偏有较为一致的地方。而这种佛法智慧恰恰会对接受者的致思与观物方式产生影响,故而能在山水审美中启发主体观照山水之本然。

---

①[南朝梁]释慧皎撰,汤用彤校注:《高僧传》,北京:中华书局,1992年,第218页。
②吕澂:《中国佛学源流略讲》,北京:中华书局,1979年,第81页。
③汤用彤:《汉魏两晋南北朝佛教史》,北京:商务印书馆,2015年,第289页。

　　元嘉年间,文人辈出。与谢灵运并称"元嘉三大家"的鲍照和颜延之也在不同程度上对佛教有所接受。鲍照(?—466),字明远,祖籍东海(晋代郡名,治所在今山东郯城)人。鲍照曾作《佛影颂》云:"形生粗怪,神照潭寂。验幽以明,考心者迹,六尘烦苦,五道绵剧,乃炳舟梁,爰悟沦溺。色丹貌缋,留相琼石。金光绝见,玉毫遗觌,俾昏作朗,效顺去逆。"①当时以佛影为题的文章并不多,慧远的《万佛影铭》以及谢灵运的《佛影铭》都是以此为题的代表,他们对佛影的体认显然受到了慧远的影响。慧远《万佛影铭》云:"佛影今在西那伽诃罗国南山古仙石室中,度流沙,从径道,去此一万五千八百五十里,感世之应,详于前记也。"而佛像为何有形与影之分,文中又云:"理玄于万化之表,数绝乎无形无名者也。若乃语其筌寄,则道无不在,是故如来或晦先迹以崇基,或显生途而定体,或独发于莫寻之境,或相待于既有之场。独发类乎形,相待类乎影。"②此外,鲍照还和僧人惠休酬唱往来,关系较为密切,写有《秋日示休上人诗》及《答休上人菊诗》,休上人即是惠休的别称。惠休也擅长笔墨,与文人交往密切,而且后来又还俗,史书记载:"时有沙门释惠休,善属文,辞采绮艳,湛之与之甚厚。世祖命使还俗。本姓汤,位至扬州从事史。"③

　　颜延之(384—456),字延年,祖籍琅邪临沂(今属山东),出生于建康。史书中描述其"居身清约,不营财利,布衣蔬食,独酌郊野,当其为适,傍若无人"④,这正是佛教影响其生活观念及处世态度的体现。颜延之与不少高僧往来密切,令其钦佩与折服的僧人主要有求

①[清]严可均辑:《全宋文》,北京:商务印书馆,1999年,第467页。
②[清]严可均辑:《全晋文》,北京:商务印书馆,1999年,第1786页。
③[南朝梁]沈约:《宋书》,北京:中华书局,1974年,第1847页。
④[南朝梁]沈约:《宋书》,北京:中华书局,1974年,第1902—1903页。

那跋陀罗、道生、慧静、慧亮等。据《高僧传》记载,颜延之对名僧求那跋陀罗崇敬有加,求那跋陀罗来到建康后,"初住祇洹寺,俄而,太祖延请,深加崇敬。琅琊颜延之通才硕学,束带造门,于是京师远近,冠盖相望"①。颜延之还十分尊崇高僧道生,并向其虚心求教,《高僧传·道生传》云:"宋太祖文皇深加叹重。后太祖设会,帝亲同众御于地筵,下食良久,众咸疑日晚,帝曰:'始可中耳。'生曰:'白日丽天,天言始中,何得非中?'遂取钵便食,于是一众从之,莫不叹其枢机得衷。王弘、范泰、颜延之,并挹敬风猷,从之问道。"②对于"解兼内外,偏善《涅槃》"③的慧静,"颜延之、何尚之并钦慕风德,颜延之每叹曰:'荆山之玉,唯静是焉'"④。颜延之还非常欣赏高僧慧亮,《高僧传·慧亮传》记载:"后立寺于临淄,讲《法华》《大小品》《十地》等,学徒云聚,千里命驾。后过江止何园寺,颜延之、张绪眷德留连,每叹曰:'安汰吐珠玉于前,斌亮振金声于后,清言妙绪,将绝复兴。'"⑤

　　然而,颜延之对待名僧并非一味敬重,其态度是爱憎分明的。颜延之对有"黑衣宰相"之称的名僧慧琳则很不友好,"宋世祖雅重琳,引见常升独榻,颜延之每以致讥,帝辄不悦"⑥。慧琳此人"为性傲诞,颇自矜伐"⑦,对其师道渊态度不敬。此外,当出现与佛理相悖的《白黑论》《达性论》时,颜延之与宗炳一道撰文批驳,"(慧琳)后著《白

①[南朝梁]释慧皎撰,汤用彤校注:《高僧传》,北京:中华书局,1992 年,第 131 页。
②[南朝梁]释慧皎撰,汤用彤校注:《高僧传》,北京:中华书局,1992 年,第 255—256 页。
③[南朝梁]释慧皎撰,汤用彤校注:《高僧传》,北京:中华书局,1992 年,第 285 页。
④[南朝梁]释慧皎撰,汤用彤校注:《高僧传》,北京:中华书局,1992 年,第 285 页。
⑤[南朝梁]释慧皎撰,汤用彤校注:《高僧传》,北京:中华书局,1992 年,第 292 页。
⑥[南朝梁]释慧皎撰,汤用彤校注:《高僧传》,北京:中华书局,1992 年,第 268 页。
⑦[南朝梁]释慧皎撰,汤用彤校注:《高僧传》,北京:中华书局,1992 年,第 268 页。

黑论》乖于佛理。衡阳太守何承天，与琳比狎，雅相击扬，著《达性论》，并拘滞一方，诋呵释教。颜延之及宗炳捃驳二论各万余言"①。

颜延之佛学素养较高，还与善讲《涅槃》《大品》的高僧昙无成切磋学问，共同提升。"成乃憩于淮南中寺。《涅槃》《大品》常更互讲说，受业二百余人。与颜延之、何尚之共论实相，往复弥晨。成乃著《实相论》，又著《明渐论》。"②颜延之对佛法有独到而精深的见解，针对衡阳太守何承天的《达性论》，撰《释何衡阳达性论》《重释何衡阳达性论》《又释何衡阳达性论》等文。

陈郡谢氏是当时声名显赫的大家族，其内部人才辈出。除了我们下节要专门讲到的谢灵运，作为谢氏文学集团的后起之秀，谢惠连与谢庄也是这一时代文人中的佼佼者。谢惠连（407—433）是谢灵运的族弟，元嘉中为司徒彭城王义康法曹参军。丁福林对其文学成就评价道："虽然他生年不永，未立夭逝，但在刘宋一代的文坛上却有着相当重要的地位，是鼎足三分的谢灵运、颜延之、鲍照而外成就最高，对后世影响也最大的诗人。"③从谢灵运写给范光禄的书信中可以看到，谢惠连与谢灵运之间也有以佛教为题材的书信往来：

> 辱告慰企，晚寒体中胜常，灵运脚诸疾，比春更甚忧虑，故人有情，信如来告，企咏之结，实成饥渴，山涧幽阻，音尘阔绝，忽见诸赞，叹慰良多，可谓俗外之咏。寻览三复，味玩增怀，辄奉和如别。虽辞不足观，然意寄尽此。从弟惠连，后进文悟，衰宗之美，亦有一首，并以远呈：

---

① ［南朝梁］释慧皎撰，汤用彤校注：《高僧传》，北京：中华书局，1992年，第268页。
② ［南朝梁］释慧皎撰，汤用彤校注：《高僧传》，北京：中华书局，1992年，第275页。
③ 丁福林：《东晋南朝的谢氏文学集团》，哈尔滨：黑龙江教育出版社，1998年，第155页。

承祇洹法业日茂,随喜何极,六梁徽缘,窃望不绝。即时经
始招提,在所住山南,南檐临涧,北户背岩,以此息心,当无所忝
邪? 平生缅然,临纸累叹。敬惜为先,继以音告。傥值行李,辄
复承问。① (《答范光禄书》)

此外,谢灵运的族侄谢庄(421—466),其文学成就虽逊于自己的
族叔谢灵运及谢惠连,但仍誉满文坛,闻名遐迩。从僧传中的记载来
看,谢庄与高僧求那跋陀罗及梵敏皆有交集。《高僧传·求那跋陀罗
传》云:"后于东府宴会,王公毕集,敕见跋陀,时未及净发,白首皓然,
世祖遥望,顾谓尚书谢庄曰:'摩诃衍聪明机解,但老期已至,朕试问
之,其必悟人意也。'"②谢庄还非常欣赏佛学素养极高的梵敏,"释
梵敏,姓李,河东人。少游学关垄,长历彭泗,内外经书,皆暗游心
曲。晚憩丹阳,频建讲说。谢庄、张永、刘虬、吕道慧皆承风欣悦,
雅相叹重"③。

由此可以看到,晋宋时期的文人与佛教的关系十分密切。因此,
佛教义理不断被纠偏以及逐渐走上独立道路的同时也对他们的思想
观念产生了深刻的影响。而从物象到实相的佛教智慧尤其会对他
们观世界的方式和眼光产生巨大作用,进而影响其山水审美及创
作,最终他们为推动山水文学思潮的形成做出重要贡献。晋宋以
后,还有一批具有代表性的文人,如谢朓、沈约、阴铿、何逊以及庾
信等,他们依然深受佛教文化的影响,继承了晋宋山水文学思潮的
精髓并使其进一步延展,也为后来山水诗的兴盛和发展做出不可
磨灭的贡献。

---

① [清]严可均辑:《全宋文》,北京:商务印书馆,1999 年,第 312 页。
② [南朝梁]释慧皎撰,汤用彤校注:《高僧传》,北京:中华书局,1992 年,第 133 页。
③ [南朝梁]释慧皎撰,汤用彤校注:《高僧传》,北京:中华书局,1992 年,第 287 页。

二、晋宋山水文学思潮中的审美新变

在晋宋山水文学思潮即将到来之际,人们对自然美欣赏的重点发生了显著的变化。正如叶朗先生指出的那样:"从《世说新语》中我们可以看到,魏晋士大夫文人对自然美的欣赏,已经突破了'比德'的狭窄的框框。他们不是把自己的道德观念加到自然山水身上,而是欣赏自然山水本身的蓬勃的生机。"①《世说新语》中举出了东晋几位士人欣赏自然山水之美的事迹:

> 王司州至吴兴印渚中看。叹曰:"非唯使人情开涤,亦觉日月清朗。"②
> 顾长康从会稽还,人问山川之美,顾云:"千岩竞秀,万壑争流,草木蒙笼其上,若云兴霞蔚。"③
> 王子敬曰:"从山阴道上行,山川自相映发,使人应接不暇。若秋冬之际,尤难为怀。"④

诚然,东晋文人已经开始注目于山水的本然之美,虽尚未集中反映在文学创作之中,但这种审美观念较之先前的改变,为晋宋山水诗创作的兴盛以及山水文学思潮的形成奏响了序曲。晋宋以来,文人们对于山水美的欣赏主要有何特点呢? 叶朗先生指出:"日月山川鸟

①叶朗:《中国美学史大纲》,上海:上海人民出版社,1985 年,第 187 页。
②[南朝宋]刘义庆著,[南朝梁]刘孝标注,余嘉锡笺疏:《世说新语笺疏》,上海:上海古籍出版社,1993 年,第 138—139 页。
③[南朝宋]刘义庆著,[南朝梁]刘孝标注,余嘉锡笺疏:《世说新语笺疏》,上海:上海古籍出版社,1993 年,第 143 页。
④[南朝宋]刘义庆著,[南朝梁]刘孝标注,余嘉锡笺疏:《世说新语笺疏》,上海:上海古籍出版社,1993 年,第 145 页。

兽禽鱼,都因为它们本身,因为它们本身的自然生机,而成为人们的欣赏对象。也就是说,在欣赏自然美的时候,道德观念的比附已经不必要了。人们发现自然本身具有独立的审美价值,自然本身就是美的。南朝宗炳提出的'澄怀味象'的命题,就是对于这种审美观念的变化所做的一种理论概括。"①

宗炳的著名画论《画山水序》在中国美学史上占有重要的地位,其"澄怀味象"的理论命题正是作者观照山水本然之美的一种映现。其《画山水序》中有云:"圣人含道应物,贤者澄怀味象,至于山水,质有而趣灵,是以轩辕尧孔,广成大块,许由孤竹之流,必有崆峒、具茨、藐姑、箕首、大蒙之游焉,又称仁智之乐焉。夫圣人以神发道,而贤者通,山水以形媚道,而仁者乐,不亦几乎? 余眷恋庐、衡,契阔荆、巫,不知老之将至。愧不能凝气怡身,伤跕石门之流。于是画象布色,构兹云岭。夫理绝于中古之上者,可意求于千载之下。旨征于言象之外者,可心取于书策之内。况乎身所盘桓,目所绸缪,以形写形,以色貌色也。"②作者所云"澄怀味象"及"以形写形,以色貌色"等,正是在注目于物之本色与本然,这种观物方式的应用与先前的山水书写及观念有很大不同。叶朗先生也从这个角度指出"澄怀味象"这一命题的独特性:

> "澄怀味象"的命题与孔子"知者乐水,仁者乐山"的命题是根本不同的。宗炳着眼于自然的"象""形"。他认为自然山水的形象本身能给人以趣味(审美享受)。③
>
> 宗炳要求主体要"澄怀味象",就是要以空明虚静的精神状

①叶朗:《中国美学史大纲》,上海:上海人民出版社,1985 年,第 187—188 页。
②[清]严可均辑:《全宋文》,北京:商务印书馆,1999 年,第 191 页。
③叶朗:《中国美学史大纲》,上海:上海人民出版社,1985 年,第 210—211 页。

态去从自然本身得到审美享受。而孔子"知者乐水,仁者乐山"的命题,则是把自然山水作为人的道德观念的象征,客体要依附于、符合于主体的道德观念才能成为审美对象。①

因此,这种着眼于自然之"象""形"的观物方式为山水具备独立的审美价值创造了十分有利的条件,而这种观物方式正是得益于山水审美主体对佛学思想的接受,诸如"实相""中道思维"等佛教智慧引导其直面事物自身的究竟面目,关注山水本色之美也就在情理之中。此外,《画山水序》中的这段文字还提到了"山水有灵"的观念,有学者认为,宗炳画论中的"山水有灵"观念与佛教有深刻的联系,宗炳"从慧远那里汲取了'神不灭'或'得性体极'的佛学观念,并在山水审美方面有了独具创造的发展"②,也指出了宗炳山水审美观念的佛学渊源。与宗炳同时的山水画家王微亦欣赏和重视自然本身的审美价值,他在《叙画》中说:"望秋云,神飞扬;临春风,思浩荡。虽有金石之乐,珪璋之琛,岂能仿佛之哉。"③认为自然美能够给予人们巨大的精神享受,甚至超过了金石之乐和珪璋之琛所带来的审美愉悦。

在山水诗创作当中,文人们不断在作品中呈现山水的本然之美,以书写之清新自然而制胜。故而钟嵘《诗品》评价谢灵运诗"譬犹青松之拔灌木,白玉之映尘沙"④,范云诗"清便宛转,如流风回雪"⑤,

---

①叶朗:《中国美学史大纲》,上海:上海人民出版社,1985年,第211页。

②张晶:《宗炳与谢灵运:从佛学到山水美学》,《江西社会科学》,2016年第7期。

③韦宾笺注:《六朝画论笺注》,天津:天津古籍出版社,2018年,第216页。

④[南朝梁]钟嵘著,曹旭笺注:《诗品笺注》,北京:人民文学出版社,2009年,第91页。

⑤[南朝梁]钟嵘著,曹旭笺注:《诗品笺注》,北京:人民文学出版社,2009年,第188页。

丘迟诗"点缀映媚,似落花依草"①等。此外,史书中记载:"延之尝问鲍照己与灵运优劣,照曰:'谢五言如初发芙蓉,自然可爱。君诗若铺锦列绣,亦雕缋满眼。'"②叶朗先生认为,这种比喻表明"在当时人们的心目中,自然本身不仅具有独立的审美价值,而且这种自然美乃是人物美和艺术美的范本,它的地位要高于人物美和艺术美"③。

　　具体看来,在"元嘉三大家"中,除了谢灵运,鲍照的诗歌也能着意于自然美本身,有时吸取谢灵运写景诗的某些长处而使景色被描绘得自然而富有生趣,如鲍照《望孤石诗》云:"江南多暖谷,杂树茂寒峰。朱华抱白雪,阳条熙朔风。蚌节流绮藻,辉石乱烟虹。"④诗歌起首这几句与谢灵运《入华子岗是麻源第三谷》开头写景的手法颇为近同,如:"南州实炎德,桂树凌寒山。铜陵映碧涧,石蹠泻红泉。"⑤鲍照《采桑》中的"早蒲时结阴,晚篁初解箨"两句,风貌又近于谢灵运《于南山往北山经湖中瞻眺》中的"初篁苞绿箨,新蒲含紫茸"。较具此类特点的诗作还有《发后渚诗》《发长松遇雪诗》等,虽然鲍照描写自然景色的诗歌相对较少,但其中仍然能够显现出自然山水的独立审美价值。

　　颜延之的诗歌当中也有生机盎然、富有自然之趣的句子。如"春江壮风涛,兰野茂荑英"⑥(《车驾幸京口侍游蒜山作诗》),"庭昏见野阴,山明望松雪"(《赠王太常僧达诗》),"峤雾下高鸟,冰沙固流川"(《从军行》)等。钟嵘在《诗品》中评价颜延之的诗歌特点为"源

①[南朝梁]钟嵘著,曹旭笺注:《诗品笺注》,北京:人民文学出版社,2009年,第188页。

②[唐]李延寿:《南史》,北京:中华书局,1975年,第881页。

③叶朗:《中国美学史大纲》,上海:上海人民出版社,1985年,第188页。

④鲍照诗歌参见逯钦立辑校:《先秦汉魏晋南北朝诗》,北京:中华书局,1983年。

⑤谢灵运诗歌参见顾绍柏校注:《谢灵运集校注》,郑州:中州古籍出版社,1987年。

⑥颜延之诗歌参见逯钦立辑校:《先秦汉魏晋南北朝诗》,北京:中华书局,1983年。

出于陆机。故尚巧似。体裁绮密"①,这里的"故尚巧似"是指颜诗多体物工巧,摹写逼真。曹旭认为,此与评张协"巧构形似之言",评谢灵运"尚巧似",评鲍照"善制形状写物之词"意同②。因此,这些诗人都十分善于抓住自然本身的特点去描摹,能将自然山水的本色之美呈现出来,使其如在眉睫之前。

在谢氏家族中,谢惠连的诗歌里也不乏模山范水之佳作。例如,其《泛湖归出楼中望月诗》云:"日落泛澄瀛,星罗游轻桡。憩榭面曲汜,临流对回潮。辍策共骈筵,并坐相招要。哀鸿鸣沙渚,悲猿响山椒。亭亭映江月,浏浏出谷飚。斐斐气幂岫,泫泫露盈条。近瞩祛幽蕴,远视荡喧嚣。晤言不知罢,从夕至清朝。"③对此,丁福林评价:"诗虽极雕琢之工,属对之巧,千锤百炼,然而却不失自然之风致。'平极净极'(王夫之《古诗评选》),'清出有态'(陈祚明《采菽堂古诗选》),如芙蓉出水般清新可喜。""就整体而言,虽不及灵运诗那样深厚博大,但自然畅达却又过之,显示了写景诗发展和进步的轨迹。"④谢惠连是谢灵运的族弟,其才华深得灵运赏识,两人作诗风格也较为接近。二人之间的交往还常能给谢灵运带来创作上的灵感和启发。《诗品》记载:

> 《谢氏家录》云:"康乐每对惠连,辄得佳语。后在永嘉西堂,思诗竟日不就,寤寐间,忽见惠连,即成'池塘生春草'。故常

---

① [南朝梁]钟嵘著,曹旭笺注:《诗品笺注》,北京:人民文学出版社,2009年,第160页。
② [南朝梁]钟嵘著,曹旭笺注:《诗品笺注》,北京:人民文学出版社,2009年,第174页。
③ 逯钦立辑校:《先秦汉魏晋南北朝诗》,北京:中华书局,1983年,第1195页。
④ 丁福林:《东晋南朝的谢氏文学集团》,哈尔滨:黑龙江教育出版社,1998年,第162页。

云：'此语有神助，非吾语也。'"①

谢庄在刘宋诗坛中也享有盛誉，钟嵘评价其诗"气候清雅"②，因此，其山水诗中的清雅之作也较具代表性。谢庄的《北宅秘园诗》云："夕天霁晚气，轻霞澄暮阴。微风清幽幌，余日照青林。收光渐窗歇，穷园自荒深。绿池翻素景，秋槐响寒音。伊人傥同爱，弦酒共栖寻。"③有学者评价这首诗在炼字方面有"模仿谢灵运的痕迹。从全诗来看，则已完全摆脱了玄言的影响，风格更接近晚于他的谢朓"④。

既然说到谢氏家族，也就不得不提晚于他们的齐代诗人谢朓，因为他的山水诗也极具特点和代表性。谢朓诗歌涉及最多的题材便是自然山水，《文选》收录其诗二十一首，其中吟咏江南秀丽之景的作品占绝大多数。谢灵运与谢朓分别有大小谢之称，都以山水诗的创作而闻名，但二人的山水诗在审美特点方面仍有一些差别。日本学者兴膳宏先生指出："谢灵运在摹写自然时，试图提纲挈领地捕捉美的本质，并通过细微的表现，一直探求到复杂的自然现象的荫翳。'芰荷迭映蔚，蒲稗相因依'，正是极细微的关于自然的描写，但还不能如谢朓诗中'鱼戏新荷动，鸟散余花落'那样，表现出一种对细小对象的微妙动作的惊奇感。"⑤此外，对于谢朓诗中那些对自然景物的细致

①［南朝梁］钟嵘著，曹旭笺注：《诗品笺注》，北京：人民文学出版社，2009年，第171页。

②［南朝梁］钟嵘著，曹旭笺注：《诗品笺注》，北京：人民文学出版社，2009年，第257页。

③逯钦立辑校：《先秦汉魏晋南北朝诗》，北京：中华书局，1983年，第1252页。

④曹道衡、沈玉成编著：《南北朝文学史》，北京：人民文学出版社，1991年，第77页。

⑤（日）兴膳宏著，彭恩华译：《六朝文学论稿》，长沙：岳麓书社，1986年，第81页。

刻画,如"红药当街翻,苍苔依砌上"(《直中书省》),"夏李沈朱实,秋藕折轻丝"(《在郡卧病呈沈尚书》)等,兴膳宏先生认为:"谢朓以十分高明的对句,成功地对大自然一角的情景作了毫发入微的描绘。这些对句的妙味当然不仅在于酿成纤巧的神韵,往往还能通过对这种微妙的对象的描述,起到旁人无法表达的效果。"①

总之,这些文人在书写山水之时都能对自然物象本身进行不同程度的细致描摹与刻画,呈现的是自然山水独立的审美价值,在其共同努力下推动了山水文学思潮的形成与发展。无论是"澄怀味象",还是"尚巧似""巧构形似之言"等,其本质都是在消解和淡化山水以往的工具属性与符号价值。刘勰《文心雕龙·物色》云:"自近代以来,文贵形似。窥情风景之上,钻貌草木之中;吟咏所发,志惟深远;体物为妙,功在密附。故巧言切状,如印之印泥,不加雕削,而曲写毫芥。故能瞻言而见貌,印字而知时也。"②也指出了晋宋以来作品重视描写事物形貌的逼真之特点。他们正是长于体物而能呈现事物的本来面目,故而和之前的山水书写有很大不同,"至于扬、班之伦,曹、刘以下,图状山川,影写云物;莫不纤综'比''义',以敷其华,惊听回视,资此效绩"③。而这些文人恰恰又受到了佛教文化的熏陶,尤其是当时佛教义理不断被纠偏,他们对实相的理解和体认能够训练并给予自身一种智慧和眼光,即直面并看清事物的真相与本来面目,这恰恰是他们发现山水本色之美以及推动山水文学思潮兴起的关键。

---

① (日)兴膳宏著,彭恩华译:《六朝文学论稿》,长沙:岳麓书社,1986 年,第 82—83 页。
② [南朝梁]刘勰著,陆侃如、牟世金译注:《文心雕龙译注》,济南:齐鲁书社,2009 年,第 587 页。
③ [南朝梁]刘勰著,陆侃如、牟世金译注:《文心雕龙译注》,济南:齐鲁书社,2009 年,第 475 页。

除了佛教思想的影响,还应注意的是,佛教徒修行场所的特点对这些文人的山水审美观念也有一定的影响。清代文人沈曾植《与金潜庐太守论诗书》云:"康乐总山水庄老之大成,开其先支道林。"①因此,谢灵运能够成为山水诗的鼻祖,就不能忽视高僧支遁的贡献与影响。沈曾植还评论道:"'老、庄告退,山水方滋。'此亦目一时承流接响之士耳。支公模山范水,固已华妙绝伦;谢公卒章,多托玄思,风流祖述,正自一家。挹其铿谐,则皆平原之雅奏也。"②孙昌武先生认为:"支遁诗多说理,往往铺排玄佛,枯燥无味,写景也多堆砌雕饰之语,不能与谢灵运等人的山水诗相比。但他融玄言佛理于山水之中,开模山范水之风,功绩是不可灭的。特别应当指出,佛家托身玄远,遗弃世务,所以多雅好山水之徒。"③这里指出佛家多雅好山水之徒的现象,诚然,供佛教徒们修行的寺院往往修建在风景秀丽的山林之中。谢灵运《佛影铭》即体现了庐山佛影台依山傍水的优美环境,"北枕峻岭,南映滮涧,……倚岩辉林,傍潭鉴井"④。普慧曾指出中国佛教徒至东晋以来修行场所的特点及历史渊源,认为:"当人们在苦难的现实社会面前无力与之抗争时,佛教让人们摆脱现实社会的纷繁,从烦恼中解脱出来。而实现这种解脱的方法与途径,小乘主张离开繁闹的都市,进入僻静山林,修持佛教的戒定慧三学。而大乘虽反对小乘单纯的出离遁世,但总不能离开自然山水。不过,天竺佛教把自然山水仅仅看作是修行的基本场所和必备条件,并未把自然山

---

①[清]沈曾植著,钱仲联编校:《海日楼文集》,广州:广东教育出版社,2019年,第29页。

②[清]沈曾植撰,钱仲联辑:《海日楼札丛·海日楼题跋》,沈阳:辽宁教育出版社,1998年,第365—366页。

③孙昌武:《佛教与中国文学》(第2版),上海:上海人民出版社,2007年,第56页。

④[清]严可均辑:《全宋文》,北京:商务印书馆,1999年,第323页。

水看成是佛的化身或美的体现。佛教传入中国后，依然保持了这个传统。直至东晋，在吸收道家思想的基础上，才使得自然山水成为宗教与审美的有机结合体。由此开始，中国的佛教徒修行之处总是在那些依山傍水、风景如画的地方。"①

　　佛教本就注重于山林之中静处，故而养成了佛教徒们喜好在自然山水之中修行与思考的习惯，其或触发了他们写诗的兴致。除了前面提到的支遁，还有高僧慧远、帛道猷等人，都有这样的经历或特点。由于常在山林之中玄览，慧远写下了《游石门诗》《庐山东林杂诗》《庐山诸道人游石门诗》等作品。又如，高僧帛道猷的《陵峰采药触兴为诗》云："连峰数千里，修林带平津。云过远山翳，风至梗荒榛。茅茨隐不见，鸡鸣知有人。间步践其径，处处见遗薪。始知百代下，故有上皇民。"②传记中记载帛道猷雅好山水，他所吟咏的诗歌多表现其对逍遥之境的追求，且交代了书写此诗的缘起：

　　　　时若耶山有帛道猷者，本姓冯，山阴人，少以篇牍著称。性率素，好丘壑，一吟一咏，有濠上之风。与道壹经有讲筵之遇，后遇壹书云："始得优游山林之下，纵心孔释之书，触兴为诗，陵峰采药，服饵蠲痾，乐有余也。但不与足下同日，以此为恨耳。因有诗曰：连峰数千里，修林带平津。云过远山翳，风至梗荒榛。茅茨隐不见，鸡鸣知有人。闲步践其径，处处见遗薪。始知百代下，故有上皇民。"壹既得书，有契心抱，乃东适耶溪，与道猷相会，定于林下。少于是纵情尘外，以经书自娱。③

────────────────

① 普慧：《中古佛教文学研究》，西安：世界图书出版西安有限公司，2014 年，第47 页。
② 逯钦立辑校：《先秦汉魏晋南北朝诗》，北京：中华书局，1983 年，第1088 页。
③〔南朝梁〕释慧皎撰，汤用彤校注：《高僧传》，北京：中华书局，1992 年，第207 页。

还有高僧竺法崇也喜爱在山水之中交游,《高僧传》云:"后还剡之葛峄山,茅庵涧饮,取欣禅慧,东瓯学者,竞往凑焉。与隐士鲁国孔淳之相遇,每盘游极日,辄信宿妄归,披衿顿契,自以为得意之交也。"①

因此,不少文人在接受佛教文化的过程中也容易受到一定的影响,尤其与僧人于山水之中交游、切磋学问、酬唱往来的经历,在一定程度上会激发或强化其对山水的喜爱与关注。山水诗派的开创者且与佛教关系密切的谢灵运即雅好山水,许多文人名士也喜好在建康、会稽、永嘉一代的山水中聚会活动。据《宋书》记载:"郡有名山水,灵运素所爱好,出守既不得志,遂肆意游遨,遍历诸县,动逾旬朔,民间听讼,不复关怀。所至辄为诗咏,以致其意焉。……灵运父祖并葬始宁县,并有故宅及墅,遂移籍会稽,修营别业,傍山带江,尽幽居之美。与隐士王弘之、孔淳之等纵放为娱,有终焉之志。……灵运既东还,与族弟惠连、东海何长瑜、颍川荀雍、泰山羊璿之,以文章赏会,共为山泽之游,时人谓之四友。"②还有"栖丘饮谷,三十余年"的宗炳,"好山水,爱远游,西陟荆、巫,南登衡岳,因而结宇衡山,欲怀尚平之志"③,等等。这些现象也在某种程度上反映了佛教在潜移默化地影响着晋宋以来文人的审美旨趣,进而使其对山水文学思潮的推动发挥重要作用。

第四节　谢灵运与山水文学思潮

在晋宋之际的山水题材作品中,山水诗的表现尤令人瞩目。其文学地位得以在当时正式确立,成为我国诗歌的一支重要派别。而

---

① [南朝梁]释慧皎撰,汤用彤校注:《高僧传》,北京:中华书局,1992年,第171页。
② [南朝梁]沈约:《宋书》,北京:中华书局,1974年,第1753—1774页。
③ [南朝梁]沈约:《宋书》,北京:中华书局,1974年,第2279页。

谢灵运的创作使其具有开拓者的地位,刘勰所谓"宋初文咏,体有因革;庄、老告退,而山水方滋"①这一现象,正是谢灵运在其中起到了至关重要的作用。有不少学者肯定了谢灵运在中国文学史上的贡献及地位:

　　　　谢灵运对中国文学史所作出的主要贡献,在于他创作了为数众多的、具有高度美学价值的山水诗。②
　　　　谢灵运的功绩在于他第一个以成功的创作实践确立了山水题材的独立地位,为山水诗展示了无限的发展潜力。③
　　　　山水诗的创作之所以能够成为世人瞩目的文学现象,能够在诗坛上独树一帜,开宗立派,千秋之功当属刘宋诗人谢灵运。谢灵运诗今存约百首,其中模山范水之作约六十首,他是第一个以山水为题材进行大量诗歌创作的诗人。……谢灵运不仅以自己的创作实践丰富了山水诗的艺术经验,而且规范了山水诗的基本模式,奠定了山水诗的写作传统。因此,他是山水诗派的开创者,被后人奉为山水诗的不祧之祖。④

　　谢灵运(385—433),祖籍陈郡阳夏(今河南太康附近),生于会稽始宁(今浙江上虞),出身于东晋的世家大族。其祖父谢玄是在淝

①［南朝梁］刘勰著,陆侃如、牟世金译注:《文心雕龙译注》,济南:齐鲁书社,2009年,第146页。
②曹道衡、沈玉成编著:《南北朝文学史》,北京:人民文学出版社,1991年,第51—52页。
③葛晓音:《山水有清音:古代山水田园诗鉴要》,北京:北京出版社,2018年,第46页。
④陶文鹏、韦凤娟主编:《灵境诗心——中国古代山水诗史》,南京:凤凰出版社,2004年,第93页。

水之战中带领东晋军队击败前秦苻坚百万大军的统帅。谢灵运小名客儿，人称"谢客"。因继承祖父的爵位康乐公，所以又被称为谢康乐。谢灵运不仅在文学上成就斐然，佛学造诣颇高，其书画才能也堪称一绝。当然，能使其彪炳千古、备受瞩目的成就还是他作为山水诗的鼻祖而之于文学上的贡献。胡仔《苕溪渔隐丛话》评价道："读谢灵运诗，知其揽尽山川秀气。"①后人无名氏在《静居绪言》中评论道："有灵运然后有山水，山水之蕴不穷，灵运之诗弥旨。山水之奇，不能自发，而灵运发之。"②

实际上，正是其山水诗开创式的独特性，对推动文学思潮的嬗变发挥了重要作用。罗宗强先生指出，元嘉文学思想新变的特点之一即"山水题材大量进入诗文，并且在反映山水题材时追求一种写实倾向，正式奠定了我国的山水文学的根基"。而正是"谢灵运改变了山水在诗中的地位"③。因此，作为"山水方滋"的代表人物，我们需要对谢灵运做专门的分析和探讨，了解其接受佛教文化的程度，以及佛教影响下谢灵运审美观念的特点及其对山水文学思潮的推动作用。从而印证佛学接受能够作用于主体观看事物的智慧与眼光，进而深刻影响其审美观念及书写特色。

一、谢灵运的佛教因缘

首先我们需要认识到，谢灵运生活的时代正面临佛教义理不断被纠偏，已然摆脱对玄学的依附而走上独立发展道路的大好时机。正如普慧总结的那样，"在谢灵运的时代，佛教已摆脱了依附玄学的

①廖德明校点：《苕溪渔隐丛话》，北京：人民文学出版社，1962年，第8页。
②郭预衡主编：《中国古代文学史长编·秦汉魏晋南北朝卷》（第2版），北京：首都师范大学出版社，2000年，第448页。
③罗宗强：《魏晋南北朝文学思想史》，北京：中华书局，1996年，第140—141页。

从属地位而升居到了主流文化的位置,佛教的各种思想、流派竞相涌现,如禅数学、毗昙学、成实学、般若学、涅槃学、净土思想、四论学等"①。而徐复观对谢灵运所接受佛学的认识显然有失偏颇,认为"不仅他所把握到的佛学,乃属于以老庄思想解释佛理的'格义';主要的是:谢灵运以及以前的东晋初年庾阐诸人山水诗的出现,正是玄学盛行以后的产物"②。

在社会交往中,谢灵运与佛教徒的关系尤为密切。其与高僧慧远、竺道生、僧苞、慧严、慧观等往来甚密。谢灵运在与高僧交往时,尤其对慧远表现出了莫大的赞赏与钦佩,"陈郡谢灵运负才傲俗,少所推崇,及一相见,肃然心服"③。慧远以其自身的人格魅力令负才傲俗的谢灵运心悦诚服。谢灵运和宗炳一样,都是慧远的忠实信徒,对慧远的学说及思想也十分欣赏。晋义熙八年(412),慧远于庐山画佛像后又将其铭刻在石上。慧远作《万佛影铭》纪其事,又派弟子道秉前往都城建康(南京)请谢灵运为之再作铭文。故谢灵运作《佛影铭》,其文如下:

> 夫大慈弘物,因感而接,接物之缘,端绪不一。难以形检,易以理测。故已备载经传,具著记论矣。虽舟壑缅谢,像法犹在,感运钦风,日月弥深,法显道人,至自祇洹,具说佛影,偏为灵奇。幽岩嵌壁,若有存形。容仪端庄,相好具足。莫知始终,常自湛然。庐山法师,闻风而悦。于是随喜幽室,即考空岩。北枕峻岭,南映濚涧,摹拟遗量,寄托青彩。岂唯像形也笃,故亦传心者

①普慧:《大乘涅槃学与谢灵运的山水诗》,《陕西师范大学学报》(哲学社会科学版),2000年第4期。
②徐复观:《中国艺术精神》,沈阳:春风文艺出版社,1987年,第196页。
③[南朝梁]释慧皎撰,汤用彤校注:《高僧传》,北京:中华书局,1992年,第221页。

极矣。道秉道人远宣意旨,命余制铭,以充刊刻。石铭所始,实由功被。未有道宗崇大,若此之比。岂浅思肤学,所能宣述?事经徂谢,承眷罔己。辄罄竭劣薄,以诺心许。徽猷秘奥,万不写一。庶推诚心,颇感群物,飞鹗有革音之期,阐提获自援之路。当相寻于净土,解颜于道场。圣不我欺,致果必报。援笔兴言,情迫其概。

群生因染,六趣牵缠。七识迭用,九居屡迁。剧哉五阴,卷矣四缘。遍使转轮,苦根迪遭。迪遭未已,转轮在己。四缘云薄,五阴火起。嚢嚢正觉,是极是理。动不伤寂,行不乖止。晓尔长梦,贞尔沈诐。以我神明,成尔灵智。我无自我,实承其义。尔无自尔,必袪其伪。伪既殊途,义故多端。因声成韵,即色开颜。望影知易,寻响非难。形声之外,复有可观。观远表相,就近暖景。匪质匪空,莫测莫领。倚岩辉林,傍潭鉴井。借空传翠,激光发囧。金好冥漠,白豪幽暧。日月居诸,胡宁斯慨。曾是望僧,拥诚俟对。承风遗则,旷若有概。敬图遗纵,疏凿峻峰。周流步栏,窈窕房栊。激波映墀,引月入窗。云往拂山,风来过松。地势既美,像形亦笃。彩淡浮色,群视沈觉。若灭若无,在摹在学。由其洁精,能感灵独。诚之云乎,惠亦孔续。嗟尔怀道,慎勿中惕。弱丧之推,阐提之役。反路今睹,发蒙兹觌。式厉厥心,时逝流易。敢铭灵宇,敬告震锡。①

此事足以体现谢灵运与慧远在佛学上的共鸣与精神之融洽相契。慧远圆寂后,僧俗弟子为之哀痛,其时"门徒号恸,若丧考妣,道俗奔赴,毂继肩随。远以凡夫之情难割,乃制七日展哀,遗命使露骸松下,既而弟子收葬。浔阳太守阮保,于山西岭凿圹开隧,谢灵运为

①［清］严可均辑:《全宋文》,北京:商务印书馆,1999 年,第 323 页。

造碑文,铭其遗德,南阳宗炳又立碑寺门"①。谢灵运撰写《庐山慧远法师诔》一文,言辞恳切,表达了深深的哀悼与怀念之情:

　　道存一致,故异化同晖;德合理妙,故殊方齐致。昔释安公振玄风于关右,法师嗣沫流于江左,闻风而说,四海同归。尔乃怀仁山林,隐居求志,于是众僧云集,勤修净行,同法餐风,栖迟道门,可谓五百之季,仰绍舍卫之风,庐山之崛,俯传灵鹫之旨,洋洋乎未曾闻也。予志学之年,希门人之末,惜哉诚愿弗遂,永违此世,春秋八十有四,义熙十三年秋八月六日薨。年逾纵心,功遂身亡,有始斯终,千戴垂光,呜呼哀哉,乃为诔曰:

　　于昔安公,道风允被。大法将尽,颓纲是寄。体静息动,怀贞整伪。事师以孝,养徒以义。仰弘如来,宣扬法雨。俯授法师,威仪允举。学不窥牖,鉴不出户。粳粮虽御,独为芢楚。朗朗高堂,肃肃法庭。既严既静,愈高愈清。从容音旨,优游仪形。广演慈悲,饶益众生。堂堂其气,亹亹其资。总角味道,辞亲随师。供奉三宝,析微辨疑。盛化济济,仁德怡怡。于焉问道,四海承风。有心载驰,戒德鞠躬。令声续振,五浊暂隆。弘道赞扬,弥虚弥冲。十六王子,孺童先觉。公之出家,年未志学。如彼邓林,甘露润泽。如彼琼瑶,既磨既琢。大宗戾止,座众龙集。聿来胥宇,灵寺奚立。旧望研几,新学时习。公之勖之,载和载辑。乃修什公,宗望交泰。乃延禅众,亲承三昧。众美合流,可上可大。穆穆道德,超于利害。六合俱否,山崩海竭。日月沉晖,三光寝晰。众麓摧柯,连波中结。鸿化垂绪,微风永灭。呜

---

①[南朝梁]释慧皎撰,汤用彤校注:《高僧传》,北京:中华书局,1992年,第221—222页。

呼哀哉。

　　生尽冲素，死增伤凄。单絷土棹，示同敛骸。人天感悴，帝释恸怀。习习遗风，依依余凄。悲夫法师，终然是栖。室无停响，途有广蹊。呜呼哀哉。

　　端木丧尼，哀直六年。仰慕洙泗，俯悼罜筌。今子门徒，实同斯艰。晨埽虚房，夕泣空山。呜呼法师，何时复还。风啸竹柏，云霭岩峰。川壑如泣，山林改容。自昔闻风，志愿归依。山川路邈，心往形违。始终衔恨，宿缘轻微。安养有寄，阎浮无希。呜呼哀哉。①

　　谢灵运与慧严、慧观的往来也较为密切。有学者指出，慧严长谢灵运二十二岁，慧观长谢灵运十岁左右。谢灵运与他们的交往情况可这样概括，即："相会于庐山，复聚于荆州，共译经于建康。"②《高僧传·慧严传》记载："《大涅槃经》初至宋土，文言致善，而品数疏简，初学难以措怀。严乃共慧观、谢灵运等依《泥洹》本加之品目。文有过质，颇亦治改，始有数本流行。"③北凉昙无谶于公元421年翻译的大本《涅槃经》（四十卷）传至南京，谢灵运与慧严、慧观等一道，用法显的译本做对照，润文改卷后成为《南本涅槃经》。这一事件在佛教史上非常著名，具有里程碑意义。印证了道生预见之正确性的同时也说明谢灵运必然对《涅槃经》十分熟悉，因而其对于实相也有较深的理解。其《答慧琳问》云："孔虽曰语上，而云圣无阶级。释虽曰一合，而云物有佛性。物有佛性，其道有归，所疑者渐教。"在他看来，

①［清］严可均辑：《全宋文》，北京：商务印书馆，1999年，第325—326页。
②姜剑云、霍贵高：《谢灵运新探与解读》，北京：中华书局，2018年，第116页。
③［南朝梁］释慧皎撰，汤用彤校注：《高僧传》，北京：中华书局，1992年，第262—263页。

"暂者假也,真者常也"。真理才能照贯始终,如如不动。他还讲过"日用不知,百姓之迷蒙,唯佛究尽实相之崇高"①,说明谢灵运能够体认到佛教之实相的深刻内涵,并认识到了佛教智慧所具有的巨大功用。领会了大乘佛教所宣扬的佛性之义,也深谙佛性的真如之理。此外,谢灵运对佛学的理解颇有见地,力排众议而支持道生提出的顿悟新主张。吕澂先生指出:"道生的新说提出后,引起了争执,有很多人表示不同意,如法勖、僧维、慧驎、法纲等。但也有人支持其说,主要是谢灵运。"②由此可见谢灵运具备较高的佛学素养,能够较为准确地把握佛教的真实教义和核心概念,因此其审美观念及山水书写受到佛教的深刻影响自然也在情理之中。

关于谢灵运的佛学论著,根据学者的考证和统计,"谢灵运的佛教撰述,除保存于诗赋等文学作品中的言佛理之片段不计外,专门的佛教撰述也为数不少。其中既有佛经的翻译、注释,亦有佛理辩论文、与僧俗讨论佛理的书函以及为佛像、法师而作的赞颂铭诔等文学作品。综合史料,今日仍可知的谢氏之佛教撰述共有:1. 改治本《大般涅槃经》;2.《金刚般若经注》;3.《与诸道人辨宗论》;4. 答法纲、慧琳、法勖、僧维、慧驎及王卫军(弘)论佛性书问七篇;5.《十四音训叙》;6. 佛影、佛像赞颂及法师诔十五篇"③。

此外,《高僧传·慧严传》云:"帝乃与侍中何尚之、吏部郎中羊玄保等议之,谓尚之曰:'朕少来读经不多,比日弥复无暇,三世因果未辩厝怀,而复不敢立异者,正以卿辈时秀,率所敬信故也。范泰、谢灵运常言六经典文,本在济俗为治,必求灵性真奥,岂得不以佛经为指南耶? 近见颜延之《推达性论》、宗炳《难白黑论》,明佛汪汪,尤为

①[清]严可均辑:《全宋文》,北京:商务印书馆,1999 年,第 317、318、316 页。
②吕澂:《中国佛学源流略讲》,北京:中华书局,1979 年,第 113 页。
③高华平:《谢灵运佛教著述研究》,《中国文化研究》,2006 年第 4 期。

名理并足,开奖人意.'"①从宋文帝与何尚之的对话来看,崇佛之于
文人是一种普遍现象,且范泰、谢灵运、颜延之、宗炳等人都尤为重视
佛教,认为佛经是寻求性灵之真相和奥秘的指南。他们所写的佛学
文章,都具有极高的理论水平,逻辑清晰,概念清楚,并给人以启迪。
因此,不只谢灵运,当时的不少文人都与僧人交往频繁,围绕着佛教
展开了多种有益的互动,使佛教理论水平有了共同的提高。有学者
指出:"东晋南朝文人与僧人之间的广泛交往,使得当时的文人群体
与僧人群体之间的关系形成一种复杂的立体形态,这种文化形态为
当时文人接受佛教奠定了良好的基础。"②诚然,这一文化语境的形
成为佛学理论的研究者和接受者打开了崭新的局面,人们对外来的
佛教文化有了更深刻的理解和体认,而佛学从般若向涅槃的转变同
样对山水诗派的开创者——谢灵运具有深远的影响。

二、审美观念的嬗变及其对山水文学思潮的推动

谢灵运之所以能够被尊为山水诗的鼻祖,离不开其在山水景物
刻画方面所取得的开创性的、非凡的艺术成就。刘勰评价刘宋初期
的文体时说:"宋初文咏,体有因革,庄老告退,而山水方滋;俪采百字
之偶,争价一句之奇;情必极貌以写物,辞必穷力而追新,此近世之所
竞也。"③所谓"极貌写物"即是宋初山水诗最为突出的创作特点,也
是现代学者罗宗强先生提到的"写实倾向"④。而谢灵运正是当时这
一山水书写特点及流行风尚的开拓者。钟嵘在《诗品》中以"尚巧

①[南朝梁]释慧皎撰,汤用彤校注:《高僧传》,北京:中华书局,1992年,第261页。
②高文强:《东晋南朝文人接受佛教研究》,北京:中国社会科学出版社,2012年,
　第50页。
③[南朝梁]刘勰著,陆侃如、牟世金译注:《文心雕龙译注》,济南:齐鲁书社,
　2009年,第146页。
④罗宗强:《魏晋南北朝文学思想史》,北京:中华书局,1996年,第140页。

似"来概括谢灵运的诗歌特点,且认为"若人兴多才博,寓目辄书,内无乏思,外无遗物,其繁富,宜哉"①。在谢灵运众多的山水诗当中,"池塘生春草"这句尤为人称道,也是其"极貌写物"特点的极佳体现:

> 学诗浑似学参禅,自古圆成有几联?春草池塘一句子,惊天动地至今传。②(都穆《南濠诗话》)
>
> 谢灵运"池塘生春草",造语天然,清景可画,有声有色,乃是六朝家数,与夫"青青河畔草"不同。③(谢榛《四溟诗话》)
>
> 池塘春草谢家春,万古千秋五字新。④(元好问《论诗三十首》)
>
> "池塘生春草,园柳变鸣禽。"世多不解此语为工,盖欲以奇求之耳。此语之工,正在无所用意,猝然与景相遇,借以成章,不假绳削,故非常情之所能到。诗家妙处,当须以此为根本,而思苦言难者,往往不悟。⑤(叶梦得《石林诗话》)

我们已经在前面梳理并分析过晋宋山水文学思潮的审美新变,而谢灵运更是将山水的本色之美呈现到极致,充分体现了山水所具有的独立审美价值。试看除"池塘生春草"之外的以下诗句:

---

① [南朝梁]钟嵘著,曹旭笺注:《诗品笺注》(增订本),北京:人民文学出版社,2009年,第91页。
② 丁福保辑:《历代诗话续编》,北京:中华书局,1983年,第1345页。
③ 丁福保辑:《历代诗话续编》,北京:中华书局,1983年,第1164页。
④ 郭绍虞主编:《中国历代文论选》(第2册),上海:上海古籍出版社,2001年,第450页。
⑤ [宋]叶梦得撰,逯铭昕校注:《石林诗话校注》,北京:人民文学出版社,2011年,第137页。

　　明月照积雪,朔风劲且哀。(《岁暮》)

　　析析就衰林,皎皎明秋月。(《邻里相送方山》)

　　白云抱幽石,绿筱媚清涟。(《过始宁墅》)

　　近涧涓密石,远山映疏木。(《过白岸亭》)

　　时竟夕澄霁,云归日西驰。密林含余清,远峰隐半规。(《游南亭》)

　　野旷沙岸净,天高秋月明。(《初去郡》)

　　林壑敛暝色,云霞收夕霏。芰荷迭映蔚,蒲稗相因依。(《石壁精舍还湖中作》)

　　袅袅秋风过,萋萋春草繁。(《石门新营所住四面高山,回溪石濑,修竹茂林》)

　　鸟鸣识夜栖,木落知风发。①(《石门岩上宿》)

　　这里只是撷取谢灵运归于自然的名章迥句之部分,这些景物描写都有"贵形似"的特点,正所谓"窥情风景之上,钻貌草木之中;吟咏所发,志惟深远;体物为妙,功在密附"②。而这些诗句虽看似等闲与自然,背后离不开诗人的匠心独运以及高超的艺术技巧。有学者指出:"谢灵运不仅注重字词的锤炼,力求一字传神,把山水景物的形象逼真地呈现在读者眼前,还把绘画的技法运用于诗歌创作,注意色彩、光线、色调等技法的运用。"③这种逼真形象的呈现其实是作者对山水观察入微的结果,蕴含着诗人的情思,故而体现出独特的美感。白居易曾这样评价谢灵运诗歌:"泄为山水诗,逸韵谐奇趣。大必笼天

①顾绍柏校注:《谢灵运集校注》,郑州:中州古籍出版社,1987 年,第 22、40、41、74—75、82、98、112、174、183 页。

②[南朝梁]刘勰著,陆侃如、牟世金译注:《文心雕龙译注》,济南:齐鲁书社,2009 年,第 587 页。

③姜剑云、霍贵高:《谢灵运新探与解读》,北京:中华书局,2018 年,第 291 页。

海,细不遗草树。"①罗宗强先生认为:"谢灵运山水诗的局部描写,对后世山水诗似具更为深远的影响。因其细微的感觉体认,因其感觉体认中之景物与情思之交融,实已开后来山水诗意境创造之端倪。"②具体以其《石壁精舍还湖中作诗》为例:

> 昏旦变气候,山水含清晖。清晖能娱人,游子憺忘归。出谷日尚早,入舟阳已微。林壑敛暝色,云霞收夕霏。芰荷迭映蔚,蒲稗相因依。披拂趋南迳,愉悦偃东扉。虑澹物自轻,意惬理无违。寄言摄生客,试用此道推。③

此诗描写作者从石壁山的寺院游玩后经湖返回旧宅途中所看到的夕照之景。谢灵运对景物的观察可谓细致入微,尤其是"林壑敛暝色,云霞收夕霏。芰荷迭映蔚,蒲稗相因依"这四句,分别展示了林壑湖面被笼罩在夕晖中的全景以及局部夕阳之影中湖面水草的情态。葛晓音分析,前两句写"暮色渐渐聚拢在林树茂密的山谷间,天上的云霞渐渐暗淡消失的时间推移过程,观察景物相当细致,把握极为准确。当处身于空旷的山野之间或者登高望远观看天色时,由于远处的天先暗下来,往往会产生暝色由远而近的感觉"。后两句写"湖面水草在微阳朦影之中的色泽和动态。夕阳落山之后,天色尚未全暗时,光线虽然不足,但是植物的色泽往往会比阳光强烈时显得更浓重。所以诗人说覆盖在水面上的菱角、荷花层叠相映,更觉苍蔚葱郁。菖蒲、稗草是茎秆较为细长的水草,在晚风中摇摇摆摆,好像是相互偎傍依倚。似乎芰荷、蒲稗们也都因为暮色愈来愈浓而产生了

①顾学颉校点:《白居易集》,北京:中华书局,1979年,第131页。
②罗宗强:《魏晋南北朝文学思想史》,北京:中华书局,1996年,第145页。
③逯钦立辑校:《先秦汉魏晋南北朝诗》,北京:中华书局,1983年,第1165页。

彼此的依恋感。这就又从草木的色泽和动态的细微变化中写出了大自然的内在生命"①。

此诗的确细致地呈现了自然景物的本然与本色之美,且富有层次感。故而葛晓音评价:"谢灵运作为中国历史上第一个大力创作山水诗的诗人,不但在观察景物的深细入微以及构图时空层次等方面为后人提供了宝贵的经验,而且有不少作品达到了后人难以企及的水平,这首诗就是一个极好的例证。"②对于谢灵运描写自然的审美特点,兴膳宏先生总结:"一般说来,他并不把自然景象固定在一定的时间和地点范围里,而是沿着山水纵深前进,同时让自己的视点作缓慢的长距离的移动,从宏观角度多方面地描绘自然。对于他说来,山水就是美的体现,他最致力于刻划的正是在其间兴致勃勃地跋涉并大量地吸收自然的魅力。"③

诚然,谢灵运山水诗的最大优势就在于他能够不着人工痕迹地展现景物的自然情态,发现并呈现山水的本色之美。与以往的山水书写相比,谢灵运提醒并引发人们关注山水自身,发现山川景物所具有的独立的审美价值,而非一味地把山水作为符号与工具。因此,袁行霈先生认为:"山水诗的产生,标志着人对自然美的认识加深了。大自然已经从作为陪衬的生活环境或作为比兴的媒介物变成具有独立美学价值的欣赏对象。山水诗启发人们从一个新的角度,即美学的角度去亲近大自然,发现和理解大自然的美,这无论在文学史上或

①葛晓音:《山水有清音:古代山水田园诗鉴要》,北京:北京出版社,2018年,第47—48页。

②葛晓音:《山水有清音:古代山水田园诗鉴要》,北京:北京出版社,2018年,第49页。

③(日)兴膳宏著,彭恩华译:《六朝文学论稿》,长沙:岳麓书社,1986年,第80页。

是美学史上都是具有积极意义的。"①

　　而谢灵运之所以能够发现并理解自然山水的本色之美,与佛教涅槃学的影响不无关联,我们前面已经梳理过谢灵运的佛教因缘,了解其深厚的佛学素养,从而可以推断其对实相的理解程度。谢灵运曾言:"日用不知,百姓之迷蒙,唯佛究尽实相之崇高。"②(《答骢维问》)而"实相"的意义正在于引导人们认识宇宙事物的真相或本然状态。故而这种思维方式自然会启发人们去观照审美对象的本然之美。此外,我们知道,谢灵运与慧远关系十分密切,且十分钦佩其学说。而慧远的思想当中恰恰具有"形象本体"之学。有学者指出:"慧远在佛教信仰活动的基础上,综合玄学和般若思想,发展出处理本末、有无的'形象本体'之学。'形象本体'之学强调以'形象'的审美体悟'本体',蕴涵了重视'形象'的美学思想内涵,为晋宋之际山水诗学奠定了美学思想基础。"③这种思想同样有利于谢灵运的诗作形成"极貌写物"以及"尚巧似"的特点。

　　然而需要注意的是,我们说谢灵运能够在佛学的启发和影响下开始观照山水的本色之美,并不否定谢灵运在诗歌中仍然有将山水作为悟道之工具的现象。观照自然景物之本然不是谢灵运山水诗的唯一向度,其仍然会在山水诗中表达对玄佛之理的体悟。例如,谢灵运的《登石室饭僧诗》云:"迎旭凌绝巘,映泫归溆浦。钻燧断山木,掩岸堨石户。结驾非丹鬓,藉田资宿莽。同游息心客,暖然若可睹。清霄飏浮烟,空林响法鼓。忘怀狎鸥鲦,摄生驯兕虎。望岭眷灵鹫,

①袁行霈:《中国诗歌艺术研究·中国山水诗的艺术脉络》(增订本),北京:北京大学出版社,1996年,第362—363页。

②[清]严可均辑:《全宋文》,北京:商务印书馆,1999年,第316页。

③蔡彦峰:《慧远"形象本体"之学与山水诗学的形成和发展》,《文艺理论研究》,2011年第3期。

延心念净土。若乘四等观,永拔三界苦。"①从这首诗中可以窥见诗人对佛教义理的接受,其在山水书写中宣扬佛教所追求的离苦得乐之境界。

再如,其《石壁立招提精舍诗》云:"四城有顿踬,三世无极已。浮欢昧眼前,沉照贯终始。壮龄缓前期,颓年迫暮齿。挥霍梦幻顷,飘忽风电起。良缘迨未谢,时逝不可俟。敬拟灵鹫山,尚想祇洹轨。绝溜飞庭前,高林映窗里。禅室栖空观,讲宇析妙理。"②从作者在山水中感喟"浮欢昧眼前,沉照贯终始"来看,作者认识到了许多呈现在人们眼前的物象只是一种表相,而它背后往往有恒常不变的真理,正如作者曾云:"暂者假也,真者常也。"③(《答僧维问》)而真理才能照贯始终,如如不动。作者又云:"真知者照寂,故理常为用;用常在理,故永为真知。"④(《答慧驎问》)说明作者能够深刻领悟佛教智慧,但这种智慧并非人人都懂,只有对此有精深研究和独到见解的人才与之有共鸣。故谢灵运的《石门新营所住四面高山回溪石濑茂林修竹诗》云:"跻险筑幽居,披云卧石门。苔滑谁能步,葛弱岂可扪。袅袅秋风过,萋萋春草繁。美人游不还,佳期何由敦。芳尘凝瑶席,清醑满金樽。洞庭空波澜,桂枝徒攀翻。结念属霄汉,孤景莫与谖。俯濯石下潭,俯看条上猿。早闻夕飚急,晚见朝日暾。崖倾光难留,林深响易奔。感往虑有复,理来情无存。庶持乘日车,得以慰营魂。匪为众人说,冀与智者论。"⑤"匪为众人说,冀与智者论",作者在山水之中所悟之道并非能为常人所理解,只有和那些真正懂得佛学精髓之人才

①逯钦立辑校:《先秦汉魏晋南北朝诗》,北京:中华书局,1983年,第1164页。
②逯钦立辑校:《先秦汉魏晋南北朝诗》,北京:中华书局,1983年,第1165页。
③[清]严可均辑:《全宋文》,北京:商务印书馆,1999年,第318页。
④[清]严可均辑:《全宋文》,北京:商务印书馆,1999年,第315页。
⑤逯钦立辑校:《先秦汉魏晋南北朝诗》,北京:中华书局,1983年,第1166页。

具备共同语言。史载:"陈郡谢灵运负才傲俗,少所推崇,及一相见,肃然心服。"①也许只有像慧远这样的高人才能即刻让其心悦诚服。

　　后世不少品评者肯定了谢诗所蕴含的理趣,如沈德潜评价其"山水闲适,时遇理趣"②,王夫之也赞其"理关至极,言之曲到"③。而同时也有不少人批评其诗带有"玄言尾巴",但是这并不影响谢灵运之于山水诗的重要贡献。葛晓音评价,谢灵运的山水诗一改往昔物象居次的传统,诗人的情感体悟往往放在诗的最后,感叹并阐发一下玄理,景物本身则成为重点描绘的对象④。因此两者并不矛盾,同时也说明谢灵运所接受的思想是多元的,可谓佛、道兼综。宗炳亦是如此,我们前面分析过他所提出的"澄怀味象",但同时宗炳也有"澄怀观道"的思想。《宋书》记载:"(宗炳)有疾还江陵,叹曰:'老疾俱至,名山恐难遍睹,唯当澄怀观道,卧以游之。'凡所游履,皆图之于室,谓人曰:'抚琴动操,欲令众山皆响。'"⑤此处表明在山水中可以实现对"道"的观照,说明宗炳在能够注重山川本色之美的同时也不拒绝"以玄对山水"。

　　罗宗强先生对谢灵运的山水诗做出了整体评价,认为:"谢灵运山水诗无论是它结构的模式化还是它描写的未能圆融,都说明它是山水诗发展的初期阶段的产物。从山水之美的审美把握,从山水之美的审美创造上,它都无法与后来成熟的山水诗相比。但是,谢灵运在中国文学思想史上的贡献却是里程碑式的,因为他使山水之美作为诗歌的题材,并且创造了表现此一题材的基本模式,使诗在面对人

①[南朝梁]释慧皎撰,汤用彤校注:《高僧传》,北京:中华书局,1992年,第221页。
②[清]沈德潜选:《古诗源》,北京:中华书局,1963年,第232页。
③[清]王夫之评选,张国星校点:《古诗评选》,北京:文化艺术出版社,1997年,第223页。
④葛晓音:《八代诗史》,北京:中华书局,2007年,第158—161页。
⑤[南朝梁]沈约:《宋书》,北京:中华书局,1974年,第2279页。

生之外,亦面对山林。"①所以我们更应看到谢灵运在山水诗创作中的开拓者地位以及他对山水文学思潮所起到的重要推动作用。在前文中分析晋宋山水文学思潮的审美新变时,我们梳理了鲍照、颜延之、谢惠连、谢庄以及稍晚的谢朓等,他们都有被佛教文化熏陶的史实背景,同时也都在山水诗的创作上或多或少地受到了谢灵运的影响,从而将山水的写实倾向及独立审美价值进一步推进。

　　到了齐梁时代,沈约也是受谢灵运影响较深的一位文人。沈约本人对谢灵运极为欣赏,其最为后世熟知的散文当推《宋书·谢灵运传论》。此篇原是为《宋书》中《谢灵运传》所作的论赞,昭明太子将此篇作为"事出于沉思,义归乎翰藻"的史书赞论叙述之精华而选入《文选》之中。《文镜秘府论》南卷载有沈约对谢灵运的极高评价:"自灵均(屈原)以来,一人而已。"②沈约雅好山水,也有延续晋宋山水文学思潮的作品传世。孙昌武先生指出:"沈约也好山水,在这一点上也与佛教信仰有关。齐武帝殁后他转东阳太守,结交隐居于金华山的草堂寺慧寂,作《游金华山诗》《赤松涧诗》等。明帝即位后还朝,旋退官居于桐柏山,晚年居钟山。这也是延续了谢灵运的传统。"③。

　　此外,北周文人庾信以壁画山水为题材的诗作也有"极貌写物"以及"形似"的特点,也在观照山水之本然,例如:

　　　　石险松横植,岩悬涧竖流。(《咏画屏风诗》六)

①罗宗强:《魏晋南北朝文学思想史》,北京:中华书局,1996 年,第 145—146 页。
②(日)遍照金刚撰,王利器校注:《文镜秘府论校注》,北京:中国社会科学出版社,1983 年,第 314 页。
③孙昌武:《佛教与中国文学》(第 2 版),上海:上海人民出版社,2007 年,第 67 页。

　　竹动蝉争散,莲摇鱼暂飞。(《咏画屏风诗》二十三)

　　水流平涧下,山花满谷开。①(《咏画屏风诗》二十五)

　　所以,即使是面对绘画作品中的山水,诗人依然能将其描绘得逼真而形象。正如刘勰所谓"体物为妙,功在密附"②,描绘事物的诀窍恰恰在于能够密切符合事物的真相,显然庾信也做到了。兴膳宏先生评价:"可以说庾信继承了宋代以来山水诗中的写实传统,把它变为自己的创作方法。……庾信的作品,着实地继承了自谢灵运至南齐谢朓山水诗流派的传统。他的诗中不少优美的自然描写往往为人所忽视,实际上却是其作品中极为重要的部分。"③

　　总之,晋宋之际,谢灵运、宗炳、鲍照、颜延之等一批文人在佛教文化的影响下,其山水审美,确切地说是观物方式较前代文人发生了很大的变化。在他们的山水书写中,山水的符号意蕴逐渐淡化,山水景物的本色之美得以呈现,而这种改变实则是哲学思想影响下主体审美观念的变化。虽然不排除其他因素的影响,但此时佛教涅槃学说的兴起与山水文学思潮的出现正好相交汇,这不能说仅是一种巧合。佛教理论的发展也的确在其中发挥了重要的影响作用,推动山水文学思潮兴起的这批文人往往有较深厚的佛学素养,对实相、中道有着较为深刻的理解。这恰恰影响的是他们观世界的方法和眼光,懂得注目于物之本然,从而能够凸显山水的本色之美,在推动山水文学思潮兴盛的同时也为后世山水文学的成熟发展奠定了坚实的基础。

─────────

①逯钦立辑校:《先秦汉魏晋南北朝诗》,北京:中华书局,1983年,第2396、2398、2398页。

②[南朝梁]刘勰著,陆侃如、牟世金译注:《文心雕龙译注》,济南:齐鲁书社,2009年,第587页。

③(日)兴膳宏著,彭恩华译:《六朝文学论稿》,长沙:岳麓书社,1986年,第360—361页。

第三章 梵呗新声与诗歌的格律化思潮

　　永明声律论的提出，常被视为诗歌格律化转折的一个重要标志。诗律由不自觉开始走向自觉，格律化诗歌的创作也有了自觉的规则引导，从而形成一股创作思潮，其中最具代表性的就是"永明体"的创作。关于佛教文化在这一文学思潮中的影响，若干具体问题已有广泛且深入的探讨，比如四声与佛教之关系、八病与佛教之关系等等。不过，从文学思潮嬗变的角度来观察佛教文化的影响，还是有一些问题值得做进一步探讨的。本章所讨论的问题，即是在齐梁诗歌格律化思潮的发生、发展过程中，佛教文化到底发挥了何种作用。

第一节　声韵新知与诗律自觉

　　齐梁时期诗歌格律化创作潮流的兴起，首先与诗律理论的自觉有着密切关系。诗律理论何以在永明时期得以自觉？其中缘由包含着众多复杂因素。不过通过抽丝剥茧我们还是能够发现佛教文化的传播在这些因素中留下的痕迹。从历史上看，诗律理论的自觉有个重要前提，即声韵知识的创新。比如没有四声的发现，永明声律论自然无从谈起；而四声的发现，与魏晋时期声韵学的繁荣有着密切关系；而魏晋声韵学的繁荣，又与东汉以降反切注音的发明不无关系。颇为有趣的是，汉晋之际声韵知识的创新历程，恰与佛学东渐的传播历程有着某种一致性。其实语言学研究早已注意到，佛教传入对中国古代语言学的革新发挥了重要影响。顺着这个逻辑推演,我们不难发现,佛学东渐所引发的文化新变,有不少因素对后来诗律理论的自觉有着或隐或显的影响。下面我们便列举几个重要方面试论述之。

一、注音方式的创新与韵书的出现

韵书的出现,是诗歌用韵开始走向标准化的一个重要标志。王力先生曾将古代诗歌用韵分为唐前与唐后两大阶段,唐前"完全依照口语而押韵",唐后"韵文的押韵,必须依照韵书"①。不过,韵书在唐前的六朝时期已开始大量涌现。目前已知最早的韵书是魏李登《声类》和晋吕静《韵集》,"自兹厥后,音韵锋出"②,据《隋书·经籍志》载及谢启昆《小学考》、王国维《观堂集林》考证,南北朝声韵之作总有数十家之多。如:李概《音谱》、周研《声韵》、张谅《四声韵林》、阳休之《韵略》、刘善经《四声指归》、周颙《四声切韵》、沈约《四声谱》、夏侯咏《四声韵略》、杜台卿《韵略》、潘徽《韵纂》、王斌《四声论》、释僧旻《四声指归》、释静洪《韵英》等,佚名之作尚有《群玉典韵》《纂韵钞》等等。韵书在魏晋以后大量出现,与反切注音法的发明有着密切关系,正如清人陈澧所谓"盖有反语,则类聚之即成韵书,此自然之势也"③。反切之所以能促成韵书的涌现,关键在于反切法对汉字声、韵的自觉分解引发了人们对汉字声、韵、调的独立认识。这样,人们经过分析,就可以清晰地认识哪些字声、韵相同,哪些字声、韵不同。而韵书的特点正是把同韵的字或同音的字编在一起,以便于写诗的

---

①王力:《汉语诗律学》,上海:上海教育出版社,2005年,第3页。

②[北齐]颜之推撰,王利器集解:《颜氏家训集解》(增补本),北京:中华书局,1993年,第529页。

③[清]陈澧:《切韵考》卷六,《丛书集成三编》第28册,台北:新文丰出版有限公司,1997年,第443页。

人选字押韵。因此说"没有反切就没有韵书"①是很有道理的。

那么，反切始于何时又是如何发明的呢？反切注音法最早出现在汉末典籍中。《颜氏家训·音辞》曰："孙叔然创《尔雅音义》，是汉末人独知反语。"②章太炎《音理论》又根据《汉书·地理志》应劭注已有反语，断定"应劭时已有反语"③。吴承仕《经籍旧音叙录》曰："寻颜师古注《汉书》，引服虔、应劭反语不下十数事，服、应皆卒于建安中，与郑玄同时，是汉末已行反语，大体与颜氏所述相符。至谓创自叔然，殆非情实。"④服虔、应邵、孙炎都为汉末人士。服、应二人初平元年（190）时一为九江太守，一为泰山太守，二人约卒于建安年间；孙炎则略晚于二人。服、应二人用直音的同时偶用反切，孙炎则为反切大量运用者。

关于反切产生的原因，汉语史研究曾有多年争论，其中三种观点较具代表性：第一种认为是中国语言发展到一定阶段自然产生的；第二种认为是受随佛教传入的梵文拼音启发而产生的；第三种认为是汉语发展到一定阶段并受梵文拼切方法启发而产生的。第三种观点目前已为汉语史学界普遍接受，也就是说，反切注音法的发明，与随佛教传入中国的梵文有着密切关系。为何如此说呢？

首先，梵文拼音原理与反切注音法有着极大的相似性。《隋书·经籍志》曰："自后汉佛法行于中国，又得西域胡书，能以十四字贯一切音，文省而义广，谓婆罗门书。与八体、六书之义殊别。"⑤所谓"十

---

①唐作藩：《音韵学教程》，北京：北京大学出版社，1987年，第77页。

②［北齐］颜之推撰，王利器集解：《颜氏家训集解》（增补本），北京：中华书局，1993年，第529页。

③章太炎撰，庞俊、郭诚永疏证：《国故论衡疏证》，北京：中华书局，2008年，第85页。

④［唐］陆德明撰，吴承仕疏证：《经典释文序录疏证》（附经籍旧音二种），北京：中华书局，2008年，第159页。

⑤［唐］魏徵等：《隋书》，北京：中华书局，1973年，第947页。

四字",是指梵文十四元音。梵文是拼音文字,梵文字母称为"悉昙",据《悉昙藏》,悉昙字母分为两类:一类为"摩多",一类为"体文"。摩多即是元音字母,体文即是辅音字母,两者基本上相当于汉语的韵母和声母。章太炎《音理论》谓:"体文者纽也。"①即指体文就是声纽。梵文元音有十六个,其中属"别摩多"者有四个,其余十二字全属摩多,或称十二韵。末后的暗、恶二字是阿字的转化,故亦有将其剔除而前十四字称为十四音者;辅音则有三十五个。摩多、体文的拼切可以形成众多梵文文字。据唐义净《悉昙十八章》载,摩多、体文相互拼切成十八章,合计一万多字。如其第一章以体文三十四字分别与十二韵相拼,共得四百零八字;第二章共拼得三百八十四字(或三百七十二字);第三章共拼得三百九十六字(或三百八十四字);……梵文文字的这种元辅拼合原理与汉字声韵拼合原理是多么相似②。故唐作藩先生曾做过如此推断:"当时中国的和尚和学者在学习梵文中受到字母悉昙的启发,懂得体文和摩多的拼音原理,于是创造了'反切'这种注音方法。"③这一推断在逻辑上是非常合理的。

其次,从历史真实的角度看,梵文拼音原理启发汉语反切的发明是完全有可能的。前述服虔、应邵、孙炎等人在汉末已用反切注音法,但有一个问题我们必须注意,即现有资料记载的反切最初运用者并不代表一定是最初的发明者。因为反切开始实际运用须有一个前提,即要有一个认可这种方法的群体存在,否则这种注音方法毫无实际意义。服、应以反切注音,说明此法已为一定群体认可。那么最初发明反切并推广到一定群体的又是一群什么样的人呢? 我们以为最

①章太炎撰,庞俊、郭诚永疏证:《国故论衡疏证》,北京:中华书局,2008 年,第83 页。

②(日)安然:《悉昙藏》卷四,《大正新修大藏经》第 84 册,第 398—399 页。

③唐作藩:《音韵学教程》,北京:北京大学出版社,1987 年,第 76 页。

早发明反切者很可能是由外来僧人为中心所形成的译经群体。

梵文是随着佛教东传而为汉人逐渐知晓的。佛教传入汉地的时间目前已很难确定。佛法当在西汉时已由北天竺传布中亚各国,而此时汉武帝锐意开辟对西域之交通,其后西域各国与汉内地的政治往来和经济、文化交流一直十分频繁,佛教正是在这种交流中逐渐传入汉地。佛教传入汉地的最早可信记载,为汉哀帝元寿元年(前2)博士弟子景卢受大月氏王使伊存口授《浮屠经》。后楚王英斋戒浮屠、汉明帝感梦求法于大月氏抄回《四十二章经》的记载则进一步表明了佛教在东汉的流布。从这些早期记载可知,汉地与西域诸国的文化交流包括语言交流是颇为频繁的,在此阶段或许人们已经对西域梵文或胡语的拼音文字有所了解。不过,早期佛教的传播情形现在已无法知晓,佛经翻译的具体情况也不得而知。目前有文献可考的最早佛经翻译者是汉末安世高和支谶,虽然此前已有《浮屠经》和《四十二章经》流传,但其翻译详情已不得而知。安世高于桓帝建和初年(147)至洛阳,在华辗转约三十年,据《出三藏记集》中《道安录》载其翻译佛经三十五部四十一卷。其后不久(167)支谶来华译经,译经数量已不可考。但可以确知的是,安、支译经时已有梵本胡本传入汉土,据《高僧传·安清传》载:"初外国三藏众护(僧迦罗叉)撰述经要为二十七章,高乃剖析护所集七章,译为汉文,即《道地经》是也。"①又《高僧传·支楼迦谶传》载:"汉灵之时,斋《道行经》来适洛阳,即转梵为汉。"又载:"先是沙门昙果于迦维罗卫国得梵本,孟详共竺大力译为汉文。"②因此可以确认梵文拼音至迟在桓帝之时(146—168)已为汉人所认识,而实际的认识时间恐怕比这还要早。颇为巧

---

① [南朝梁]释慧皎撰,汤用彤校注:《高僧传》,北京:中华书局,1992年,第5页。
② [南朝梁]释慧皎撰,汤用彤校注:《高僧传》,北京:中华书局,1992年,第10—11页。

合的是,反切注音法的出现恰在这之后不久。

　　如前所述,早期传教译经者多为外来僧人,外僧来华传教译经,必先研习汉语。如安清"通习华言",安玄"渐解汉言",又支谦"妙善方言,乃收集众本,译为汉语"①。且早期佛经翻译常非一人完成,而是多人承担。其中外僧做主译,其他人做助译,助译者多为汉人。如《高僧传·支楼迦谶传》载:"朔(竺佛朔)又以光和二年(179)于洛阳出般舟三昧,谶(支谶)为传言,河南洛阳孟福张莲笔受。"又"玄(安玄)口译梵文,佛调笔受"。又"沙门昙果于迦维罗卫国得梵本,孟详共竺大力译为汉文"。又"世称安侯、都尉、佛调三人,传译号为难继。调又撰《十慧》,亦传于世。安公称佛调出经,省而不烦,全本巧妙"②。而且像安世高门徒众多,除严佛调外,还有南阳韩林、颍川皮业、会稽陈慧等。由于翻译的需要,外僧与汉人助手对梵汉语言音义必多探讨,如稍后的鸠摩罗什僧团译经,"法师手执胡本,口宣秦言,两释异音,交辩文旨。秦王躬览旧经,验其得失,谘其通途,坦其宗致。与诸宿旧义业沙门释慧恭、僧略、僧迁、宝度、慧精、法钦、道流、僧叡、道恢、道标、道恒、道悰等五百余人,详其义旨,审其文中,然后书之"③。因此可以说译经集团也是一个梵汉语言的研究集团。梵文为音节文字,以音统字;而汉语是表意文字,音形分离。故外僧研习汉字的过程中很可能会用梵书拼写汉字,研析汉字音节。这一推测在后世胡汉语言交流中可以找到类似例证。如唐时吐蕃曾编有《蕃汉字书》,即"用藏文字母拼切汉字"④;而伊斯兰教徒也有用阿拉

①[南朝梁]释慧皎撰,汤用彤校注:《高僧传》,北京:中华书局,1992 年,第 4、10、15 页。

②[南朝梁]释慧皎撰,汤用彤校注:《高僧传》,北京:中华书局,1992 年,第 10—11 页。

③[南朝梁]释僧祐:《出三藏记集》卷八,《大正新修大藏经》第 55 册,第 52 页。

④王忠:《唐代汉藏两族人民的经济文化交流》,《历史研究》,1965 年第 5 期。

伯字母拼写汉字的经历①。同时，汉人学习梵语，必对其拼音原理要有了解，因汉语以字为音节单位，不像拼音文字以音素为单位，因此汉人学习拼音文字喜以汉字去标注音素，便于记忆理解。谢灵运作《十四音训叙》正用此法。这样，胡人以音拼切汉字，汉人则以汉字表音，两者的交融正为反切之基础。因此可以相信反切法在译经集团这样一个文化群体中间产生并非难事；不像汉儒，本无音素分析能力，欲创反切之法实属不易。

从当时的译经情况来看也有利于上述推断的成立。据《开元录》载，从汉明永平十年（67）到东汉末年（220），佛经译本已有 292 部 395 卷，这其中的译经群体有安世高群体、支谶群体、安玄群体等；或支曜、康巨、康孟详诸人译经亦有群体，唯史载不详。反切法在这些群体中产生是完全可能的。故唐作藩先生谓："东汉初印度佛教传入中国，而宣传佛教教义的佛经是用印度古代梵文写的，梵文是一种拼音文字，中国人要学习佛经，首先就要懂得梵文；另外，随着印度佛教的传入，也从印度来了一批高僧，他们为了宣传佛教，当然也要学习汉语。在这种文化的交流中，中国的沙门和学者在梵文拼音方法的启发和影响下，于是就创造了反切法。"②而从最初应用反切法的士人分布情况看，也正与译经群分布相吻。汉世作反语者：服虔，荥阳人；文颖、邓展皆南阳人；应邵，汝南人；苏林，陈留外黄人；皆在今河南南部。而汉末外僧，正集中于洛阳译经传教，反切在此间流传开来，正与理合。

此外，"反切"名之来源可以进一步证明上述推断的成立。据美国学者梅维恒所撰《关于反切源起的一个假设》一文认为："'反切'与梵文'varṇa-bheda-vidhi'有直接的关系。这三个术语的组合在语

---

① 冯增烈：《"小儿锦"初探——介绍一种阿拉伯字母的汉语拼音文字》，《阿拉伯世界》，1982 年第 1 期。
② 唐作藩：《音韵学教程》，北京：北京大学出版社，1987 年，第 21 页。

义学的意义是'字母切读的原则'（letter-cutting-rules）。其中最有意思的是'bheda'恰恰与汉语'切'字的意思相符；而'varṇa'不仅声音与汉语'反'字相近，而且在意义上也非常接近。'varṇa'有覆盖、隐蔽、隐藏、围绕、阻塞之意，可以被译成'覆'。而环绕等义，在汉语中又可以写成'复'，它的同义词便是'反'。因此，不论是从语义学还是从语音学的角度看，在梵文'varṇa'和汉语'反'字之间具有相当多的重叠之处。这篇文章认为，当时了解梵语'varṇa-bheda-vidhi'意义的僧侣和学者受到这组术语的启发而发明了'反切'法。"①

综上所述，反切法主要受到梵文拼音原理的影响而产生，可能最先在译经集团中开始运用，并逐渐为之外的知识分子学习、认可，进而推广开来。当然，汉字中存在的合音、双声、叠韵等一些语言现象，为反切法接受和推广提供了认识基础。而反切的发明促成了韵书的出现，为诗律走向自觉奠定了重要基础。

二、四声的发现与格律的自觉

永明体的格律规则，其核心是以四声为基础的。《南齐书·陆厥传》云："永明末，盛为文章。吴兴沈约、陈郡谢朓、琅琊王融以气类相推毂。汝南周颙善识声韵。约等文皆用宫商，以平上去入为四声，以此制韵，不可增减，世呼为'永明体'。"②因此，四声的发现是永明声律理论形成的重要前提，而四声的发现与佛学之东渐又有着密切关系。

四声的发现受佛教影响已是学界普遍共识，但这种影响是如何发生的则尚未定论。自陈寅恪先生《四声三问》提出四声的发现是受

---

①刘跃进：《别求新声于异邦——介绍近年永明声病理论研究的重要进展》，《文学遗产》，1999 年第 4 期。
②［南朝梁］萧子显：《南齐书》，北京：中华书局，1972 年，第 898 页。

转读佛经之三声的启发,而转读佛经之三声又出于印度古时声明论之三声以后,从者众多。但也有少数者提出异议。如管雄先生说:"陈寅恪说声调之所以定为四个而不为其他数目,系依据围陀的三声。这样人工的四声成立说,恐不可靠。"[1]又如俞敏先生根据僧律中有关禁止"外书音声"的规定,认为以围陀这种外书音声转读佛经是不太可能的。因此"说汉人研究语音受声明影响没毛病,说汉人分四声是'摹拟'和'依据'声明可太胡闹了。汉人语言里本有四声,受了声明影响,从理性上认识了这个现象,并且给它起了名字,这才是事实"[2]。在反对者中,值得注意者是饶宗颐先生。他首先在《印度波尔尼仙之围陀三声论略》一文中对汉语四声来自对围陀三声的类比的说法提出质疑,他认为《围陀》诵法早在公元前 2 世纪即已失传,何以六朝时的中国僧侣能够转读? 而且,佛氏诵经,禁止用婆罗门诵法,且立为戒条。因此他认为陈先生之说"诚难令人首肯"[3]。更为重要的是饶先生在《文心雕龙声律篇与鸠摩罗什通韵》一文中进一步提出四声的发现是受梵文悉昙的影响[4]。所谓"悉昙",指天竺之梵文,为天竺人学习字母拼音的法门,随佛教传入汉地。而日本学者平田昌司对饶先生所论又提出质疑,认为陈寅恪先生所论颇可参考[5]。前人所述,异论纷纷,略感还有不完备处,尝可做进一步阐述。

　　前人所论,常常忽略佛教因素对四声产生影响的动因何在。四

①管雄:《声律论的发生和发展及其在中国文学史上的影响》,《古代文学理论研究》第三辑,上海:上海古籍出版社,1981 年,第 32 页。
②俞敏:《俞敏语言学论文集》,北京:商务印书馆,1999 年,第 43 页。
③饶宗颐:《梵学集》,上海:上海古籍出版社,1993 年,第 82 页。
④按:关于这一点,逯钦立先生早有论及,参见其《四声考》,见《汉魏六朝文学论集》,西安:陕西人民出版社,1984 年。
⑤参见刘跃进:《别求新声于异邦——介绍近年永明声病理论研究的重要进展》,《文学遗产》,1999 年第 4 期。

声被发现并非是毫无缘由的偶得,而是有赖于时人内在需求的触动与外在条件的提供相引发而完成的。

首先是内在需求。事实上,反切法的发明,就意味着四声的发现已为时不远了。反切注音推动了韵书的产生,如果我们稍微了解一下最初的韵书便可以感觉到人们对声调认识的重视。潘徽《韵纂》自序说:"《三苍》《急就》之流,微存章句;《说文》《字林》之属,唯别体形;至于寻声推韵,良为疑混;酌古会今,未臻功要。末有李登《声类》、吕静《韵集》,始判清浊,才分宫羽。"①所谓"判清浊""分宫羽",即对汉字声韵的判别。李登《声类》、吕静《韵集》目前已佚,封演《封氏闻见记》载:"魏时有李登者,撰《声类》十卷,凡一万一千五百二十字,以五声命字,不立诸部。"②《魏书·江式传》载:"忱弟静别放故左校令李登《声类》之法,作《韵集》五卷,宫、商、角、徵、羽各为一篇。"③两书都是以五音分类,五音是指什么?有人认为五音就是指某种方音的五个调类,有人认为五音是在四声未发现之前借以表达四声的。以五音为五调显然过于绝对,在四声发现之前借五音表声调实是古人常用方法,陈澧谓:"古无平上去入之名,借宫商角徵羽以名之。"④启功先生也认可这种观点:"看到当时所说的'宫、商'等名称,即是'平、上'等名称未创用之前,对语音声调高低的代称。"⑤可见,《声类》《韵集》这两部韵书都是以字调分类的,在四声发现之前,韵书的分类基本依此。

以五音分调本是古法,而所谓五音其实既指字调,同时也含字

①［唐］魏徵等:《隋书》,北京:中华书局,1973 年,第 1745 页。

②［唐］封演:《封氏闻见记》,北京:学苑出版社,2001 年,第 11 页。

③［北齐］魏收:《魏书》,北京:中华书局,1974 年,第 1963 页。

④［清］陈澧:《切韵考》卷六,《丛书集成三编》第 28 册,台北:新文丰出版有限公司,1997 年,第 444 页。

⑤启功:《诗文声律论稿》,北京:中华书局,2000 年,第 62 页。

韵,调韵混合是此时韵书的普遍特征,魏晋人以此法编韵书反映了对字调认识的含混。王国维认为李、吕二人所论五音实指古音,二人所撰韵书是"不用魏晋音而用古音"①,以古之五音为魏晋音调归类显然难合。即使如某些人认为的五音正是当时某种方音五调,而随着永嘉南渡文化中心的南移,南方语音的变化也使魏晋五音已很难适合南方音调了②。故南朝以后对五音多有批评,刘善经《四声指归》指出:"经每见当世文人,论四声者众矣,然其以五音配偶,多不能谐。"③《隋书·潘徽传》曰:"李登《声类》,吕静《韵集》,始判清浊,才分宫羽。而全无引据,过伤浅局,诗赋所须,卒难为用。"④《魏书·江式传》亦曰:"忱弟静别放故左校令李登《声类》之法,作《韵集》五卷,宫商角徵羽各为一篇,而文字与兄(吕忱)便是鲁卫,音读楚夏,时有不同。"⑤晋宋以后,随着诗文创作中对声律的逐步重视,以五音分类的韵书用于诗文创作自然不会令人满意,故李季节批评《韵集》是"分取无方"⑥,颜之推批评《韵集》有的韵"不可依信"⑦。所以,在晋宋之际,寻找一种比较合于当时字调的分类方式以利于创作中的声韵运用自然成为当务之急。

其次是外在条件。其实佛教传播在刘宋时期开始掀起的分辨梵

①王国维:《观堂集林》卷八,北京:中华书局,1959年,第341页。

②参看周祖谟:《魏晋音与齐梁音》,《周祖谟学术论著自选集》,北京:北京师范学院出版社,1993年,第162页。

③(日)遍照金刚撰,王利器校注:《文镜秘府论校注》,北京:中国社会科学出版社,1983年,第104页。

④[唐]魏徵等:《隋书》,北京:中华书局,1973年,1745页。

⑤[北齐]魏收:《魏书》,北京:中华书局,1974年,第1963页。

⑥(日)遍照金刚撰,王利器校注:《文镜秘府论校注》,北京:中国社会科学出版社,1983年,第104页。

⑦[北齐]颜之推撰,王利器集解:《颜氏家训集解》(增补本),北京:中华书局,1993年,第545页。

汉音义的风气,为四声的发现提供了一个契机。

　　佛经翻译一直是佛教传播的重要手段,因此对翻译理论和方法的探讨一直是佛教大师们颇为关注的一个问题。但是在刘宋之前,佛教徒对翻译的探讨大都集中于文风之上,即所谓的文质问题。如道安偏于质的直译说、鸠摩罗什偏于文的意译说、慧远的折中说等。至刘宋时期,对翻译理论的认识开始深入到梵汉音义的差异上来,其代表当属谢灵运的《十四音训叙》。据《悉昙藏》引慧均《玄义记》载:

> 谢灵运云:诸经胡字,前后讲说,莫能是正,历代所滞,永不可解。今知胡语,而不知此间语,既不能解;故于胡语中虽知义,不知此间语,亦不能解。若知二国语,又知二国语中之义,然后可得翻译此义,以通经典。故叡法师昔于此研采经义,又至南天竺国,经历年岁,颇了胡语。今就叡公是正二国音义,解释经中胡字晓然,庶夫学者可无疑滞。粗为标例在后,差可推寻云尔也。胡字一音不得成语。既不成语,不得为物名。要须字足,然后可得名物。不牵他语足句,则语不成。皆随其他语,足其上字得也。此间语或有名同而字异,异字寻同名,得其语意。得其语意者,如食时求脯腊之脯,木作时求斧锯之斧,随言而取,得旨故不谬。至于字时,各有异形。今胡书意不然,皆字声对,无有共声通字者也。[1]

　　其后僧祐《出三藏记集》有《胡汉译经文字音义同异记》对这一问题作了类似的概括。对胡(包括梵语)汉语言音义上的差异的认识在今天看来很容易理解,但于当时中国人来说,对梵语一类印欧语系的语言从理论上有所认识,实属不易。对梵汉音义差异的辨识于刘宋时兴起并非偶然,其原因有三:

---

[1]（日）安然:《悉昙藏》卷一,《大正新修大藏经》第84册,第371页。

其一,刘宋时期佛经翻译的高潮使语言翻译问题易成为佛徒关注的焦点。魏晋南北朝各代译经以刘宋最盛,现据《开元释教录》仅列南朝各代译经数目:宋,465 部,717 卷;齐,12 部,32 卷;梁,46 部,201 卷;陈,40 部,133 卷。刘宋一朝译经数目比其他三朝之和尚多,可见其时译事之盛。此时译经尚有一特点,即译者虽仍以外僧为主,但汉僧译者开始增加,这些译者多为西行求法归来者,多精通胡语,因此胡汉语言之异同的问题易引起时人特别是汉僧的关注。

其二,西行求法运动的盛行,令汉僧通梵语者大增,特别是对梵语音义语法等理论的认识,为梵汉语言音义对比提供可能。西行求法,晋末宋初最盛。据汤用彤先生统计当时西行者有名可考者有:康法朗、于法兰、竺佛念、慧常、进行、慧辩、慧叡、支法领、法净、智严、智羽、智远、法显、宝云、慧简、僧绍、僧景、慧景、道整、慧应、慧嵬、慧达、昙学、威德、僧纯、昙充、竺道曼、法勇、僧猛、昙朗、沮渠京声、道泰、法盛、僧表、法维、道普等数十人,而事迹不彰或姓名不传者,不知又有多少人,其足迹则遍及西域、天竺、南海各地。西行求法之目的,汤用彤先生以为"或意在搜寻经典,或旨在从天竺高僧亲炙受学,或欲睹圣迹,作亡身之誓,或远诣异国,寻求名师来华"。因此西行者常为有学问之僧人,"故类能吸收印土之思想,参佛典之奥秘"①。据《高僧传》载,慧叡曾"至南天竺界,音译诂训,殊方异义,无不必晓"(卷七);法显曾于中天竺"留三年,学梵语梵书"(卷三);宝云"在外域遍学梵书,天竺诸国音字诂训悉皆备解"(卷三);法勇"至罽宾国礼拜佛钵,停岁余,学梵书梵语"(卷三);道普"经游西域,遍历诸国""善梵书,备诸国语"②(卷二)。求法僧人将所学知识带回汉地,大大提

①汤用彤:《汉魏两晋南北朝佛教史》,北京:商务印书馆,2015 年,第 303 页。
②[南朝梁]释慧皎撰,汤用彤校注:《高僧传》,北京:中华书局,1992 年,第 259、89、103、93、80—81 页。

高了汉地僧俗审音辨义的能力。谢灵运《十四音训叙》正是"谘（慧）叡以经中诸字并众音异旨"①而写出的。

　　其三，《大般涅槃经》的翻译则是梵汉音义辨析得以兴起的直接导源。法显《大般泥洹经》卷五《文字品》详细地介绍了梵文的一些语音知识，这一内容相应出现在《大般涅槃经》北本卷八《如来性品》及南本卷八《文字品》，其中对"十四音"及梵文五十字音有详细解释。谢灵运参与了北本的改治，对经中所论梵文语音知识自然熟知，《高僧传·慧叡传》谓："（谢灵运）谘叡以经中诸字并众音异旨，于是著《十四音训叙》，条例梵汉，昭然可了，使文字有据焉。"②可见，《大般涅槃经》的翻译直接引发了谢灵运《十四音训叙》的写作，也引发了对梵汉音义比较的研究。

　　《十四音训叙》对梵文五十音的详细介绍，其中最可注意者是其以反切法对梵语字音进行分析（见《悉昙藏》引文），其目的本在为学习梵语者提供便利，然而反切法最初本来自梵字拼切之理，而此处又以汉切梵，如此梵汉相切的研究，使时人对梵语和汉语的音声结构会有更多认识，从而为汉语声调的判定提供了认识基础。以汉切梵，谢灵运似为最早者，故兴膳宏先生以为"以反切来标记梵文音声等方法是他的苦心之作"③。反切不仅是声韵相切，亦对声调有所要求，因此谢氏对梵汉音义的对比研究，为汉语借鉴梵文声调提供了极为重要的帮助。

　　四声的最初立目者是周颙，《封氏闻见记》"声韵"条曰："周颙好为体语，因此切字皆有纽。纽有平上去入之异。永明中，沈约文词精

①［南朝梁］释慧皎撰，汤用彤校注：《高僧传》，北京：中华书局，1992年，第260页。
②［南朝梁］释慧皎撰，汤用彤校注：《高僧传》，北京：中华书局，1992年，第260页。
③（日）兴膳宏著，彭恩华译：《〈宋书·谢灵运传论〉综说》，见《六朝文学论稿》，长沙：岳麓书社，1985年，第291页。

拔,盛解音律,遂撰《四声谱》。"①虽然我们不能肯定地说周颙一定是
四声的发现者,但这段话至少为我们理出了其之所以以四声立目的
逻辑原因:因"好为体语",故"切字皆有纽",而区分纽之同异则有四
声之别。简单地说,这个过程是:好为体语——切字有纽——纽分四
声②。也就是说以四声之目,其根源在体语。那么何谓体语?体语
者,即梵语子音之体文。章太炎《音理论》云:"慧琳《一切经音义》称
梵文阿等十二字为声势,迦等三十五字为体文。"③体文实为悉昙术
语,由此可见悉昙对四声发现的重要意义。那么悉昙之学又如何能
引发四声的发现呢?关于这一点,逯钦立先生《四声考》和饶宗颐先
生《文心雕龙声律篇与鸠摩罗什通韵》中有详论可参考,此处不再赘
述。而周颙、沈约等人接受悉昙之学的影响在历史文献中也是有迹
可寻的。

悉昙为印度学童学习字母拼音之法门,梵书东传,随之入华。僧
祐《出三藏记集》卷三《新集安公失译经录》中有《悉昙慕》二卷有注
言:"先在《安公注经录》,未寻其间出,或是晚集所得。"④因此晋时道
安已传其书。相传"十四音总是悉昙章法",周颙深谙佛理,亦通解十
四音。因此,其受悉昙之影响是完全可能的。周颙《抄成实论序》曾
就他研习佛教经典的情况做了简单叙述:

　　　　顷《泥洹》《法华》虽或时讲,《维摩》《胜鬘》颇参余席,至于

①[唐]封演撰,赵贞信校注:《封氏闻见记校注》,北京:中华书局,2005 年,第
　　13 页。

②周广荣:《梵语〈悉昙章〉在中国的传播与影响》,北京:宗教文化出版社,2004
　　年,第 368 页。

③章太炎撰,庞俊、郭诚永疏证:《国故论衡疏证》,北京:中华书局,2008 年,第
　　83 页。

④[南朝梁]僧祐:《出三藏记集》卷三,《大正新修大藏经》第 55 册,第 18 页。

《大品》精义,师匠盖疏。《十住》渊弘,世学将殄,皆由寝处于论家,求均于弱丧,是使大典榛芜,义种行缀,兴言怅悼,侧寐忘安。①(《出三藏记集》卷十一)

由此可知,周颙主要研习的佛教经典中有《泥洹》《大品》《十住》三部经。《泥洹》即法显所译六卷《大般泥洹经》,于此经,周颙"时讲"不辍,对其《文字品》中的十四音自应领会较深。《大品》涉及四十二字门,周颙以为其"般若所观照穷法性","言佛教者亦应以般若为宗"②。至于《十住经》,为姚秦时鸠摩罗什与佛陀耶舍共译。此经的内容与《华严经·十地品》基本相同,其第一卷即明言"初章"为一切文字根本:

> 善说十地义,十方诸佛,法应护念,一切菩萨护是事故,勤行精进。何以故?是菩萨最上所行,得至一切诸佛法故,譬如所有经书,皆初章所摄,初章为本,无有一字不入初章者。如是佛子,十地者,是一切佛法之根本。……譬如诸文字,皆摄在初章。诸佛功德智,十地为根本。③

这里所说的"初章"即《悉昙章》,此章为本,故一切文字皆可摄入此章。周颙既悟此经"渊弘"之义,又为之没有受到世人重视、其学将殄而"兴言怅悼"至于"侧寐忘安",他必应知晓此经第一卷提及的"初章"并有所研究。而且在周颙之前不久,谢灵运已著有《十四音训叙》,就梵文字母的相关知识做过细致的介绍,在当时的佛教信徒

① [南朝梁]僧祐:《出三藏记集》卷十一,《大正新修大藏经》第55册,第78页。
② [南朝梁]僧祐:《弘明集》卷六,《大正新修大藏经》第52册,第39页。
③ [后秦]鸠摩罗什译:《十住经》卷一,《大正新修大藏经》第10册,第499页。

中流传颇广,周颙理应见过此书。总之,周颙正是因为通解十四音、四十二字门以及梵文字母拼合法,才能够将梵文字母的拼合原理应用于汉语,把汉文字音的声调归纳为平、上、去、入四声。周颙出"四声说"的细微过程牵涉当时梵、汉两种语言的多种因素,要做出具体的解释恐已很难,但他因受十四音音理的启发而提出"四声说"则应是一个不争的事实①。

综上所述,隋刘善经《四声指归》说:"宋末以来,始有四声之目,沈氏乃著其《谱》论,云起自周颙。"②宋末得以发现四声并随之运用于诗歌创作,并不是偶然的。声韵研究本有内在需要,谢灵运《十四音训叙》对梵汉语音的比较研究,使汉语发现与借鉴梵文声调成为可能。周颙是最早立四声之目的人,他对佛教非常痴迷,受梵文悉昙之学而立四声之目。沈约在其基础上将四声用于诗文创作上来,并提出了一套诗歌格律规则,这一切与佛学东渐所带来的文化新变密不可分。

第二节　梵呗新声与晋宋格律化书写

佛学东渐不仅为声韵理论的发展带来了新的文化元素,而且佛学内部亦有不少与声韵相关的文化要素,从而使佛教文化中不少类别都呈现出一定的格律诉求,尤其是佛教书写中格律化表达广泛存在。这些文化元素随着佛教的广泛传播对齐梁格律化诗潮也产生了重要的推动作用。

---

① 周广荣:《梵语〈悉昙章〉在中国的传播与影响》,北京:宗教文化出版社,2004年,第369—370页。

② (日)遍照金刚撰,王利器校注:《文镜秘府论校注》,北京:中国社会科学出版社,1983年,第80页。

一、转读、梵呗、唱导中的格律诉求

梵呗本是一种乐曲,可配佛经咏唱以赞颂佛德。鸠摩罗什曾云:
"天竺国俗,甚重文制,其宫商体韵,以入弦为善。凡觐国王,必有赞
德,见佛之仪,以歌叹为贵,经中偈颂,皆其式也。"①指出印度佛经中
的偈颂就是一种配梵呗、能歌叹的文体,且其文字注重宫商体韵,以
能入乐为善。《法苑珠林》卷三十四亦有云:"寻西方之有呗,犹东国
之有赞。赞者,从文以结音。呗者,短偈以流颂。比其事义,名异实
同。是故经言,以微妙音声歌赞于佛德,斯之谓也。"②佛教入华,梵
呗也随之传入,为适应汉译佛经的诵读,又有所变革。《高僧传·经
师论》曰:"天竺方俗,凡是歌咏法言皆称为呗。至于此土,咏经则称
为转读,歌赞则号为梵呗。"③中土咏唱佛经被分为两端:咏为转读,
唱为梵呗。而所谓唱导,本指法会上的唱赞导引,"于时齐集,止宣唱
佛名,依文致礼",唱导者类似大会司仪。佛教入华,唱导逐渐转变为
"宣唱法理,开导众心"④的一种弘法方式,即在法会上以讲、唱方式
宣明佛理。唱导弘法尤重"声、辩、才、博"四端,因此唱导过程中也常
伴有转读、梵呗。

无论是转读、梵呗对佛经的咏叹,还是唱导对佛法的讲唱,都有
一个非常重要的特点,即重视对语言格律的研究。它们不仅要注意
语言声韵之搭配,同时,还要注意文字声调的抑扬。如梵呗不仅要
"协谐钟律,符靡宫商",更重要的是,"东国之歌也,则结韵以成咏,
西方之赞也,则作偈以和声",所唱文字声韵与乐和谐,"方乃奥

①［南朝梁］释慧皎撰,汤用彤校注:《高僧传》,北京:中华书局,1992 年,第 53 页。
②［唐］释道世:《法苑珠林》卷三十四,《大正新修大藏经》第 53 册,第 574 页。
③［南朝梁］释慧皎撰,汤用彤校注:《高僧传》,北京:中华书局,1992 年,第 508 页。
④［南朝梁］释慧皎撰,汤用彤校注:《高僧传》,北京:中华书局,1992 年,第 52 页。

妙"①。唱导也强调"响韵钟鼓",令"四众惊心"②,要求文字声韵与唱导音乐的融洽配合。而唱导之时尚须注意"吐纳宫商",则更说明唱导对所唱文字声调也有一定要求。转读由于是不歌而诵,因此对文字声律音调尤为重视,以声韵的和谐流畅与声调的抑扬顿挫来创造一种音乐性的效果。故慧皎强调转读要"能精达经旨,洞晓音律,三位七声,次而无乱,五言四句,契而莫爽,其间起掷荡举,平折放杀,游飞却转,反叠娇弄,动韵则流靡弗穷,张喉则变态无尽"。慧皎将洞晓音律与精达经旨放在同等地位之上,可见转读对文字声律问题的重视程度。这里的"三位"指吸气、舌根、随鼻三个发音部位;"七声"又名"七转声",指梵语名词语尾变化的声音;"五言四句"则是汉语呗赞的一个单位,即一个偈,此段是对偈颂声律配合提出要求,即"动韵则流靡弗穷"。而"起掷荡举,平折放杀,游飞却转,反叠娇弄"则细腻地刻画了音调变化的情形,如此高低曲折、舒徐急促正体现了汉语声调的特征,这是对偈颂声调抑扬提出要求,即"张喉则变态无尽"③。不难看出,转读、梵呗、唱导作为重要的弘法方式,客观上促成了佛教文化对格律知识的重视,而随着佛教入华及在东晋的盛行,佛教的这种文化特征在汉地僧人以及士人文人中也产生了广泛影响。

梵呗的本土创制最早者传说为陈思王曹植。据《高僧传·经师论》载,曹植曾造《鱼山呗》,据说"传声则三千有余,在契则四十有二"④。其后有支谦"制《菩提连句梵呗》三契"⑤,康僧会"制《泥洹梵呗》"⑥,帛

---

① [南朝梁]释慧皎撰,汤用彤校注:《高僧传》,北京:中华书局,1992 年,第 507 页。
② [南朝梁]释慧皎撰,汤用彤校注:《高僧传》,北京:中华书局,1992 年,第 521 页。
③ [南朝梁]释慧皎撰,汤用彤校注:《高僧传》,北京:中华书局,1992 年,第 508 页。
④ [南朝梁]释慧皎撰,汤用彤校注:《高僧传》,北京:中华书局,1992 年,第 507 页。
⑤ [南朝梁]释慧皎撰,汤用彤校注:《高僧传》,北京:中华书局,1992 年,第 15 页。
⑥ [南朝梁]释慧皎撰,汤用彤校注:《高僧传》,北京:中华书局,1992 年,第 509 页。

尸梨蜜多罗"作胡呗三契"①,支昙籥"制六言梵呗"②。但是毕竟梵音难传,故在魏晋之时,梵呗之声常只为西域僧人或出生汉地而祖籍为西域并懂梵语的僧人所善,而汉地僧人于梵呗一事,能者极少,转读亦然。随着佛教在东晋的盛行,至南朝宋齐之时,情况开始大为改观。由于西行求法和梵汉辨音的盛行,通梵语梵音者大增,精于转读、梵呗的僧人也渐多起来。据《高僧传》载,其时颇善转读梵呗之僧有:僧饶、道慧、智宗、昙迁、昙智、僧辩、昙凭、慧忍、法隣、昙辩、昙念、昙幹、昙进、慧超、道首、昙调等。这些僧人都生活于宋至齐初之间,且多于建康传教,可以看出当时建康地区转读、梵呗之兴盛。《高僧传·经师论》载:"逮宋齐之间,有昙迁、僧辩、太傅、文宣等,并殷勤嗟咏,曲意音律,撰集异同,斟酌科例。存仿旧法,正可三百余声。"③至齐永明七年,竟陵王萧子良招集建康沙门造经呗新声,则将转读、梵呗推向高潮,陈寅恪先生称之为"考文审音之一大事"④。其时考文审音之事不会仅此一次,正如陈寅恪先生所言:"在此略前之时,建康之审音文士及善声沙门讨论研求必已甚众而且精。"⑤而其后尚有"慧满、僧业、僧尚、超朗、僧期、超猷、慧旭、法律、昙慧、僧胤、慧象、法慈等四十余人,皆就忍受学"⑥(《高僧传·慧忍传》)之事,可知当日考文审音之盛。其具体做法现已不详,但根据所存目录亦可了解当

---

①[南朝梁]释慧皎撰,汤用彤校注:《高僧传》,北京:中华书局,1992年,第30页。

②[南朝梁]释慧皎撰,汤用彤校注:《高僧传》,北京:中华书局,1992年,第498页。

③[南朝梁]释慧皎撰,汤用彤校注:《高僧传》,北京:中华书局,1992年,第507—508页。

④陈寅恪:《四声三问》,《金明馆丛稿初编》,北京:生活·读书·新知三联书店,2001年,第368页。

⑤陈寅恪:《四声三问》,《金明馆丛稿初编》,北京:生活·读书·新知三联书店,2001年,第368页。

⑥[南朝梁]释慧皎撰,汤用彤校注:《高僧传》,北京:中华书局,1992年,第505页。

时的成绩和达到的水平。据《出三藏记集》卷十二《法苑杂缘原始集目录》载，与齐永明之时有关赞呗文字有:《齐文皇帝制法乐梵舞记》《齐文皇帝制法乐赞》《齐文皇帝令舍人王融制法乐歌辞》《竟陵文宣撰梵礼赞》《竟陵文宣制唱萨愿赞》《旧品序元嘉以来读经道人名并铭》《竟陵文宣王第集转经记》等;《齐太宰竟陵文宣五法集》目录中则收录有萧子良所作《赞梵呗偈文》《梵呗序》《转读法并释滞》《法门赞》。

　　唱导之事在魏晋时已很盛行，但尚无一定规矩，至庐山慧远"每至斋集，辄自升高座，躬为导首"，说三世因缘，讲斋集大意，被后世奉为圭臬，使其唱导之法，"遂成永则"①。与转读梵呗于宋齐间颇为兴盛相类，唱导于其时也非常盛行。《高僧传·唱导》篇所载十七位唱导师都生活于宋齐之间，且大多传教于建康，结合转读、梵呗之盛也集中于这一地区，我们可以想象得到当时建康地区佛教音声学习的热烈程度。

　　颇为巧合的是，重视声音之美也正是当时社会文化风尚之所好。魏晋以降，文人颇重诵读，诵读之美，在声音之抑扬顿挫。《续晋阳秋》载东晋袁宏讽咏《咏史》诗为谢尚所激赏，称其"声既清会，辞文藻拔"②。南齐周舍，史称其"善诵书，背文讽说，音韵清辩"③。可见诵读时的声韵之美，颇为六朝人所重视。不唯诵读诗文，而且汉末魏晋以来，人们对于言谈吐属，亦注意其声音之美。如《后汉书·列女传》载蔡琰请求曹操宽贷董祀，"音辞清辩"。又《郭泰传》称郭泰"善谈论，美音制"④。《三国志·魏志·崔琰传》称琰"声姿高畅"⑤。

①[南朝梁]释慧皎撰，汤用彤校注:《高僧传》，北京:中华书局，1992年，第521页。
②[南朝宋]刘义庆著，[南朝梁]刘孝标注，余嘉锡笺疏:《世说新语笺疏》，上海:上海古籍出版社，1993年，第267页。
③[唐]姚思廉:《梁书》，北京:中华书局，1973年，第375页。
④[南朝宋]范晔:《后汉书》，北京:中华书局，1992年，第2800、2225页。
⑤[晋]陈寿:《三国志》，北京:中华书局，1959年，第369页。

《世说新语》中记载名士清谈、人物品鉴对声音之美的重视的例子则更多,此处仅举一例。《文学》注引邓粲《晋纪》云:"(裴遐)以辩论为业,善叙名理,辞气清畅,泠然若琴瑟。闻其言者,知与不知,无不叹服。"①宋齐时期,此风仍盛。《宋书·张敷传》载:"善持音仪,尽详缓之致。与人别,执手曰:'念相闻。'余响久之不绝。"②又载其从弟张畅言辞音声亦美。萧齐时文惠太子亦"音韵和辩"③;庾杲之以"风范和润,善音吐"而受命接待北史。又《南齐书·刘绘传》载:"永明末,京邑人士盛为文章谈义,皆凑竟陵王西邸。……时张融、周颙并有言工。融音旨缓韵,颙辞致绮捷,绘之言吐,又顿挫有风气。"④可见时人对声音之美的重视。

佛教内部转读、梵呗与唱导对语言格律的重视,与社会风尚对音声之美的追求可谓不期而遇,无疑会对这一时期声韵研究起到推波助澜的作用。

二、佛经中的格律元素

佛经本重诵读。《高僧传·诵经论》认为:"法身既远,所寄者辞。沉吟反复,惠利难思。"因此要求诵经者"凝寒靖夜,朗月长宵,独处闲房,吟讽经典,音吐遒亮,文字分明。足使幽灵忻踊,精神畅悦。所谓歌咏诵法言,以此为音乐者也"⑤。特别是经中偈颂,有点类似于诗歌,"其宫商体韵,以入弦为善"⑥(《高僧传·鸠摩罗什传》)。

---

① [南朝宋]刘义庆著,[南朝梁]刘孝标注,余嘉锡笺疏:《世说新语笺疏》,上海:上海古籍出版社,1993年,第209页。
② [南朝梁]沈约:《宋书》,北京:中华书局,1974年,第1663页。
③ [唐]李延寿:《南史》,北京:中华书局,1975年,第1099页。
④ [南朝梁]萧子显:《南齐书》,北京:中华书局,1972年,第615、841页。
⑤ [南朝梁]释慧皎撰,汤用彤校注:《高僧传》,北京:中华书局,1992年,第475页。
⑥ [南朝梁]释慧皎撰,汤用彤校注:《高僧传》,北京:中华书局,1992年,第53页。

因此,在印度佛教中便十分注重偈颂创作中的声律搭配问题。

"偈颂"也称"佛偈",其梵语原文 gāthā 的音译叫"伽陀"或"偈陀",意译则为"颂",隐含着"联美辞而歌颂"之义。释尊说法并用韵、散,采取韵文形式来结句表述便是"伽陀",它与散文形式之"长行"配合相间,成为构筑起佛经文体互为依辅的两大支柱。《出三藏记集》卷七引佚名《法句经序》云:"偈者结语,犹诗颂也。是佛见事而作,非一时语,各有本末,布在众经。"①又《大唐西域记》卷三"醯罗山等地"条释"颂"字云:"旧曰偈,梵文略也。或曰偈陀,梵音讹也,今从正音宜云伽陀。伽陀者,唐言颂。"②陈允吉先生认为:"现在我们自佛经内所见偈颂,即释迦牟尼及其徒众们持以弘法和唱诵的宗教作品,其梵偈多数以四句为一首,每句包括八个音节,并饶有声韵节奏之美,悉可摄入管弦付诸赞叹歌咏。无如它们作为直接宣说佛教思想的手段,均被用来表现哲学概念和佛理思辨,殊乏抒情气息和形象描绘,给人的印象自然枯燥晦涩,实在看不出有多少文学性。"③

自东汉末年,佛偈就随着经典传译进入中土。其在中土的翻译在文体上与中土流行的诗歌篇句结构保持一致,它们分别被译成三言、四言、五言、六言、七言、八言等各种句式,以五言偈颂最居显要地位;而梵偈四句一首结构特点,也刚好与本地诗歌不谋而合。不过,早期汉译佛经中,梵偈原来具有的音节调谐之美,在转梵为汉的译述过程中几乎丧失殆尽,念诵起来佶屈拗口自然无可避免。所以,罗什才感叹:"改梵为秦,失其藻蔚,虽得大意,殊隔文体。有似嚼饭与人,

①[南朝梁]释僧祐:《出三藏记集》卷七,《大正新修大藏经》第55册,第49页。
②[唐]玄奘、[唐]辩机撰,章巽校点:《大唐西域记》,上海:上海人民出版社,1977年,第61页。
③参见陈允吉:《佛教与中国文学论稿》,上海:上海古籍出版社,2010年,第86页。

非徒失味,乃令呕秽也。"①不过,晋宋之际罗什的来华,以及西行求法的盛行,将佛经翻译推向高潮,偈颂的翻译也开始大有好转。如《高僧传·僧叡传》载:"昔竺法护出《正法华经》,《受决品》云:'天见人,人见天。'什译经至此,乃言:'此语与西域义同,但在言过质。'叡曰:'将非人天交接,两得相见。'什喜曰:'实然。'"②罗什指责法护所译太质,不仅指用词,还指用韵,僧叡将"天见人,人见天"改为"人天交接,两得相见"显然已更有韵味。再如谢灵运改治北本《大般涅槃经》将"手把脚蹈,得到彼岸",改为"运手动足,截流而去"③,其韵律增色更为明显。梁启超先生曾将《小品般若经》至罗什时所译的目前尚存的四种版本做比较④,这里我们列举数句,可以看出罗什译文在声韵方面的明显提高:

后汉支谶《道行般若经》:"敢佛弟子所说法所成法,皆持佛威神,何以故?"⑤

吴支谦《大明度无极经》:"敢佛弟子所说,皆乘如来大士之作,所以者何?"⑥

苻秦昙摩蜱《摩诃般若钞经》:"敢佛弟子所说法所成法,皆承佛威神,何以故?"⑦

姚秦鸠摩罗什《小品般若经》:"佛诸弟子,敢有所说,皆是佛力,

①[南朝梁]释慧皎撰,汤用彤校注:《高僧传》,北京:中华书局,1992年,第53页。
②[南朝梁]释慧皎撰,汤用彤校注:《高僧传》,北京:中华书局,1992年,第245页。
③[南朝宋]释慧严等译:《大般涅槃经》卷二十一,《大正新修大藏经》第12册,第743页。
④梁启超:《翻译文学与佛典》,见《佛学研究十八篇》,上海:上海古籍出版社,2001年,第190页。
⑤[后汉]支谶译:《道行般若经》卷一,《大正新修大藏经》第8册,第425页。
⑥[吴]支谦译:《大明度经》卷一,《大正新修大藏经》第8册,第478页。
⑦[前秦]昙摩蜱等译:《摩诃般若钞经》卷一,《大正新修大藏经》第8册,第508页。

所以者何?"①

　　所以,谢灵运在他的《山居赋》中才有这样一段描述:"安居二时,冬夏三月,远僧有来,近众无缺。法鼓朗响,颂偈清发,散华霏蕤,流香飞越。析旷劫之微言,说象法之遗旨。"其下康乐自注云:"众僧冬、夏二时坐,谓之安居,辄九十日。众远近聚萃,法鼓、颂偈、华、香四种,是斋讲之事。析说是斋讲之议。乘此之心,可济彼之生。南倡者都讲,北机者法师。"②从"法鼓朗响,颂偈清发"的评价来看,此时佛经偈颂在诗人们的眼里大概已有诗的韵味了。

　　那么,晋宋之际佛经翻译中声韵水平的提高,原因何在? 我们认为,一方面是由于此时无论是胡僧还是汉人信徒,不少都已有丰富的梵汉音义知识,而另一方面,则与佛经翻译中格律研究的兴起有很大关系。

　　不论是诵经、转读,还是梵呗、唱导,都很注意佛经语言声韵的和谐,这就决定了佛教徒对格律知识需求的可能。在《德国所藏敦煌吐鲁番出土梵文文献》中有一部于龟兹发现的《诗律考辨》为这一判断提供了佐证③。《诗律考辨》出土于龟兹,主要为佛教寺院收藏,目前仅存 25 页及若干碎片。据日本学者平田昌司考证,这份残卷的抄写年代大约在 4 世纪后半期或 5 世纪,相当于东晋时期。其内容主要讨论的是诗歌格律问题,而与佛教完全无关。《诗律考辨》的出土说明龟兹僧人已很重视学习诗律,这恰是印度佛教的文化传统。由此我们可以推断,中国内地僧徒也一定具备了这方面的知识。这可以

①[后秦]鸠摩罗什译:《小品般若波罗蜜经》卷一,《大正新修大藏经》第 8 册,第 537 页。

②[清]严可均辑:《全宋文》,北京:商务印书馆,1999 年,第 307 页。

③关于《诗律考辨》的具体情况,可参考(日)平田昌司:《梵赞与四声论(上)——科举制度与汉语史Ⅱ》,《第二届国际暨第十届全国声韵学学术研讨会论文集》,高雄:台湾中山大学印制,1992 年。

从两个方面来进行论证:

其一,佛教在汉魏六朝时期的传播,西域是主要输入地,其中龟兹作为西域文化中心之一,在佛教传入史上也扮演了非常重要的角色。早期如曹魏甘露三年(258)在洛阳白马寺译经的白延,西晋惠帝时(290—360)与法立合译经典四部十二卷又自译四十部五十卷的帛法矩,以及永嘉(307一312)时传译早期密教经典的帛尸梨密多罗等,都是龟兹人。最值得注意者,是影响一代译风的翻译大师鸠摩罗什也是龟兹人。罗什父亲系印度贵族,他的母亲是龟兹王之妹。他七岁随母出家,故深受当时龟兹佛教学风的影响。同时,他还精通外书,深明梵文修辞学,诗律之学自然熟知。罗什于姚兴弘始三年(402)底到达长安,从事讲经与传译。他先后共译出经论三百余卷,所译数量既多,范围也广,而且译文流畅。东汉至西晋期间所译经典崇尚直译,颇为生硬难读,鸠摩罗什弟子僧肇就批判过这种旧译本:"支(谦)竺(法兰)所出,理滞于文。"①而罗什"转能汉言,音译流便,既览旧经,义多纰谬,皆由先译失旨,不与梵本相应"。《高僧传·鸠摩罗什传》中曾载:"初沙门僧叡,才识高明,常随什传写。什每为叡论西方辞体,商略同异……"②这里,鸠摩罗什所谓"西方辞体",多数学者认为就是指印度诗律③。因为要想写出梵赞歌颂如来,当然需要一定的诗律知识。可见鸠摩罗什对于印度古典诗律是有深入研究的。又罗什曾撰《通韵》论汉语音韵④。由此来看,鸠摩罗什的译文之所以能改正旧译本的谬误,这与他深通梵汉诗律有直

①[南朝梁]释僧祐:《出三藏记集》卷八,《大正新修大藏经》第55册,第53页。

②[南朝梁]释慧皎撰,汤用彤校注:《高僧传》,北京:中华书局,1992年,第332页。

③刘跃进:《别求新声于异邦——介绍近年永明声病理论研究的重要进展》,《文学遗产》,1999年第4期。

④饶宗颐:《鸠摩罗什通韵笺》,见《梵学集》,上海:上海古籍出版社,1993年,第121页。

接的关系。

鸠摩罗什在长安时,天下义学沙门群集长安。《出三藏记集·鸠摩罗什传》云:"于时四方义学沙门,不远万里。名德秀拔者,才畅二公,乃至道恒、僧㯹、慧叡、僧敦、僧弼、僧肇等三千余僧,禀访精研,务穷幽旨。"①《魏书·释老志》云:"时沙门道彤、僧略、道恒、道标、僧肇、昙影等,与罗什共相提挈,发明幽致。"②这使罗什周围迅速形成一个庞大的僧团。如罗什译《大品经》时,"五百余人,详其义旨,审其文中,然后书之"③。译《法华经》时,"于长安大寺集四方义学沙门二千余人,更出斯经,与众详究。什自手执胡经,口译秦语,曲从方言而趣不乖本"④。《晋书·姚兴传》载:"兴如逍遥园,引诸沙门于澄玄堂,听鸠摩罗什演说佛经。……自远而至者五千余人。"⑤鸠摩罗什在讲经传道的同时,为译经的需要,也一定会向弟子传授印度标准的诗歌理论。如罗什译经,常与弟子反复切磋,据《晋书·姚兴传》载:"罗什通辩夏言,寻览旧经,多有乖谬,不与胡本相应。兴与罗什及沙门僧略、僧迁、道树、僧叡、道坦、僧肇、昙顺等八百余人更出大品。罗什持胡本,兴执旧经,以相考校。"⑥而在译《摩诃般若波罗蜜经》时,"法师手执胡本,口宣秦言,两释异音,交辩文旨。秦王躬揽旧经,验其得失,谘其通途,坦其宗致。与诸宿旧义业沙门释慧恭……等五百余人,详其义旨,审其文中,然后书之……。胡音失者,正之以竺;秦名谬者,定之以字义。不可变者,即而书之"⑦。由这样一种反复研

①[南朝梁]释僧祐:《出三藏记集》卷十四,《大正新修大藏经》第55册,第101页。
②[北齐]魏收:《魏书》,北京:中华书局,1974年,第3031页。
③[南朝梁]释僧祐:《出三藏记集》卷八,《大正新修大藏经》第55册,第52页。
④[南朝梁]释僧祐:《出三藏记集》卷八,《大正新修大藏经》第55册,第57页。
⑤[唐]房玄龄等:《晋书》,北京:中华书局,1974年,第2984—2985页。
⑥[唐]房玄龄等:《晋书》,北京:中华书局,1974年,第2984—2985页。
⑦[南朝梁]释僧祐:《出三藏记集》卷八,《大正新修大藏经》第55册,第52页。

讨的译经方式,梵语诗律知识自然会在罗什弟子中间流传。罗什413
年去世后,因北方动乱,这些僧人大多都南下至江左。如道生,"还都
(按:指建康)止青园寺";僧导,"至孝武帝升位,遣使征请,导翻然应
诏,止于京师中兴寺";慧叡,"后适京师止乌衣寺讲说众经";慧严,
"后还京师止东安寺";慧观,"俄而还京止道场寺"①;等等。罗什弟
子对南朝佛教的发展起了决定性作用,如僧肇为三论之祖,道生为涅
槃之圣,僧导则为《成实》师宗之始。而慧严、慧观与谢灵运对北本
《大般涅槃经》的改治,使涅槃学全面兴起。罗什弟子在江左的地位,
决定罗什之学在江南广泛传播是必然的,这其中自然包括梵语诗律
知识。

　　其二,西行求法的汉僧对印度诗律必也有接触。西行求法运动
至晋末宋初而最盛。据汤用彤先生统计当时西行者有名可考者有数
十人,而事迹不彰或姓名不传者,不知又有多少人,其足迹则遍及西
域、天竺、南海各地。晋宋之际掀起西行热潮,大量汉僧到达印度或
西域,从现有记载中可以看到他们学习有许多梵语知识,之前曾有列
举者如慧叡、法显、宝云、法勇、道普等。他们在天竺学习佛法梵文,
对天竺僧人所重之诗歌声律学不可能不接触。而西行者归来后又常
常成为译经中坚,如法显获《摩诃僧祇律》《方等般泥洹经》《弥沙塞
律》《长阿含》《杂阿含》和《杂藏》的梵本,回建康后与佛陀跋陀罗于
道场寺共同译出《大般泥洹经》六卷等,又自撰《佛游天竺记》一卷。
因此,这些西行归来的高僧自然就会将所学之天竺声律理论传播
开去。

　　综上所述,佛经中的格律元素,以及由其传播带来的格律知识,
为中土士人与文人的格律知识的更新提供了非常重要的资源。

----

①[南朝梁]释慧皎撰,汤用彤校注:《高僧传》,北京:中华书局,1992年,第255、
　281、259、260—261、264页。

三、佛学东渐背景下的诗界革新

这里所谓的"诗界革新",主要是指诗歌的格律化革新。佛学东渐使音韵知识得以创新,并对格律化表达风尚起到推波助澜的作用,这些为诗歌的格律化提供了一个非常好的语境。不过,齐梁时期诗歌的格律化变革,还有赖于诗歌发展内在需求的驱动。

诗歌创作自魏晋始逐渐趋于雅化,向着追求形式美的方向发展。至西晋太康年雅丽之风大盛,四言雅颂体在西晋重又兴起,四言雅体重兴故拟古之风颇盛,而其时文人拟古不在题材内容上创新,而多于对偶工整、用词丽密方面下功夫,追求语言形式之美成为创作追求的目标。然永嘉之后,玄风独振。玄言诗把诗赋赞铭颂各种文体混同一气,而且把诗歌作为宣传佛学玄理的工具;而从语言形式上看,玄言以四言为多,篇制结构、遣词造句到议论方式均与西晋的颂体诗和赠答应酬诗相类似,可以看出东晋玄言诗实是西晋以来四言长篇泛滥、语言愈趋典正、内容愈趋哲理的结果①。刘宋代晋以后,"庄老告退,而山水方滋"②,宋代文人在舍弃"平典似《道德论》"③的玄言诗作后,开始注意到文学自身的特点,认为"情志既动,篇辞为贵""抽心呈貌""言观丽则"④是文章的基本要素,追求语言艺术美之风复振。不过他们对语言艺术美的追求即又沿袭了晋人以典正为上的艺术观,不同之处则在于他们对"辞藻艳逸"和"瑰丽之美"的要求比西晋文人更高了。由刘宋到南齐,文风开始由典奥转向平易,沈约的"三易"说代表了这一时期追求语言艺术美的创作倾向。从文学自身

---

①参见葛晓音:《汉唐文学的嬗变》,北京:北京大学出版社,1990年,第58页。

②[南朝梁]刘勰著,陆侃如、牟世金译注:《文心雕龙译注》,济南:齐鲁书社,2009年,第146页。

③[南朝梁]钟嵘撰,曹旭笺注:《诗品笺注》,北京:人民出版社,2009年,第15页。

④[南朝宋]范晔:《后汉书》,北京:中华书局,1992年,第2658页。

的发展规律来看，"自魏晋以来美文所需之浓烈之抒情，词采之修饰，骈丽与用典等等，均已齐备，进一步发展，必定要落到声律之美上来"①。而此时之文人对声律之美的认识也已开始走向成熟。

古代文人对声韵之美的追求，经历了一个由不自觉到自觉的过程。较早对文学语言从声韵之美的角度提出要求的是司马相如，"合綦组以成文，列锦绣而为质，一经一纬，一宫一商，此作赋之迹也"②（《答盛擘问作赋》）。之后陆机《文赋》亦强调"文徽徽以溢目，音泠泠而盈耳"，而不能"寄辞于瘁音"，并指出不同声调互相交替变化，犹如五色搭配使用而使色彩更加鲜明一样，"暨音声之迭代，若五色之相宣"③。以上诸人都认识到了字音的声调是有差别的，但却知其然而不知其所以然，只能用音乐上"宫商"变化等概念做出笼统的类比。范晔比他们进了一步，《宋书·范晔传》载："少好学，博涉经史，善为文章，能隶书，晓音律。……善弹琵琶，能为新声。……晔狱中与诸甥侄书以自序曰：'……性别宫商，识清浊，斯自然也。观古今文人，多不全了此处，纵有会此者，不必从根本中来。言之皆有实证，非为空谈。年少中，谢庄最有其分，手笔差易，文不拘韵故也。'"④他不但借用"宫商""金石"等音乐概念，而且还进一步从声调方面提出了"清""浊"的声律概念。范晔称赞"年少中谢庄最有其分"，懂得诗的声韵之妙。钟嵘《诗品序》曾引王融语，称范晔、谢庄"尝欲进《知音论》"，可惜"未就而卒"⑤。可以说，直到永明时期才真正进入了诗歌声律理论的自觉阶段。

永明文人在口语中已然对声律颇为重视。《南齐书·刘绘传》

---

①罗宗强：《魏晋南北朝文学思想史》，北京：中华书局，1996 年，第 228 页。
②［清］严可均辑：《全汉文》，北京：商务印书馆，1999 年，第 221—222 页。
③郭绍虞主编：《中国历代文论选》(1)，上海：上海古籍出版社，2001 年，第 172 页。
④［南朝梁］沈约：《宋书》，北京：中华书局，1974 年，第 1819—1830 页。
⑤［南朝梁］钟嵘撰，曹旭笺注：《诗品笺注》，北京：人民出版社，2009 年，第 206 页。

第三章　梵呗新声与诗歌的格律化思潮　　　　177

载："永明末,京邑人士盛为文章谈义,皆凑竟陵王西邸。绘为后进领袖,机悟多能。时张融、周颙并有言工,融音旨缓韵,颙辞致绮捷,绘之言吐,又顿挫有风气。"《南齐书·张融传》载:"《门律自序》曰:'……然其传音振逸,鸣节竦韵,或当未极,亦已极其所矣。'"《南齐书·周颙传》也说:"颙音辞辩丽,出言不穷,宫商朱紫,发口成句。泛涉百家,长于佛理。……每宾友会同,颙虚席晤语,辞韵如流,听者忘倦。"①周颙《重答张融书难门律》曰:"佛教所以义夺情灵,言诡声律,盖谓即色非有,故擅绝于群家耳。"②周颙还撰有《四声切韵》。可以看出,宋齐之际人们对汉字声、韵、调三者的认识已经全备了,音韵学取得了突破性的进展。文化学术的各个领域,向来是在多学科的交融中前进的,一个学科的突破性进展,必将使得相邻学科改变面貌。音韵学的发展为文学突进提供了一次历史机遇,而永明文人敏悟地抓住了这一时机。"王元长创其首,谢朓、沈约扬其波。"③从此创造了一种崭新的文体,在文学的发展上取得了重大成就。

　　从以上论述可以看到,追求声音之美的文化风尚,无疑会增强文人追求语言声音美的心理,而且会使文人对语音美的感受也更为敏锐,辨字审音的能力也会因此而得到锻炼。但这一切都只是加强了文人对诗文声音之美的心理需求,而要实现这一需求,则必须依赖音韵学这一"工具"的成熟运用。佛学东渐所带来的文化新变,恰为这一需求提供了所需的资源。

　　一方面,随着佛教的传播,至汉末反切注音法得以发明,才使得人们开始对汉字声、韵有了自觉认识,标志音韵学自觉的韵书也随之开始出现。这些又直接促成了宋齐之时四声的发现。而四声的发

①［南朝梁］萧子显:《南齐书》,北京:中华书局,1972 年,第 841、729、731—732 页。
②［清］严可均辑:《全齐文　全陈文》,北京:商务印书馆,1999 年,第 208 页。
③郭绍虞主编:《中国历代文论选》(1),上海:上海古籍出版社,2001 年,第 311 页。

现,使人们对汉字的声、韵、调三方面都有了自觉认识,从而将音韵学的研究推向了一个高潮。正是由于佛学东渐所引发的音韵学繁荣,才使文人自觉运用声、韵、调的原理来创作诗文成为可能。因此可以说,由佛学东渐推动的音韵学发展是永明声律论产生的重要前提。晋宋之声韵研究的兴盛,则为永明声律论的兴起提供了一片沃土,有了这样一片沃土,声律论才得以出现并兴盛起来。

　　另一方面,佛教中的格律化书写以及由此带来的格律知识,也推动了永明格律化诗歌的兴盛。齐梁士人佛徒交融的局面,为梵文诗律与汉语诗歌创作相融合提供了有利条件。佛教是南朝时期的主要文化思潮,当时的文人大多都是佛教徒,因此接触梵语知识很自然。例如《高僧传·慧叡传》载:"(谢灵运)咨叡以经中诸字并众音异旨。于是著《十四音训叙》,条例梵汉,昭然可了。"谢灵运问学于慧叡而著《十四音训叙》,此乃论梵文语音之作。慧叡本罗什弟子,亦为求法高僧,他曾"至南天竺界,音译诂训,殊方异义,无不必晓。后还憩庐山,俄又入关从什公谘禀。后适京师(建康),止乌衣寺讲说众经"①。又谢灵运曾与罗什弟子慧严、慧观共同改治北本《涅槃经》,因此,谢灵运接触到梵语诗律是完全可能的。同时,南朝僧人也多具有一股文人化倾向,他们时时染指诗歌创作便是这一倾向的突出表现。《诗品》便专列有齐惠休、道猷、宝月三人于下品之中,可以说僧人文人化是当时的一个普遍现象。如前曾引,沈约与当时高僧慧约便经常有诗文往复。这一切都有利于梵文诗律知识在知识阶层的传播,也有利于将梵语诗律与中国诗歌创作的融合,从而推动了当时诗律研究之风。

　　总之,诗歌发展至六朝,对声律之美的需求越来越强烈,而佛学

---

① [南朝梁]释慧皎撰,汤用彤校注:《高僧传》,北京:中华书局,1992年,第259—260页。

东渐所带来的声韵知识的革新为诗歌发展的这一需求提供了重要的知识和工具。因此，齐梁之际"永明体"的出现，也就是情理之中的事了。

第三节　永明体与诗歌格律化思潮

永明体作为格律化诗潮中的代表，前人讨论多矣。本节不欲重复前人所论，仅就沈约倡导永明体而形成的诗歌格律化潮流与佛教文化之关系做一二探讨。

一、沈约与永明诗潮

讨论沈约与永明体，我们还是先回到萧子显在《南齐书·陆厥传》中的描述："永明末，盛为文章。吴兴沈约、陈郡谢朓、琅琊王融以气类相推毂。汝南周颙善识声韵。约等文皆用宫商，以平上去入为四声，以此制韵，不可增减，世呼为'永明体'。沈约《宋书·谢灵运传论》后又论宫商。"①从文献中我们不难看出，沈约等人推动永明体诗潮的兴起，两个因素尤为重要：一是识声韵，二是论宫商。所谓识声韵，即具备一定的音韵知识；所谓论宫商，即能结合音韵知识提出一定的诗律理论以指导创作。由上两节的分析我们知道，随着佛教的传播，音韵知识有了重要更新，格律理论也有重要发展，因此，沈约诸人在推动永明体的过程中，在音韵知识和诗律理论方面必然会受到一定影响，而这些影响背后，或多或少都有着佛教的身影。

首先来看识声韵。周颙、沈约为四声最早使用者，这一观点已基本成为学界共识。《文镜秘府论·天卷·四声论》引隋刘善经《四声指归》云："宋末以来，始有四声之目。沈氏乃著其谱论，云起

①［南朝梁］萧子显：《南齐书》，北京：中华书局，1972年，第898页。

自周颙。"①封演《封氏闻见记》云："周颙好为体语,因此切字皆有纽,纽有平上去入之异。永明中,沈约文词精拔,盛解音律,遂撰《四声谱》。"②沈约曾著《四声谱》,且云"云起自周颙"。《南史》卷三十四载周颙"著《四声切韵》行于时"③,沈约所承正是此书。就现存史料来看,周颙《四声切韵》是最早的四声著作,因此目前也有不少学者认为周颙应是四声最早发现者。沈约《四声谱》虽并非四声立目最早者,但贡献在于它是将四声制韵引入诗歌创作的首倡者,沈约谓此乃"独得胸衿"④,实不为过。因此,周、沈二人在四声发现中虽贡献不同,一在立目,一在为文,但应该说都有首倡之功。不过,周、沈二人为何能发现四声,史料中却语焉不详。

如前所述,四声的发现与梵语悉昙关系密切。在本章第一节中,曾详细论述周颙深受佛学影响,且通解十四音、四十二字门以及梵文字母拼合法,因此能够将梵文字母的拼合原理应用于汉语,把汉文字音的声调归纳为平、上、去、入四声。此处不再赘述。这里我们重点要谈的是沈约。

周颙创《四声切韵》,沈约承之而作《四声谱》,逻辑上似乎也说得过去。不过,正如《封氏闻见记》所说,沈约"文词精拔,盛解音律,遂撰《四声谱》",就是说沈约作《四声谱》绝不是简单模仿周颙《四声切韵》,其自身就"盛解音律",并将这一知识运用于诗歌创作,这可比周颙向前迈出了大大的一步。晋宋以来精通音韵之学的文人多与佛教有密切关系,周颙之前已有详论,再如谢灵运亦如此。谢氏与慧

①（日）遍照金刚撰,王利器校注:《文镜秘府论校注》,北京:中国社会科学出版社,1983 年,第 80 页。
②[唐]封演撰,赵贞信校注:《封氏闻见记校注》,北京:中华书局,2005 年,第 13 页。
③[唐]李延寿:《南史》,北京:中华书局,1975 年,第 895 页。
④[唐]姚思廉:《梁书》,北京:中华书局,1973 年,第 434 页。

远、慧琳、法流等众多名僧十分友善,著《辨宗论》述道生顿悟之义,与慧严、慧观共同改编北本《大般涅槃经》,并著《十四音训叙》"条例梵汉,昭然可了,使文字有据"①,对梵汉音韵之学都有较深了解。沈约选择在《宋书·谢灵运传论》中提出他的诗歌声律主张,恐怕并非巧合。因此,沈约"盛解音律"与他的佛学背景同样有着密切关系。

沈约与佛教之关系,在齐梁二代都较为密切。齐永明间文惠太子、竟陵王萧子良大倡佛教,作为竟陵八友之一的沈约对佛教同样相当热衷,又参加佛事又撰写护教论文,赴东阳时还携释慧约同往,其后多年都与慧约保持着密切交往。梁天监三年,梁武帝作《舍事道法诏》,宣称舍道归佛,沈约这年作《均圣论》配合诏书,弘扬佛法。其后还写了大量有关释教的文章,目前可考者有:《答释法云难范缜〈神灭论〉》《均圣论》《答陶隐居难〈均圣论〉》《究竟慈悲论》《论形神》《神不灭论》《难范缜〈神灭论〉》《述僧设会论》《述僧设会食论》《内典序》《佛记序》《佛知不异众生知义》《六道相续作佛义》《因缘义》《千佛颂》《弥勒赞》《瑞石像铭》《光宅寺刹下铭》《弥陀佛铭》《释迦文佛像铭》《长西禅精舍铭》《比丘尼僧敬法师碑》《南齐禅林寺尼净秀行状》《忏悔文》《千僧会愿文》《舍身愿疏》《奉阿育王寺钱启》《与约法师书》等等。从这些论著可以看出沈约对佛教的热情。

由于六朝音韵之学深受佛学东渐的影响,而且还有谢灵运、周颙等人的示例,所以我们可以推论沈约与佛学的密切关系,对其"盛解音律"是有重要帮助的。

其次来看论宫商。这里重点要谈的还是沈约。沈约论宫商最有名者正如《南齐书》所言在《宋书·谢灵运传论》之中:"若夫敷衽论心,商榷前藻,工拙之数,如有可言。夫五色相宣,八音协畅,由乎玄黄律吕,各适物宜。欲使宫羽相变,低昂互节;若前有浮声,则后须切响。一

---

① [南朝梁]释慧皎撰,汤用彤校注:《高僧传》,北京:中华书局,1992年,第260页。

简之内,音韵尽殊;两句之中,轻重悉异。妙达此旨,始可言文。至于先士茂制,讽高历赏,子建函京这作,仲宣霸岸之篇,子荆零雨之章,正长朔风之句,并直举胸情,非傍诗史,正以音律调韵,取高前式。自骚人以来,多历年代,虽文体稍精,而此秘未睹。"①《封氏闻见记》在说沈约"文词精拔,盛解音律"之后,其实还有一句话:"文章八病,有平头、上尾、蜂腰、鹤膝。"②沈约的这些宫商论述后人称之为"四声八病"。对"八病"向来争论颇多,关键问题就是"八病"各说是否为沈约提出,且沈约是否曾以"八病"裁文等。不过,钟嵘《诗品序》已有:"蜂腰鹤膝,闾里已具。"③《南史·陆厥传》则提及"平头、上尾、蜂腰、鹤膝"④四病,因此目前学界至少确认前四病已为沈约诸人所用。

不过,在人们具体讨论"四声八病"时,容易忽略一个问题:沈约宫商之论其实不过是其另一重要文学思想之一部分,这一思想即"三易"说。《颜氏家训·文章》云:"沈隐侯曰:'文章当从三易:易见事,一也;易识字,二也;易读诵,三也。'"⑤所谓"易读诵",即文章要易于上口吟诵。古代诗歌最初本是以唱为主,称为歌诗。汉魏以还,诗乐日渐分离,诗歌逐渐由歌咏为主变为以诵读为主,称为徒诗。因此沈约提倡的"易读诵",实际包含两层要求:一是要求文章用词浅显,这要以前"两易"为前提,唯有少用事典,用语浅近,诵读才有可能变得容易;二是要求文章特别是诗歌的语言要声韵和谐,因为文章要诵,就有一个抑扬起伏的问题,如果声韵和谐搭配,就可使文章在吟诵时更加协

---

① [南朝梁]沈约:《宋书》,北京:中华书局,1974年,第1779页。
② [唐]封演撰,赵贞信校注:《封氏闻见记校注》,北京:中华书局,2005年,第13页。
③ [南朝梁]钟嵘著,曹旭笺注:《诗品笺注》,北京:人民文学出版社,2009年,第208页。
④ [唐]李延寿:《南史》,北京:中华书局,1975年,第1195页。
⑤ [北齐]颜之推撰,王利器集解:《颜氏家训集解》(增补本),北京:中华书局,1993年,第272页。

调流畅,易于上口。可以说后一点才是"易读诵"内涵的真正指向。那么,如何才能使诗歌做到"易诵读"呢? 方法正是沈约在《宋书·谢灵运传论》中指出的,欲使诗歌具有音乐之美,则要让平声与仄声相互变化,高音和低音交错调饰,做到清浊高下有节奏,这样读来才能抑扬顿挫,琅琅上口。而这些正是沈约等人倡导的永明体诗歌的主要特征。因此,沈约论宫商正是力求诗歌创作能达到"易读诵"的目的。"三易"之说显然与晋宋以来流行的博奥典雅文风背道而驰,沈约提出这一文风新动向,或与佛教文风的示范效应有关。因为我们稍微观察一下便可发现,佛经所呈现出的文风特点,可以说正是"三易"说的经典代表。

佛教入华之初,其传播以佛教传译为主,而佛经的传播当以易于识读为要。梁启超先生曾言:"吾辈读佛典,无论何人,初展卷必生一异感,觉其文体与他书迥然殊异,其最显著者:(一)普遍文章中所用,'之乎者也矣焉哉'等字,佛典殆一概不用(除支谦流之译本)。(二)既不用骈文家之绮词俪句,亦不采用古文家之绳墨格调。……"[1]梁先生指出了佛经语言为南朝文学提供的一种新风格。从翻译的佛典看,它用的是一种韵散结合、梵汉结合的雅俗共赏的译经体。这种文体通俗、灵活、多用外来语和外来句式,与中土流行的骈文也绝然不同。按照胡适先生的话讲,这种新风格的出现"第一因为外国来的新材料装不到那对仗骈偶的滥调里去。第二因为主译的都是外国人,不曾中那骈偶滥调的毒。第三因为最初助译的很多是民间的信徒;后来虽有文人学士奉敕润文,他们的能力有限,故他们的恶影响也有很。第四因为宗教的经典重在传真,重在正确,而不重在辞藻文采;重在读者易解,而不重在古雅。故译经大师多以'不加文饰,令易晓,不失本义'相勉。到了鸠摩罗什以后,译经的文体大定,风气大开,那

---

[1]梁启超:《翻译文学与佛典》,见《佛学研究十八篇》,上海:上海古籍出版社,2001年,第198页。

班滥调的文人学士更无可如何了"①。

　　而这一时期佛经翻译也将易晓的要求开始集中在对文字的润色上,慧严、慧观、谢灵运三人对北本《大般涅槃经》的改治正代表了这一风气。

　　昙无谶译北本《大般涅槃经》其实是相当慎重认真的,据《古今译经图记》载:昙无谶口宣经文,"慧嵩笔受,道俗数百人问难,谶释疑滞,清辩若流,涅槃三译乃讫"②。可以看出昙无谶对"务存经旨"的重视,但在文字的表达上则略显粗糙,质朴有余,雅畅不足。据载,北本在翻译时,"执笔者一承经师口所译,不加华饰"③,"语小朴质,不甚流靡"④,因此"大涅槃经初至宋土,文言致善而品数疏简,初学难以措怀"⑤。因此谢灵运等人的改治主要是在品目的调整和文字的润色上,以求易于研习。孙述圻先生曾对北本南本改易处有详细对比⑥,通过对比,南本在概念、范畴的正确运用与文字明白晓畅上,的确都有很大提高。

　　除了文字易晓之外,佛教也非常重视佛经的易读诵问题。佛经的转读和梵呗都讲究声法和音调,它们的区别在于梵呗音声是歌,可以入曲被之管弦;转读声法是诵,只能和以金石,不能入曲。然而,无论是转读还是梵呗,都非常注重对它们所咏唱内容——佛经语言的声韵研究。一方面,它们要注意语言声韵之搭配,同时,它们还要注意文字声调的抑扬。为了佛经的"易读诵",永明之时关于佛教经典

---

①胡适:《白话文学史》,北京:东方出版社,1996 年,第 115 页。

②[唐]释靖迈:《古今译经图记》卷三,《大正新修大藏经》第 55 册,第 360 页。

③[南朝梁]释僧祐:《出三藏记集》卷八,《大正新修大藏经》第 55 册,第 60 页。

④[唐]释道宣:《大唐内典录》卷四,《大正新修大藏经》第 55 册,第 258 页。

⑤[南朝梁]释慧皎撰,汤用彤校注:《高僧传》,北京:中华书局,1992 年,第 262 页。

⑥孙述圻:《谢灵运与南本〈大般涅槃经〉》,《南京大学学报》(哲学社会科学版),1983 年第 1 期。

的审音造呗的活动非常多,下面仅举一例试说明之。

竟陵王永明七年二月二十日招集善声沙门造经呗新声一事,《高僧传》卷十三《齐安乐寺释僧辩传》载:

> 永明七年二月十九日,司徒竟陵文宣王梦于佛前咏《维摩》一契,同声发而觉,即起至佛堂中,还如梦中法,更咏古《维摩》一契,便觉韵声流好,著工恒日。明旦即集京师善声沙门龙光普智、新安道兴、多宝慧忍、天保超胜及僧辩等,集第作声。辩传古《维摩》一契、《瑞应》七言偈一契,最是命家之作。①

这是一次大规模的"考文审音"活动,通过此次考审,佛经诵读的声韵问题在理论上已被正式确定。正如陈寅恪先生所言,造经呗新声虽在永明七年,但"在此略前之时,建康之审音文士及善声沙门讨论研求必已甚众而且精。永明七年竟陵京邸之结集,不过此新学说研求成绩之发表耳"②。从《高僧传》所载善转读和梵呗的高僧情况看,"建康经呗之盛,实始自宋之中世,而极于齐之初年"③。萧子良在永明七年前也必然已娴熟转读,否则如何能于梦中咏诵?又《出三藏记集》卷十二《齐竟陵文宣王法集目录》载:"与何祭酒书赞去滋味一卷。赞梵呗偈文一卷。梵呗序一卷。转读法并释滞一卷。"又同卷《齐竟陵王世子抚军巴陵王法集目录》载:"经声赋。"④可以看出竟陵

---

① [南朝梁]释慧皎撰,汤用彤校注:《高僧传》,北京:中华书局,1992年,第503页。
② 陈寅恪:《四声三问》,《金明馆丛稿初编》,北京:生活·读书·新知三联书店,2001年,第368页。
③ 陈寅恪:《四声三问》,《金明馆丛稿初编》,北京:生活·读书·新知三联书店,2001年,第373页。
④ [南朝梁]释僧祐:《出三藏记集》卷十二,《大正新修大藏经》第55册,第86—87页。

集团对转读、梵呗在理论与实践上的重视。而竟陵王造经呗新声的目的,在于求佛经诵读之"韵声流好",此前佛经的转读风格善声者间略有不同,有的"响韵清雅"(《高僧传·法平传》),有的"和雅哀亮"(《僧饶传》),有的"禀自然之声"(《道慧传》),有的"丰声而高调"(《智宗传》)。转读之法虽一,但风格颇多差异。竟陵王集诸经师,就是为"斟酌旧声,诠品新异"①(《慧忍传》),确定转读之准则,为众人所共用。大概释慧忍之法颇合"韵声流好"的风格体制,故萧子良认为他"所得最为长妙"②,并命其余四十余位僧人皆就慧忍受学。由此可以看出,永明之审音明显有着追求"易读诵"的目的。

由上述分析可知,佛教传播所传达的"易晓"和"易诵"等观念,对沈约"三易"说的形成有着一定的影响,而沈约"三易"说正是他推动诗歌格律化的一个重要前提思想,从这个视角来看,佛教对永明诸人的格律化创作也是有着较大影响的。

二、佛教东来与格律规则之关系

格律化诗潮的兴起,与格律化规则的自觉有着莫大关系,而六朝时期的格律化规则主要就指永明声律论。

自觉地运用声、韵、调的合理搭配,以追求诗句声音的抑扬顿挫,以便于诵读,可以说是永明声律论追求的第一层次,对于这一层的理论可以说"前英已早识",虽然不一定是自觉的。沈约诸人对声律的追求并未停留在这一层次上,他们进一步提出了声律运用的若干规则,即要避免出现声韵搭配的八种病状,对这第二层的理论沈约自诩为"独得胸襟"则并非自傲之举,这种以"病"论诗之理论在中国文学

---

① [南朝梁]释慧皎撰,汤用彤校注:《高僧传》,北京:中华书局,1992 年,第 499、499、500、501、505 页。

② [南朝梁]释慧皎:《高僧传》卷十三,《大正新修大藏经》第 50 册,第 414 页。

批评史上的确前无古人。那么,沈约的声病理论真的是"独得胸襟",完全出于自己的创造吗? 对这一点,现代研究者一直以来并未提出更多质疑。但近些年来,随着《诗律考辨》的被发现,学者们对这一问题的认识开始发生变化。

从内容上看,《诗律考辨》和印度著名的诗学专著《舞论》基本属于同一系统,因此,由《诗律考辨》已为中土僧徒所熟悉可推知,《舞论》中的相关诗律知识也必已传入中土,这为我们寻找声病论的理论渊源提供了一个重要依据。

《诗律考辨》出土于龟兹,主要为佛教寺院收藏,目前仅存 25 页及若干碎片。据日本学者平田昌司考证,这份残卷的抄写年代大约在 4 世纪后半期或 5 世纪,相当于东晋时期。残卷按内容可以分为三个部分:"(1)诗律常识;(2)诗格之一:诗律的排列次序跟《诗律经》相似。用每种诗律作一首'赞'(kāvya)为举例,没有各个诗律的文字说明。……(3)诗格之二:诗律的排列次序很接近于《戏剧论》。《诗律考辨》的有些诗句在语言上反映叙事诗的语言特点,暗示着这部著作的成书年代属于古典梵语以前的阶段。其所记述的诗律跟《诗律经》《戏剧论》只有少数分歧,可以认为三种都应该属于同一系统。"①这里所说的《戏剧论》,也就是印度著名的诗学专著《舞论》。"《舞论》的原始形式产生于公元前后不久,而现存形式大约定型于四、五世纪"②,它的十五、十六、十七三章着重介绍了梵语诗律。如据《舞论》介绍,"梵语诗律分成波哩多(vṛtta)和阇底(játi)两大类:前者是音节有规则的组合,后者是音节瞬间有规则的组合"③。音节

①(日)平田昌司:《梵赞与四声论》,《第二届国际暨第十届全国声韵学学术研讨会论文集》,高雄:台湾中山大学印制,1992 年,第 56 页。
②黄宝生:《印度古典诗学》,北京:北京大学出版社,1999 年,第 34 页。
③黄宝生:《印度古典诗学》,北京:北京大学出版社,1999 年,第 119 页。

组合的基本规律就是以音的长短轻重来搭配,以获得错落有致的音韵之美。《诗律考辨》的内容与它大致相当,显然《诗律考辨》的内容主要讨论的是诗歌的声律问题,而与佛教完全无关。那么,佛教寺院为何要收藏这种外教著作呢? 其目的正是为了满足僧徒撰写偈赞的需要。平田昌司指出,从马鸣现存的长诗《佛所行赞》《美难陀赞》及《舍利弗》剧本来分析,"这些作品不仅遵守诗律,还用比较标准的梵语撰写。在形式、内容上运用丰富的词汇和修辞技巧,符合'赞'(kāvya)的定义。它似乎受到了婆罗门教系统的叙事诗的影响,而这种外教因素是在早期佛经看不到的"①。可见,对诗律的研究已是马鸣时代印度佛教徒的一种必备知识。而随着佛教入华,这种必备知识也必然传入中原。

　　《舞论》成书于公元前后,是印度一部梵文戏剧学论著,但其中第十五、十六、十七三章专门论述了诗歌格律问题。在所论诗律中可以发现不少与永明声病论有渊源关系的内容。

　　首先是"病"这一诗学概念。"病"(doṣa),在梵文中,其原义是错误或缺点。在汉译佛经中,一般译作"过失",有时也译作"病"②。"病"是《舞论》中所论诗歌格律的一个重要概念。《舞论》在第十七章就专门论述过三十六种诗相、四种诗的庄严、十种诗病和十种诗德。这是梵语诗学的雏形。后来的梵语诗学普遍运用庄严、诗病和诗德三种概念而淘汰了诗相概念。《舞论》中所谓诗病(doṣa)有十种:

　　1. 意义晦涩(gúḍhārtha)——使用生僻或费解的同义词。

---

① (日)平田昌司:《梵赞与四声论》,《第二届国际暨第十届全国声韵学学术研讨会论文集》,高雄:台湾中山大学印制,1992 年,第 51 页。
② 黄宝生:《印度古典诗学》,北京:北京大学出版社,1999 年,第 251 页。

2. 意义累赘(arthāntara)——描写不必描写者。

3. 缺乏意义(arthahīna)——意义不一致或不完整。

4. 意义受损(bhinnārtha)——意义粗俗不雅,或者意义走样。

5. 意义重复(ekārtha)——重复表达一种意义。

6. 意义臃肿(abhiplutārtha)——一节中每个音步各自成句。

7. 违反正理(nyāyadāpeta)——缺乏逻辑。

8. 诗律失调(viṣama)——违反格律。

9. 缺乏连声(visandhi)——词与词之间不按照连声规则黏合。

10. 用词不当(sabdacyuta)——不合语法。①

印度 7 世纪婆摹诃的《诗庄严论》、檀丁的《诗镜》、8 世纪伐摹那的《诗庄严经》都曾论及诗病问题,可见诗病概念是梵语诗学的重要内容。沈约自诩"独得胸襟"的声病概念与此或有一定渊源关系。关于这一点,美国学者梅祖麟教授曾有论及,他认为沈约等人提出的诗歌声"病"概念即源于印度《舞论》中的 doṣa,传入的时间最有可能是在公元 450 年至 550 年之间,而传播这种观念的核心人物就是鸠摩罗什等人②。日本学者平田昌司在这一点上与梅祖麟教授有着类似看法,他认为印度的诗律知识很有可能是通过外国精通音韵的僧侣传入中土的,并指出,由于《诗律考辨》有许多内容与《舞论》中的观点相一致,因此有理由相信,沈约及其追随者一定接触到了《舞论》方面的有关资料。虽然目前尚难找到直接证据证明沈约等人接触过梵语诗律,但两位学者的推论还是具有相当合理性的。

———————

① 黄宝生:《印度古典诗学》,北京:北京大学出版社,1999 年,第 125—126 页。
② 参见梅祖麟:《梵文诗律和诗病说对齐梁声律形成的影响》,《梅祖麟语言学论文集》,北京:商务印书馆,2000 年。

　　其次是诗歌格律规则。《舞论》在第十五和十六两章中,着重介绍了梵语诗歌格律规则,其中音节的轻重搭配是梵语诗律的一个重要方法。"梵语诗歌一般每节分成两行,每行两个音步(pāda)。梵语诗律分成波哩多(vṛtta)和阇底(jāti)两大类:前者是音节有规则的组合,后者是音节瞬间有规则的组合。音节以元音为标志,短元音为短音节,长元音或复合元音为长音节,在复辅音、鼻化音或送气音ḥ前面的短元音也算长音节。同时,每个音步,尤其是第二、第四音步末尾的音节,即使是短音节,也可视为长音节。短音节为一个音节瞬间(即一个单位的发音时间),长音节为两个音节瞬间。"短音节和长音节相当于轻音和重音。梵语诗律讲得就是轻重音节在每个音步中有规则的组合问题。如"波哩多诗律还分成规则、半规则和不规则三类。规则的是指四个音步的音节数目和组合方式相同。半规则的是指四个音步中,奇数音步(即第一和第三音步)具有一种相同的音节数目和组合方式,偶数音步(即第二和第四音步)具有另一种相同的音节数目和组合方式。不规则的是指四个音步的音节数目和组合方式均可不同"①。这不禁令人想起沈约《宋书·谢灵运传论》的一句话:"一简之内,音韵尽殊;两句之中,轻重悉异。"轻重搭配问题也正是永明声病规则的本质特征。这可明显看出两者的渊源关系。故梅祖麟教授说:"梵文中的长短句在诗律中叫'轻重音'(梵文 laghu '轻'、guru '重')。沈约'两句之中,轻重悉异'的'轻重'相当于后代的'平仄',来源是梵文诗律里的'轻重音'。"②平田昌司先生也指出:"(梵语)诗律分'轻'(laghu)'重'(guru)两大类,这些术语已见于《波尔尼经》,起源很早。""作偈颂时,一定要遵守这种轻重搭配。

---

① 黄宝生:《印度古典诗学》,北京:北京大学出版社,1999 年,第 119—120 页。
② 梅祖麟:《梵文诗律和诗病说对齐梁声律形成的影响》,《梅祖麟语言学论文集》,北京:商务印书馆,2000 年,第 508 页。

不合诗格规定的被称为'viṣama'。"①这也就是"病"的概念。这种以音节轻重组合方式形成的声律规则,与永明声病规则的渊源关系是显而易见的。

最后是诗病名称。据平田昌司先生介绍,梵语诗歌格律当中有两种基本类型:一种是用符号表示轻重的搭配,……另一种是以偈颂实例让读者领会诗律。《舞论》和《诗律考辨》都属于后一类型,这种梵语诗律的名称常用名词或比喻形式。如波哩多诗律中有一类叫伽耶特哩的诗律,其中一种的规则是每个音步头两个音节和最后两个音节是重音节(长音节),中间两个是轻音节(短音节),因此被称为"细腰女"。还有一种的规则是前四个音节是轻音节,后两个是重音节,则被称为"鳄鱼头"。这不禁让我们联想到八病中的"蜂腰"和"平头"的比喻,可以明显看出两者间的模仿关系。

又鸠摩罗什是梵语诗律传入中土的关键人物,他于《通韵》②中有这样一段论述:"若长声作头,还呼长声,若短声作头,还呼短声,闻声相呼,自然而会,一切音声,能使舌根清净,解百鸟语。就中有四百廿字,竖则双声,横则牒(叠)韵,双声则无一字而不双,牒韵则无一字而不韵。初则以头就尾,后则以尾就头。或时头尾俱头,或尾头俱尾。顺罗文从上角落,逆罗文从下末耶。大小更荒,皆从外咬。若翻熟地,起首中殃(央),胡音汉音,取舍任意。或似捣练,或似唤神,听

①(日)平田昌司:《梵赞与四声论》,《第二届国际暨第十届全国声韵学学术研讨会论文集》,高雄:台湾中山大学印制,1992年,第56—57页。

②按:关于敦煌写卷S.1344号题为鸠摩罗什所著《通韵》者是否为罗什所作,目前学界尚有争议,饶宗颐先生《鸠摩罗什通韵笺》(见《梵学集》,上海:上海古籍出版社,1993年)持论肯定,而王邦维先生《鸠摩罗什通韵考疑》(见《敦煌吐鲁番学研究论集》,北京:书目文献出版社,1996年)则持论怀疑。两相比较,感王邦维先生以今人之视角立论,颇见新意,然略觉推论大于实证,尚难完全成立。故本书在此倾向于饶先生观点,但所引内容也仅做旁证而已。

从高下。傍纽、正纽，往返铿锵。横超竖超，或逆或顺，或纵或横，半阴半阳，乍合乍离，兼胡兼汉。咽喉牙齿，咀嚼舌愕（腭）。唇端呼吸，半字满字。乃是如来金口所宣，宫商角徵，并皆罗什八处轮转。了了分明，古今不失。"①罗什对汉语音韵的研究，是建立在他所熟知的梵语诗律的基础之上的，而《通韵》之中的头、尾、正纽、傍纽应是梵汉诗律相参的结果。这又与八病中平头、上尾、正纽、傍纽相对应，也可看出声病名称与梵语诗律的渊源关系。

综上所述，永明声律论的创新特点主要表现在诗病概念和病犯规则两方面，这在中国文学批评史上确具独创性。而上述分析告诉我们，正是在这两方面梵语诗律与永明声律论存在惊人相似之处，这为确定两者之间的渊源关系提供了一定的理论依据。而从梵语诗律的传播途径来看，两者之间存在渊源关系也是完全有可能的。这一推断为声病理论何以在中国文学批评史上突然出现的问题提供了一种较为合理的解释。可以说这一套声律规则的出现，对推动永明时期格律化诗潮得以形成发挥了极为重要的作用。

三、余论：格律化意义之辩

永明声律理论的提出推动了诗歌格律化创作潮流，在诗歌发展史上是一件大事。这一诗歌思潮在沈约的引领下，云集了谢朓、王融、范云、虞炎、柳恽、何逊、吴均等等一大批著名诗人参与其中，在永明文坛形成了独树一帜的影响。值得注意的是，永明格律思潮中的诗人们明确以"新变"为旗帜，正如《梁书·庾肩吾传》所言："齐永明中，文士王融、谢朓、沈约，文章始用四声，以为新变。"②《南齐书·文学传论》则评论曰："习玩为理，事久则渎，在乎文章，弥患凡旧，若无

---

① 饶宗颐：《梵学集》，上海：上海古籍出版社，1993 年，第 134—136 页。
② ［唐］姚思廉：《梁书》，北京：中华书局，1973 年，第 690 页。

新变,不能代雄。"①也就是说,他们是有意突破旧传统的,是一批自觉的创新者,因此沈约才说"自骚人以来,多历年代,虽文体稍精,而此秘未睹"②。王钟陵先生认为:"在中国保守的封建社会中,时间感经常是向后的,创造革新往往得打着复古的旗号才行,人们总要将自己的作为同一个渊源深远的传统挂钩。虽然沈约在甄琛'不依古典,妄自穿凿'的指责面前,也不得不牵强地用四时之象来说明四声存在的合理性,但他仍敢以独得之秘相标榜,可以说也是一种创新精神的表现。"③

　　当然,从佛学东渐的影响来看,沈约诸人的声律理论虽确有创新,但言前人未睹则有点言过其实。这一看法在当时已有人提出过,陆厥在《与沈约书》中对沈约"此秘未睹"的说法便不以为然,他说:"自魏文属论,深以清浊为言;刘桢奏书,大明体势之致。龃龉妥帖之谈,操末续巅之说,兴玄黄于律吕,比五色之相宜。苟此秘未睹,兹论为何所指邪?故愚谓前英已早识宫徵,但未屈曲指的,若今论所申。至于掩瑕藏疾,合少谬多,则临淄所云'人之著述,不能无病'者也。非知之而不改,谓不改则不知,斯曹、陆又称'竭情多悔,不可力强'者也。今许以有病有悔为言,则必自知无悔无病之地,引其不了不合为暗,何独诬其一合一了之明乎?意者亦质文时异,古今好殊,将急在情物,而缓于章句。情物,文之所急,美恶犹且相半;章句,意之所缓,故合少而谬多。义兼于斯,必非不知明矣。"④沈约对陆厥所持质疑颇为重视,并认真给他回了一封信,对自己提出的观点做了进一步详细说明。沈约的回答是:"宫商之声有五,文字之别累万。以累万之

①[南朝梁]萧子显:《南齐书》,北京:中华书局,1972年,第908页。
②[南朝梁]沈约:《宋书》,北京:中华书局,1974年,第1779页。
③王钟陵:《中国中古诗歌史》,南京:江苏教育出版社,1988年,第660页。
④[南朝梁]萧子显:《南齐书》,北京:中华书局,1972年,第898—899页。

繁,配五声之约,高下低昂,非思力所举,又非止若斯而已也。十字之文,颠倒相配;字不过十,巧历已不能尽;何况复过于此者乎!灵均以来,未经用之于怀抱,固无从得其仿佛矣。若斯之妙,而圣人不尚,何邪?此盖曲折声韵之巧,无当于训义,非圣哲立言之所急也。是以子云譬之'雕虫篆刻',云'壮夫不为'。自古辞人,岂不知宫羽之殊,商徵之别。虽知五音之异,而其中参差变动,所昧实多。故鄙意所谓'此秘未睹'者也。以此而推,则知前世文士,便未悟此处。若以文章之音韵,同弦管之声曲,则美恶妍蚩,不得顿相乖反。譬犹子野操曲,安得忽有阐缓失调之声;以《洛神》比陈思他赋,有似异手之作。故知天机启则律吕自调,六情滞则音律顿舛也。士衡虽云炳若缛锦,宁有濯色江波,其中复有一片是卫文之服?此则陆生之言,即复不尽者矣。韵与不韵,复有精粗。轮扁不能言,老地亦不尽。"①从两人所论可以看出,他们讨论的虽是同一问题,却是从不同层面上来说的。陆厥是从一般了解声音知识上来说,沈约则是从精于声律上来说,两人的要求,实有精粗之别;他们对于自然声律的理解,亦有所不同,主要区别在于一指不自觉的声律搭配,一指自觉的声律规则使用。

后人对永明格律化诗潮中规则之烦琐亦颇多微词。如前引卢照邻《南阳公集序》云:"八病爰起,沈隐侯永作拘囚。"②皎然《诗式》亦说:"沈休文酷裁八病,碎用四声。"③不过,永明声律规则作为起始阶段的摸索必然要进行多方面尝试,最初比较受到重视的体式,并不一定恰是后世定型的体式,尝试探索的面向总要宽广一些,这样后世方能从这较宽广的尝试范围中来选定一些作为定型的体式。也就是说,我们必须看到永明声律论是一个创新规则的最初摸索阶段,只有

①[南朝梁]萧子显:《南齐书》,北京:中华书局,1972年,第899—900页。
②周祖譔编撰:《隋唐五代文论选》,北京:人民文学出版社,1990年,第52页。
③[清]何文焕辑:《历代诗话·诗式》,北京:中华书局,1981年,第27页。

从这一历史特点来看待和论述格律化思潮问题,方能符合文学史发展的实际。虽然沈约酷裁八病,碎用四声,平头上尾,蜂腰鹤膝,拘忌太多,迭遭后人批评,但是,也应该看到,这种拘忌太多也有其摸索试验的性质,唯有通过这种摸索试验,方能把真正应该避忌的东西确定下来。

　　总之,佛学东渐推动了汉字声、韵、调三者相关知识的齐备,音韵学取得了突破性的进展。而文化学术的各个领域,向来是在多学科的交融中前进和发展,一个学科的突破性进展,往往会带来相邻学科面貌的改变。音韵学的发展为文学突进提供了一次历史机遇,而永明文人敏锐地抓住了这一时机。

第四章　异相善巧与轻靡文学思潮

　　所谓"轻靡"者,正如《文心雕龙·体性》所云"浮文弱植,缥缈附俗者也"①,即指文学创作中辞藻浮华、情志无力、内容空泛之风。这一词常被用来评价南朝萧梁时期的宫体诗,《南史·梁本纪》评价萧纲时就曾云:"然帝文伤于轻靡,时号'宫体'。"②不过《梁书》本纪此处用的是"伤于轻艳"③,所以"轻靡"亦有"轻艳"之意。本章所论之轻靡文学思潮,就是指以宫体诗为主体的文学创作思潮。关于这一文学思潮的研究,前人成果已非常丰富;关于宫体诗与佛教之关系,前人也有所讨论。因此,本章对前人已论述颇深的问题将不再赘述,而重点讨论的是,齐梁以来轻靡文学思潮发生、发展过程中,佛学东渐所带来的文化新变在其中到底发挥了何种作用,以求对前人所论有所补足增益。

第一节　文化新变与文学书写中的雅俗抉择

　　关于以宫体诗为主体的轻靡文学思潮,《隋书·文学传序》有一

---

① [南朝梁]刘勰著,陆侃如、牟世金译注:《文心雕龙译注》,济南:齐鲁书社,2009年,第388页。
② [唐]李延寿:《南史》,北京:中华书局,1975年,第233页。
③ [唐]姚思廉:《梁书》,北京:中华书局,1973年,第109页。

段非常有名的评论:"梁自大同之后,雅道沦缺,渐乖典则,争驰新巧。简文、湘东,启其淫放,徐陵、庾信,分路扬镳。其意浅而繁,其文匿而彩,词尚轻险,情多哀思。格以延陵之听,盖亦亡国之音乎。"①这段评价较为负面,尤其"亡国之音"的评价今人一般认为有点言过其词。不过,其实有一个评价之词确实道出了轻靡文学的一个重要特点,即"争驰新巧",追求新变。徐摛作为宫体诗的代表人物,《梁书·徐摛传》曾言其"属文好为新变,不拘旧体"②,萧纲的"文章且须放荡"③之说同样强调的是为文要不拘一格,善于新变。这都说明轻靡文学思潮的出现,是建立在新变文学观念的基础之上的。文学对新变的追求,自刘宋以来便形成一种风气,就如萧子显在《南齐书·文学传论》中描述的:"习玩为理,事久则渎。在乎文章,弥患凡旧;若无新变,不能代雄。"④而趋俗是当时新变的一个重要方面,正如纪昀所说,齐梁诗文是"求新于俗尚之中"⑤。如果从这个角度来考察轻靡文学思潮形成的动因,便可发觉佛教在其中的确发挥了较为重要的作用。

一、宋齐以来的文学新风与俗尚

有意识地以变求新的创作风气,在刘宋初期便开始流行。正如《文心雕龙·通变》所言:"宋初讹而新。"《定势》亦曰:"自近代辞人,率好诡巧,原其为体,讹势所变,厌黩旧式,故穿凿取新。"⑥所谓"近

①[唐]魏徵等:《隋书》,北京:中华书局,1973年,第1730页。
②[唐]姚思廉:《梁书》,北京:中华书局,1973年,第446页。
③郁沅、张明高编选:《魏晋南北朝文论选》,北京:人民文学出版社,1996年,第354页。
④[南朝梁]萧子显:《南齐书》,北京:中华书局,1972年,第908页。
⑤[南朝梁]刘勰撰,詹锳义证:《文心雕龙义证》,上海:上海古籍出版社,1989年,第1077页。
⑥[南朝梁]刘勰著,陆侃如、牟世金译注:《文心雕龙译注》,济南:齐鲁书社,2009年,第407、421页。

代辞人",主要是指刘宋作家。宋代文人比较注意文学自身的特点,认为"情志既动,篇辞为贵"①是文章的基本要素。元嘉三大家谢灵运、颜延之、鲍照便"不相祖述""乃各擅奇"②。刘宋文人不少都不愿蹈袭陈词,意欲创新,但却常常走向到深僻的文字去钻营的方向,甚至不惜生撰硬造,以致把诗歌弄到晦涩不通、难以卒读的地步。如谢瞻的"布怀存所钦,我劳一何笃"(《于安城答灵运》)、谢惠连的"婉娩寡留辔,窈窕闭淹龙"(《豫章行》)一类诗句③。当时新变还有一种常用的表达方式,即颠倒文句。鲍照《石帆铭》"君子彼想"④,正言恐是"想彼君子"。江淹《恨赋》"孤臣危涕,孽子坠心",正言应为"孤臣坠涕,孽子危心"。又《别赋》"心折骨惊"⑤,正言应为"骨折心惊"。又庾信《梁东宫行雨山铭》,"草绿衫同,花红面似"⑥,正言应为"衫同草绿,面似花红"。正如《文心雕龙·序志》所谓:"辞人爱奇,言贵浮诡。"范文澜先生也以为:"于辞不顺,好奇之过也。"⑦由此可见,刘宋虽然已有意识地追求新变,但显得并不成熟,过于追求言辞翻新出奇,路走得有点偏,过犹不及。

南齐永明文人对新变观有了更为理性的认识,这种自觉的理性表现在两个方面:一是永明文人已自觉地认识到文学发展历史的新变特征;二是形成了具体明确的新变方法。

对文学发展历史新变特征的自觉认识,首先出现在沈约《宋书·

①[南朝宋]范晔:《后汉书》,北京:中华书局,1992年,第2658页。

②[南朝梁]萧子显:《南齐书》,北京:中华书局,1972年,第908页。

③逯钦立辑校:《先秦汉魏晋南北朝诗》,北京:中华书局,1983年,第1132、1189页。

④[清]严可均辑:《全宋文》,北京:商务印书馆,1999年,第468页。

⑤[清]严可均辑:《全梁文》,北京:商务印书馆,1999年,第356、357页。

⑥[清]严可均辑:《全北齐文全后周文》,北京:商务印书馆,1999年,第221页。

⑦[南朝梁]刘勰撰,范文澜注:《文心雕龙注》,北京:人民文学出版社,1958年,第535页。

谢灵运传论》之中。"从《传论》中可以看到,通过对整个文学发展史的认真研究和思考,沈约明确地意识到文学是逐代而变的,文学的发展虽是'递相师祖',以继承传统为前提,但它的本质却是创新、演变。"①《传论》云:

> 自汉至魏,四百余年,辞人才子,文体三变。相如巧为形似之言,班固长于情理之说,子建、仲宣以气质为体,并标能擅美,独映当时。是以一世之士各相慕习,原其飚流所始,莫不同祖风骚,徒以赏好异情,故意制相诡。降及元康,潘、陆特秀,律异班、贾,体变曹、王,缛旨星稠,繁文绮合,缀平台之逸响,采南皮之高韵,遗风余烈,事极江右。有晋中兴,玄风独振,为学穷于柱下,博物止乎七篇,驰骋文辞,义单乎此。自建武暨乎义熙,历载将百,虽缀响联辞,波属云委,莫不寄言上德,托意玄珠,遒丽之辞,无闻焉尔。仲文始革孙、许之风,叔源大变太元之气。爰逮宋氏,颜、谢腾声,灵运之兴会标举,延年之体裁明密,并方轨前秀,垂范后昆。②

沈约对文学发展史的描述重视一个"变"字,他将南齐之前的文学历史划分为先秦、汉魏、两晋及宋等几个时期,对每一时期他都指出了其文变之规律。先秦文学,由虞夏至周至战国,其发展规律在"文以情变"。汉魏文学,他以"文体三变"概括其发展历史,"相如巧为形似之言,班固长于情理之说,子建、仲宣以气质为体,并标能擅美,独映当时"。晋至宋初文学,也有三变:西晋"律异班、贾,体变曹、王";东晋则"玄风独扇";宋初则"仲文始革孙、许之风,叔源大变太

---

①钱志熙:《〈宋书·谢灵运传论〉与永明文学革新》,《求索》,1993年第2期。
②[南朝梁]沈约:《宋书》,北京:中华书局,1974年,第1778页。

元之气"。刘宋谢、颜又变以"兴会标举""体裁明密"。沈约将文变的原因归结为"赏好异情",即各个时期文学好尚、审美情趣的不同引发文学创作风尚的变化。可以说沈约所描述的文学史就是一部新变史。《传论》中论声律理论时还倡导"直举胸臆,非傍诗史""音律调韵,取高前式",这也正是永明文学新变的主要方向。特别是对声律论的全面概括,沈约明确指出前人"此秘未睹",表现出对其新变方法的自负。这种创新精神的张扬正是时人新变文化心态的反映,这一心态于永明文人中颇为普遍。如张融在《戒子》中便认为:"吾文体英绝,变而屡奇。"①江淹《杂体诗序》亦曰:"譬犹蓝朱成彩,杂错之变无穷。"②都表现了一种以变求新的创作观念。这一观念在永明文人的创作中表现得也很突出,如《南齐书·陆厥传》云:"厥少有风概,好属文,五言诗体甚新变。"③又《梁书·吴均传》云:"均文体清拔有古气,好事者或学之,谓为'吴均体'。"④所谓"好事",也包括好新,"清拔有古气"的风格与当时的丽靡之风不同,便也显得新奇,因此受到沈约的赞赏。可以说永明文人对新变的自觉理性认识,是新变观念成熟的标志。

对于如何新变,永明文人也已形成了一种理性的认识,那便是肯定俗尚的审美倾向。萧子显《南齐书·文学传论》在论及永明新变之特点时云:"杂以风谣,轻唇利吻,不雅不俗,独中胸怀。"⑤所谓"不雅不俗",即既不如传统的诗文那么典雅,也不如民间歌谣那么俗气。这里我们不能仅从字面上来理解为是一种不偏不倚的折中审美观。从文学历史来看,从两晋到刘宋,文坛一直推崇雅正之美,而排斥新

---

① [南朝梁]萧子显:《南齐书》,北京:中华书局,1972年,第729页。
② [清]严可均辑:《全梁文》,北京:商务印书馆,1999年,第405页。
③ [南朝梁]萧子显:《南齐书》,北京:中华书局,1972年,第897页。
④ [唐]姚思廉:《梁书》,北京:中华书局,1973年,第698页。
⑤ [南朝梁]萧子显:《南齐书》,北京:中华书局,1972年,第908—909页。

俗之风。如《宋书》卷十九《乐志》云:"孝武大明中,以《鞞》《拂》、杂舞合之钟石,施于殿廷。顺帝升明二年,尚书令王僧虔上表言之,并论三调哥曰:'臣闻《风》《雅》之作,由来尚矣。大者系乎兴衰,其次者著于率舞。……今总章旧佾二八之流,袿服既殊,曲律亦异,推今校古,皎然可知。又哥钟一肆,克谐女乐,以哥为称,非雅器也。大明中,即以宫县合和《鞞》《拂》,节数虽会,虑乖雅体。将来知音,或讥圣世。'"①而一些文人对民歌的拟作,同样受到严厉批评,颜延之便认为汤惠休的诗"委巷中歌谣耳,方当误后生"②。但是,萧子显在论永明文学时既不崇雅贬俗,也不崇俗贬雅,而是将两者抬到同样高的地位,要求"不雅不俗"。这实际上是在反对晋宋以来所推崇的"雅",为"俗"争取地位,也就是对宋齐时期审美俗尚的肯定。

　　永明文学正处于"雅俗沿革之际"③的重要关头,尚"俗"在当时文坛乃至整个社会,是一股势头愈来愈猛的风气。郭茂倩《乐府诗集》卷六十一论《杂曲歌辞》云:"自晋迁江左,下逮隋、唐,德泽浸微,风化不竞,去圣逾远,繁音日滋。艳曲兴于南朝,胡音生于北俗。哀淫靡漫之辞,迭作并起,流而忘反,以至陵夷。原其所由,盖不能制雅乐以相变,大抵多溺于郑、卫,由是新声炽而雅音废矣。"④这种"郑卫"新声的流行,实起于刘宋皇室。刘宋皇帝"起自匹庶"⑤,故对民歌俗曲颇为好尚,"上有所好,下必甚焉"⑥,于是此类民歌开始大量涌入寒族帝王为代表的宫廷贵族的生活圈。裴子野《宋略·乐志叙》

①[南朝梁]沈约:《宋书》,北京:中华书局,1974年,第552—553页。

②[唐]李延寿:《南史》,北京:中华书局,1975年,第881页。

③[清]王夫之:《古诗评选》卷一,《船山遗书》,北京:北京出版社,1999年,第4702页。

④[宋]郭茂倩编:《乐府诗集》,北京:中华书局,2019年,第899页。

⑤[唐]李延寿:《南史》,北京:中华书局,1975年,第1695页。

⑥[宋]司马光编著:《资治通鉴》,北京:中华书局,1956年,第6374页。

在描述当时新声俗曲盛行之况时曾云："王侯将相,歌伎填室,鸿商富贾,舞女成群,竞相夸大,互有争夺。"①至刘宋后期甚至出现"家竞新哇,人尚谣俗,务在噍危,不顾律纪,流宕无涯,未知所极,排斥典正,崇长烦淫"②的局面,这股风气对当时文坛以及文学新变,有着至关重要的作用。在正统文人眼中,南朝民歌本"多淫哇不典正"③。但在帝王们的倡导下,南朝诗坛兴起了拟作"淫哇"民歌的热潮,以至"雅乐正声鲜有好者"④。这些"谣俗"之作,内容多是儿女私情,形式上则"慷慨吐清音,明转出天然"⑤(《大子夜歌》)。这与传统的雅文学形成强烈的反差对比,因此被时人视为"新声"。萧子显指出永明文学正以"杂以风谣,轻唇利吻"为特征,可见,尚俗的创作风气,正是齐梁文坛新变的重要表现之一。

　　齐梁文学以俗尚求新的新变趋向,与当时的社会文化环境有着密切联系。刘宋立代,标志庶族阶层凭武力崛起于政治舞台,这对魏晋以来以门阀士族为主流的政治文化环境产生了巨大冲击。庶族阶层凭借皇权地位不仅在政治经济上对士族特权逐步抑制,而且在文化领域也不断浸渗蚕食。新声俗曲的流行正是庶族文化风尚推动的结果。所谓"百户之乡,有市之邑,歌谣舞蹈,触处成群"⑥,以至"家竞新哇,人尚谣俗"的景象,也正是士族文化优势衰落的真实写照。随着士族政治地位的边缘化,依附于门阀特权之上而令士族自命不凡的文化优势,也开始如同他们的政治态度一样,逐渐趋向于对以庶族帝王为核心的时代文化潮流的随顺了。因此,南齐士人已不像刘

①[清]严可均辑:《全梁文》,北京:商务印书馆,1999 年,第 581 页。
②[南朝梁]沈约:《宋书》,北京:中华书局,1974 年,第 553 页。
③[南朝梁]沈约:《宋书》,北京:中华书局,1974 年,第 552 页。
④[唐]李延寿:《南史》,北京:中华书局,1975 年,第 500 页。
⑤逯钦立辑校:《先秦汉魏晋南北朝诗》,北京:中华书局,1983 年,第 1048 页。
⑥[唐]李延寿:《南史》,北京:中华书局,1975 年,第 1696 页。

宋士人那样对寒门贵族倡导的民歌俗曲持否定态度。据《南史·王俭传》载:"帝幸乐游宴集,谓俭曰:'卿好音乐,孰与朕同?'曰:'沐浴唐风,事兼比屋,亦既在齐,不知肉味。'帝称善。后幸华林宴集,使各效伎艺,褚彦回弹琵琶,王僧虔、柳世隆弹琴,沈文季歌《子夜来》,张敬儿舞。"①《子夜歌》属吴声民歌,而琅邪王氏、河东柳氏、吴兴沈氏的三位士族文人参与唱奏,士人接受俗曲的程度已可想而知。在创作方面,作为"一代辞宗"的沈约,以及士族文人代表的王融、谢朓等都有民歌拟作,如沈约便有《四时白纻歌》五首、《六忆诗》四首等,由此可以看出南齐文人拟作新声已成风气。所谓"百户之乡,有市之邑,歌谣舞蹈,触处成群",以至"雅乐正声鲜有好者"的景象,正是南齐时期文学风尚的真实写照。在理论方面,沈约提出"三易"说:"文章当从三易:易见事,一也;易识字,二也;易读诵,三也。"②可以说作为文坛领袖的沈约从理论上否定了晋宋以来博奥典正的新变方向,表现了士族文人对新风俗尚的彻底接受。

士庶关系由对立走向融合,为士族文人接受庶族倡导之新风俗尚奠定了重要基础。作为文化主流群体的士族文人对新俗之风的推动,无疑为此风成为时代主流起到了关键作用。而"这一潮流的基本特征,就是由社会政治格局变化催动的整体文化发展的通俗化",这正是永明文学批评新变的主要趋向③。因此可以说,永明士人倡导的新变之风是以接受新声俗尚为心理前提的,而在文化通俗化的发展与接受过程中,最早做出回应并起到推动作用的,就是佛教。

---

① [唐]李延寿:《南史》,北京:中华书局,1975 年,第 593 页。
② [北齐]颜之推撰,王利器集解:《颜氏家训集解》,北京:中华书局,1977 年,第 272 页。
③ 参见张国星:《永明体"新变"说》,《文学评论》,1998 年第 5 期。

二、佛学东渐与文化观念的新变

佛教作为一种外来宗教,是一种新文化。其思想观念与中国传统文化有着相当差异,这种差异自其从两汉之际传入中国始,便对中国固有文化造成冲击,东晋南朝以来的大规模论争正是这种冲击的结果。

佛教与中国传统文化的差异主要表现在教义与制度两大方面。在内在教义上,如世界观,佛教认为我们在现实世界中所看到的一切,都是虚幻的假象。大千世界,包罗万象,无一不是因缘的组合,这就是佛教所讲的因缘生法。因为一切事物都是由因缘和合而成,都是相对的、暂时的,所以世界上没有独立自存的、自己主宰自己的实体。对于人来说,每个人都有苦恼,不能主宰自己,都是五蕴的和合,没有常恒自在的主体,这叫"人无我";对于万物来说,万物都在变化,也没有自体,这叫"法无我"。中国传统儒道文化对世界基本持实有态度,佛教空观显然是一种全新的观念。再如伦理观念,佛教以为人生为苦,因而它就把追求人生的解脱作为自己的最高理想,为了实现这一理想便提出了一套去恶从善的理论学说和伦理道德准则。佛教的伦理道德观是完全服从它的人生观、解脱观的。佛教自传入中国以后,它的道德伦理思想,尤其是它的众生平等、出离家庭和超越当前社会秩序的观念与中国封建社会的等级制度及儒家伦理道德观念形成尖锐的矛盾,这些对于中国传统文化而言都是全新的观念。在外在的制度方面,僧人的许多行为方式都与传统文化相背离。如佛教徒离家为僧,"一有毁伤之疾,二有髡头之苦,三有不孝之逆,四有绝种之罪,五有亡体从诫,唯学不孝"①,等等,都违背了孝道和中国传统礼仪。

---

① [南朝梁]释僧祐:《弘明集》卷八,《大正新修大藏经》第52册,第50页。

　　中国传统文化以儒家为主体,儒家文化说到底是一种为统治者经邦济世出谋划策的文化,因而是一种入世、用世的文化,一种讲等级、有差等的文化,一种讲究道德观念和道德修养、主张给人的情欲以必要和合理的疏导与满足的文化,一种重质而不废文甚至讲究文饰之美的文化。佛家则与此截然对立,而呈现为一种出世、遁世的文化,一种主张众生平等的文化,一种否定和超脱各种道德观念和世俗欲念、主张虚静和禁欲的文化,一种摆脱各种官能享受、质朴无文的文化。文化的差异必然会阻碍佛教在中国的传播和接受,因此自传入之初始,佛教便开始了漫长的中国化历程。从文化发展史来看,佛教的中国化固然是佛教为获得被接受的权利而对自身进行的一种适应性改变,但同时,随着佛教逐步地被接受,中国传统文化也在不断地修正自身以适应佛教文化的融入。因此,佛教中国化历程也是中国传统文化新变的历程。

　　佛教于两汉之际来华,恰值黄老神仙方术盛行之时。东汉末年,道教逐渐形成,道教以求长生不死、得道成仙为人生理想,是源于道家的理论观念以及重视呼吸吐纳的修行方法,与佛教的理论观念和修行方式都有着某些相似之处,故初期来华高僧多以道教概念来翻译佛经,如安世高所译《安般守意经》:"身但气所作,气灭为空。"①(卷下)又:"安般守意,名为御意至得无为也。"②(卷上)并且传播方式也多借鉴神仙方式之法。而早期道教在发展过程中对佛教教义也时有借鉴,且常将佛教引为同道。正是在这样一种文化背景下,初传的佛教也就被中土人士理解为是黄老道术的一种。人们往往把黄老与浮屠并提。如东汉初年楚王刘英"晚节更喜黄老,学为浮屠斋戒祭

---

①［东汉］安世高译:《安般守意经》卷下,《大正新修大藏经》第15册,第169页。
②［东汉］安世高译:《安般守意经》卷上,《大正新修大藏经》第15册,第163页。

祀"①；襄楷上桓帝奏议云："又闻宫中立黄老、浮屠之祠。此道清虚，贵尚无为，好生恶杀，省欲去奢。"②高僧借神仙方术以传教的例子如安世高"七曜五行之象，风角云物之占，推步盈缩，悉穷其变；兼洞晓医术，妙善针脉，睹色知病，投药必济；乃至鸟兽鸣呼，闻声知心"③；昙柯迦罗"善学《四围陀论》，风云星宿，图谶运变，莫不该综"④。

魏晋时期玄学盛行，佛学又选择依附于玄学，开始了一次玄学化历程。魏晋时期，由于般若学假有性空的理论与老庄玄学谈无说有的思想特点颇为相似，"故因风易行"⑤，遂得以繁兴，并与玄学合流而产生了玄学化的六家七宗。可以说正是通过与玄学的合流，佛教才正式登上了中国学术思想的舞台。在整个佛教思辨哲学的中国化过程中，老庄玄学的"自然""有无"和"道"等概念以及相对主义、得意忘言等方法，都曾起过巨大的作用。从最初词语的借用，到思想上的交融，最后直接影响到了中国化佛教本体论、方法论以及解脱修行观的形成。

东晋时期，随着佛教开始跨入士大夫阶层主流文化行列，佛儒矛盾开始凸显起来。发生在东晋时期的沙门不敬王者的论争，正是佛儒矛盾的一次大爆发，对佛教的指责自然集中在其与儒家伦理的冲突上，佛教徒开始意识到处理好佛儒关系的重要性。于是以东晋后期佛教领袖慧远为代表的佛教徒开始努力调和佛儒矛盾，将佛教又向儒学化的方向大大推进了一步。

佛教的儒学化首先表现在译经上。日本学者中村元曾言："（佛

① [南朝宋] 范晔：《后汉书》，北京：中华书局，1992年，第1428页。
② [南朝宋] 范晔：《后汉书》，北京：中华书局，1992年，第1082页。
③ [南朝梁] 释僧祐：《出三藏记集》卷十三，《大正新修大藏经》第55册，第95页。
④ [南朝梁] 释慧皎撰，汤用彤校注：《高僧传》，北京：中华书局，1992年，第13页。
⑤ [东晋] 释道安：《鼻奈耶序》，《大正新修大藏经》第24册，第851页。

教)传入中国时,从翻译开始已经中国化。"①的确,早期佛经翻译常常采取增删、节选等手法,使有关译文尽量和中国传统伦理相吻合。例如,印度人很随便说男女性事,佛教也一样,但是儒家伦理观念却是反对这种描写的。因此,在一些汉译佛典中便有意避开了"拥抱"和"接吻"等字眼,而音译作"阿梨宜""阿众鞞"以隐藏原义②。印度佛教认为男女、父子、夫妇、主仆等都是平等的关系,应当相互尊重,自由对待。这和儒家纲常所强调的君臣、父子、夫妇之间的服从支配关系、绝对隶属关系是不同的,而早期佛经翻译在这些方面都向儒家伦理观念做了妥协。在这方面最突出的例子是佛教对"孝道"的阐扬。"印度佛教中并不是没有尊奉父母等思想,但根据其轮回转生的基本教义,这种思想并不占很重要的地位。而在以血缘为纽带、以家庭为本位的中国封建社会,孝亲却是各种社会和伦理关系的基础,一向受到全社会的普遍重视,统治者甚至还标榜要'以孝治天下'。为了与之相适应,中国的佛教徒就一直非常注意以孝的观点来阐释佛经。"③如汉译《六方礼经》、康僧会译《六度集经》等便有意增加了许多孝的内容。而为了更为深入地阐扬孝道,甚至编了《佛说父母恩重经》等"伪经",从而有力地调和了佛教出家修行与儒家孝亲观的矛盾。

　　其次则表现在理论论证上。佛教徒常常努力从教化和劝善等社会作用的相同来论证儒佛不二或儒佛互补,以说明两者的"殊途同归"④(《均善论》)。例如慧远便专门作有《沙门不敬王者论》,论证

①(日)中村元:《儒教思想对佛典汉译带来的影响》,《世界宗教研究》,1982 年第 2 期。
②[东晋]佛驮跋陀罗译:《大方广佛华严经》卷五十,《大正新修大藏经》第 9 册,第 717 页。
③参见洪修平、陈红兵:《中国佛学之精神》,上海:复旦大学出版社,2009 年,第 86—87 页。
④[清]严可均辑:《全宋文》,北京:商务印书馆,1999 年,第 633 页。

出家人虽然不敬王者,有违世俗名教,但却能"拯溺俗于沉流,拔幽根于重劫。远通三乘之津,广开天人之路。如令一夫全德,则道洽六亲,泽流天下,虽不处王侯之位,亦已协契皇极,在宥生民矣",因此,"道法之与名教,如来之与尧孔,发致虽殊,潜相影响;出处诚异,终期则同"①。晋宋时的宗炳在《明佛论》中说:"孔老如来,虽三训殊路,而习善共辙也。"②北周道安《二教论》中也引用了时人语:"三教虽殊,劝善义一,途迹诚异,理会则同。"③在论证儒佛社会教化功能不二的同时,佛教徒还特别注意以佛教伦理的独特性来弥补儒家名教的局限或不足。例如孙皓问难于康僧会:儒佛皆明善恶有报,那既有儒家,何用佛教? 康僧会回答说:"周孔所言,略示近迹,至于释教,则备极幽微。故行恶则有地狱长苦,修善则有天宫永乐。举兹以明劝沮,不亦大哉。"④"以佛教的三世轮回、自作自受等来教化众生,有时确实能起到儒家名教起不到的作用。同时,佛教徒还基于众生平等的教义而提倡对一切生命的慈悲仁爱,这对儒家'爱有差等'的仁爱也确实有某种补充作用,因而也比较易于为广大社会民众所接受。可以说佛教的儒学化是其得到上层统治者的支持和下层民众的接受,从而得以在中土盛行最为关键的因素。"⑤

　　从早期佛教中国化的历程可以看出,这一历程实是佛教与传统思想文化相互影响的过程。外来佛教在传统文化的影响下为适应中国社会的需要而不断调整创新,传统文化也在外来佛教的影响下不断发生变化,使得中国文化在南朝时形成一个全新的局面。正如梁

①［南朝梁］释僧祐:《弘明集》卷五,《大正新修大藏经》第52册,第30—31页。
②［南朝梁］释僧祐:《弘明集》卷二,《大正新修大藏经》第52册,第12页。
③［唐］释道宣:《广弘明集》卷八,《大正新修大藏经》第52册,第136页。
④［南朝梁］释慧皎撰,汤用彤校注:《高僧传》,北京:中华书局,1992年,第17页。
⑤参见洪修平、陈红兵:《中国佛学之精神》,上海:复旦大学出版社,2009年,第87页。

启超先生所言:"盖我国自汉以后,学者唯古是崇,不敢有所创作,虽值一新观念发生,亦必印嵌以古字;而此新观念遂淹没于囫囵变质之中,一切学术,俱带灰色。职此之由,佛学既昌,新语杂陈,学者对于梵义,不肯囫囵放过,搜寻语源,力求真是,其势不得不出于大胆的创造。创造之途既开,则益为分析的进化,此国语内容所以日趋于扩大也。"①所言虽为国语,但也正是整个文化发展的写照。传统文化的这种新变意识,对永明文化风气必然会产生积极影响。

此外,佛教的权变观所强调的以变化的方式去应对万事万物,对新变观念有一定影响。

《大乘般若经》在魏晋时期的流行,一方面固然是因其与玄学观念的相似性,另一方面,大乘所强调的权变观念,非常受士大夫欢迎,这也是造成其流行的一个重要原因。所谓权变观,即《道行般若经》中所倡导的"沤惒拘舍罗"观念②。"沤惒拘舍罗"简称"沤惒",意译为"方便胜智""方便善巧",也简称"方便""权"等等,按任继愈先生的阐释,其泛指以般若波罗蜜的立场、观点和方法去观察和处理一切世俗的问题,去适应、随顺一切世俗关系,以及为达到传播佛教教义、掌握佛智佛慧等佛教目的所采取的一切宗教宣传手段。般若方便的第一要著,就是不能以"空"为"有",或认为实有其"无",在宗教实践上则反对小乘"中道取证"。一方面要用"空观"去观察一切世俗现象,另一方面又不要走向"恶趣空",连现象之为假象也全部否定掉。所以贯彻般若方便的全部精神,就是既要"空观",又要"不取证"。而所谓"不取证",说到底,就是不要去当真践行。大乘佛教要求信徒们积极参与世俗的社会生活,以至于不得不把它在理论上所否定的

---

①梁启超:《翻译文学与佛典》,见《佛学研究十八篇》,上海:上海古籍出版社,
　　2001年,第198页。
②[东汉]支谶译:《道行般若经》卷三,《大正新修大藏经》第8册,第438页。

世俗社会，通过"方便"而重新肯定起来。般若方便的这套观点，使佛教大乘进入社会生活自由活动，获得了冠冕堂皇的充分根据。从这个意义上讲，"沤恕拘舍罗"是沟通世间和出世间的纽带①。

　　"方便善巧"作为沟通世间和出世间的纽带，实际包含着这样一种应变观念，即要达到传播佛教、掌握智慧等目的，应因人而异，因地制宜。这样一种应变观念在维摩诘的身上显示得比较充分。在达到修行圆通无碍的境界过程中，《维摩经》强调"方便"。僧肇解释说："方便者，巧便慧也。积小德而获大功，功虽就而不证，处有不乖寂，居无不失化，无为而无不为，方便无碍也。"②他之所以居于"大城"，乃是"欲度人故"；他之所以拥有"资产无量"，乃是为"行权道"，"救摄贫民"。因此他"虽为白衣，奉持沙门"；"虽获俗利，不以喜悦"，"虽有妻子妇"，"常修梵行"；虽"现视严身被服饮食，内常如禅"。同样，"若在博弈戏乐，辄以度人"，"入诸淫种，除其欲怒；入诸酒会，能立其志"。他"入君子种，正君子意，能使忍和"；"入人臣中，正群臣意，为作端首，使入正道；入帝王子，能正其意，以孝宽仁率化薄俗；入贵人中，能为雅乐，化正宫女；入庶人中，软意愍伤，为兴福力"③。任继愈先生曾指出："这个维摩诘的实际活动和全部表现，是十足的世俗贵族式的生活，然而他的动机，他的目的，他的精神境界却比出家的菩萨们更高超。原因就在于他有超人的般若正智和无限灵活的善权方便。"④对照一下魏晋之间的名士，那品格是多么接近："他们口谈玄理，能以辩才机智胜人；也博览杂家，讽嘲名教，颇以豁达风流自

①任继愈：《中国佛教史》（第一卷），北京：中国社会科学出版社，1981 年，第
　357—361 页。
②[后秦]释僧肇：《注维摩诘经》卷一，《大正新修大藏经》第 38 册，第 336 页。
③[吴]支谦译：《佛说维摩诘经》卷上，《大正新修大藏经》第 14 册，第 520 页。
④任继愈：《中国佛教史》（第一卷），北京：中国社会科学出版社，1981 年，第
　399 页。

许。他们不仅有钱有闲,庸碌无为而尚空谈,而且确有文学资本,可能自视非凡,超尘出众。所谓'口便说空,行在有中',用在某些门阀士族那里,显得特别恰当。从普遍意义上说,维摩诘的出现,标志着大乘佛教的世俗化运动已经达到高潮。"①魏晋大乘般若理论依附玄学而流行,从某种意义上来说,亦可理解为是一种方便善巧之举。

这里,还有一点尚须补充,即佛教尚奇特征对新变文化心理的形成也有一定的促进作用。正如前面所论,佛教对尚奇心态的引导是大乘方便善巧之一种,其目的在于对信众的吸引。如《弘明集》卷三《宗炳答何承天难白黑论》所言:"泥洹以无乐为乐,法身以无身为身,若本不希拟,亦可为增耽逸之虑,肇好奇之心。"②有时还有畏服的目的,其实还是为了吸引信众。如《弘明集》卷十二《桓玄与王令书论道人应敬王事》:"外国之君非所宜喻,而佛教之兴亦其指可知,岂不以六夷骄强非常教所化,故大设灵奇使其畏服,既畏服之,然后顺轨。……夫神道设教,诚难以言辨,意以为大设灵奇,示以报应,此最影响之实理,佛教之根要。"③而随着佛教以世俗化方式广泛传播,对士庶各阶层文化心态定有不小影响。宋齐士人对"奇"的重视,不能说不与此有关。如《梁书·王僧孺传》:"其文丽逸,多用新事,人所未见者,世重其富。"④《南齐书·张融传》:"吾文体英绝,变而屡奇,既不能远至汉魏,故无取嗟晋宋。"《南齐书·陆厥传》:"好属文,五言诗体甚新奇。"《南齐书·谢超宗传》:超宗议以为"……非患对不尽问,患以恒文弗奇。必使一通峻正,宁劣五通而常,与其俱奇,必

①任继愈:《中国佛教史》(第一卷),北京:中国社会科学出版社,1981年,第400页。
②[南朝梁]释僧祐:《弘明集》卷三,《大正新修大藏经》第52册,第18页。
③[南朝梁]释僧祐:《弘明集》卷十三,《大正新修大藏经》第52册,第81页。
④[唐]姚思廉:《梁书》,北京:中华书局,1973年,第474页。

使一亦宜采"①。《诗品序》:"近任昉、王元长等,词不贵奇,竞须新事,尔来作者,浸以成俗。"②不仅是文学创作中,在其他艺术领域如绘画中亦然,如《古画品录》评宋张则曰:"意思横逸,动笔新奇。师心独见,鄙于综采。变巧不竭,若环之无端。"评宋陆绥曰:"一点一拂,动笔皆奇。"评齐毛惠远曰:"画体周赡,无适弗该。出入穷奇,纵横逸笔。"③好奇则尚新求变,因此,佛教尚奇之风应是新变观的文化心理基础之一。

三、佛教的世俗化与文学的尚俗之风

佛教传播对审美俗尚的推动,是齐梁文人接受新风俗尚以发动新变之风的另一重要因素。而这与佛教自刘宋始推行的世俗化运动密切相关。

佛教世俗化是必然的趋势。佛教在东晋的发展可以说是一次雅化历程,佛教在东晋时期的盛行,主要原因在于士人将其纳入了士族文化之列。佛教义理被清谈名士装饰得精致而深奥,般若学也因被士人作为清谈的主要内容之一而大放异彩,佛教为谋求自身的发展也着力发展般若学说,所谓的"六家七宗",便都深深打上了士族文化的烙印。因此,在东晋,佛教文化披着玄学的外衣被装扮成士族的身份标志之一,成为他们标榜名士风范的工具。然而,这一发展态势与佛教面向一切众生的大乘佛法本旨相去甚远。大乘佛法强调"普度众生"为解脱个人痛苦的根本途径,因此主张直面现实,不离俗世。

---

① [南朝梁]萧子显:《南齐书》,北京:中华书局,1972 年,第 729、897、635 页。

② [南朝梁]钟嵘著,曹旭笺注:《诗品笺注》,北京:人民文学出版社,2009 年,第 101 页。

③ [南朝梁]谢赫、姚最撰:《古画品录　续画品录》,北京:人民美术出版社,1959 年,第 16、10、14 页。

正如佛陀常以"神妙之法"深入世间,变化为各种人身,作为表率去超度众生一样。因此,当晋宋之际佛教逐渐走出对玄学的依附,开始踏上独立发展道路后,便也开始了一场由雅化走向世俗化的运动。

从刘宋开始的佛教世俗化首先表现为佛教义理的世俗化。这是佛教文化世俗化的重要基础,主要体现在三个方面:

其一是佛教义理的儒学化。宋初开始的佛教世俗化首先得益于慧远完成的佛教义理与儒家思想的折中调和。佛教义理对世俗社会是持否定态度的,印度佛教视人生为苦海,要人厌离世俗生活,出世求解脱。显然,这与中国传统文化关注现实社会人生而重视君臣父子的纲常名教、仁义孝悌的伦理亲情、修齐治平的道德政治理想等是很不一致的。不过,慧远确立的"内外之道可合"的基本原则、佛教与儒家"出处诚异,终期则同"①的基本立场,很好地调和了佛教义理与传统伦理的矛盾,使其也有了社会化的意义。而慧远"释氏之化,无所不可。适道固自教源,济俗亦为要务"②的观点,也为宋文帝所称赏,使佛教在刘宋统治者眼里有了"济俗"的功能,这也成为佛教义理具备社会化功能的一个重要标志。以此为基础,宋齐时期佛教与儒道的关系也从斗争开始走向调和。宋宗炳《明佛论》在论及三教关系时,便认为儒释道"虽三训殊路,而习善共辙"③。宋释慧琳《均善论》,也认为佛教与儒教"殊途同归","六度与五教并行,信顺与慈悲齐立耳"④。再如南齐释僧顺《释三破论》也认为佛教是有助于教化的,云:"至如妙法所沾,固助俗为化,不待刑戮而自淳,无假楚挞而取正。"⑤这是宋齐佛教的一个基本特点。

---

①[南朝梁]释僧祐:《弘明集》卷五,《大正新修大藏经》第52册,第31页。
②[南朝梁]释僧祐:《弘明集》卷十一,《大正新修大藏经》第52册,第69页。
③[南朝梁]释僧祐:《弘明集》卷二,《大正新修大藏经》第52册,第12页。
④[清]严可均辑:《全宋文》,北京:商务印书馆,1999年,第633页。
⑤[南朝梁]释僧祐:《弘明集》卷八,《大正新修大藏经》第52册,第52页。

其二是从般若到涅槃的转变。刘宋以后,大乘般若思想开始被涅槃佛性思想取代,成为一时之主流。魏晋时期般若思想的流行很大程度上是由于其与玄学思想的契合,般若思想成为玄谈义理之一,成为士族文化之一部分,而很难为大众所接受。"从佛教的传布效果来看,大乘般若学有个很大的弱点,就是它偏重于对晦涩哲理的思辨,从而带来了两个局限性:一是只有具有较高文化水平和唯心主义理论素养的人,才能理解和接受,因而往往只能流布于封建统治阶级和知识界的上层,而难以广泛地吸引大众;一是相对地缺乏关于如何成佛的信仰宣传,从而在客观上也冲淡了佛教之所以为佛教的根本特色,削弱了佛教麻醉作用的发挥。因此对于佛教的进一步发展来说,就必须把偏于理论思辨即作为精致的哲学形态的般若学和侧重于宗教迷信宣传的即粗俗的成佛说教,在理论上和宣传上调和起来。"①涅槃佛性论宣扬的人人都有佛性都能成佛,这一学说通过对成佛条件相同、机会均等的平等观的宣传,从而为广大民众所接受。

其三是倡导顿悟成佛的修行方式。如果说佛性说阐发的是成佛的原因、根据,那么顿悟成佛说则是论述成佛的步骤、方法问题。竺道生提倡的大顿悟认为"在'七住'内没有悟道的可能,必须到'十住'时最后一念'金刚道心',即有了犹如金刚般坚固、锋利的能力,一下子把一切妄惑断尽,得到正觉。这是主张只要真正悟解佛理,体认本体,当即成佛。这可谓是一种新的快速成佛的主张"②。顿悟说主张佛性本有,人们只要返归本性,有了符合佛教要求的悟解,就不必经历漫长的阶段,累世修持,而当下就可成佛,省时省力省事,非常适合广大士人的要求,同时也为广大民众乐于接受。"顿悟、不受报

①方立天:《魏晋南北朝佛教论丛》,北京:中华书局,1982 年,第 154—155 页。
②方立天:《魏晋南北朝佛教论丛》,北京:中华书局,1982 年,第 178 页。

等,时亦为宪章。"①大本《涅槃经》译出后,道生的佛学观点为佛教界所接受,同时的名士谢灵运也主张顿悟说,南齐荆州隐士刘虬也赞同善不受报和顿悟成佛义。宋文帝也竭力提倡顿悟说,并招致主张顿悟说的道猷、法瑗入京师宣讲。宋孝武帝也十分尊重道猷、法瑗,赞扬道生。可见道生的顿悟说得到世俗各阶层的回应与支持。

佛教的世俗化其次表现为佛经语言的通俗化。佛教传播本就非常重视通俗化之方式。佛教在印度的早期传播以口头为主,其传播方式和传播内容都具有口语化之特征。释迦牟尼在世时还曾告诫其弟子,于不同地区传播佛教应以当地方言为主,其目的就是为了使佛教教义更通俗而能为普通大众所接受。因此,作为佛教教义载体的佛经便常常具有了通俗化之特点:语言多以口语为主,内容则多借譬喻、寓言说法。佛教入华初期,传播一般以佛经传译为主,而随着晋宋时期佛教的广泛传播和佛经的大量传译,佛经的通俗化特征对文学通俗化风尚便起到了颇为重要的推动作用。佛教入华后,佛经翻译从早期开始就非常重视语言的通俗简易,强调"佛言'依其义不用饰,取其法不以严'。其传经者,当令易晓,勿失厥义,是则为善"②。不过早期佛经翻译因语言障碍的影响,译文大多"虽得大意,殊隔文体"③,"或文过其意,或理胜其辞"④。这些问题随着鸠摩罗什的来华而逐步得到解决,罗什来华也将中国的佛经翻译事业推向了一个高峰。罗什于晋末的译经,并不拘泥于原典体制,而是"曲从方言,而趣不乖本"⑤。他经常变易原文,删繁就简,但在忠实原意上又非常

①[南朝梁]释慧皎撰,汤用彤校注:《高僧传》,北京:中华书局,1992年,第257页。
②[南朝梁]释僧祐:《出三藏记集》卷七,《大正新修大藏经》第55册,第50页。
③[南朝梁]释慧皎撰,汤用彤校注:《高僧传》,北京:中华书局,1992年,第53页。
④[南朝梁]释僧祐:《出三藏记集》卷十,《大正新修大藏经》第55册,第73页。
⑤[南朝梁]释僧祐:《出三藏记集》卷八,《大正新修大藏经》第55册,第57页。

谨慎。因此,罗什译经虽或增或削,但却能得其神韵,真正做到了"易晓而不失其本"。罗什译经之特点,陈寅恪先生曾概括为三条:一为删去原文繁重;二为不拘原文体制;三为变易原文①。罗什这样做的目的,就是追求经文的通俗易懂,便于在大众中广泛传播。鸠摩罗什的译经方法和通俗文风对后来译者有着深远影响,可以说至罗什以后,佛经文体风格便基本确定下来。

佛经的通俗化特征,梁启超先生曾有过一段精辟概括:"吾辈读佛典,无论何人,初展卷必生一异感,觉其文体与他书迥然殊异,其最显著者:(一)普遍文章中所用,'之乎者也矣焉哉'等字,佛典殆一概不用。(二)既不用骈文家之绮词俪句,亦不采用古文家之绳墨格调。"②从翻译的佛典来看,它是一种韵散相间、梵汉结合而雅俗共赏的译经体。这种文体通俗、灵活,多用外来语和外来句式,与中土流行的骈文绝然不同,其句法较自由,注重自然的音节语气。佛经文体之所以通俗易读,乃因其"重在传真,重在正确,而不重在辞藻文采;重在读者易解,而不重在古雅"③。这种通俗化的文风取向可以说为当时文学创作提供了一种新风格。

此外,佛教的世俗化还表现在其传播的讲唱方式上。周叔迦先生说:"六朝时,佛教通俗之法有咏经与歌赞二种方式。……此外还有'唱导'一种。"④转读、梵呗和唱导在宋初开始发达。《高僧传》所载善转读梵呗的大部分高僧,以及全部唱导师都生活于宋齐时期。又《高僧传·经师论》曰:"天竺方俗,凡是歌咏法言皆称为呗。至于

---

① 陈寅恪:《童受〈喻鬘论〉梵文残本跋》,《金明馆丛稿二编》,北京:生活·读书·新知三联书店,2001年,第237页。
② 梁启超:《翻译文学与佛典》,《佛学研究十八篇》,上海:上海古籍出版社,2001年,第198页。
③ 胡适:《白话文学史》,上海:上海古籍出版社,1999年,第98页。
④ 周叔迦:《周叔迦佛学论著集》,北京:中华书局,1991年,第673页。

此土,咏经则称为转读,歌赞则号为梵呗。"①转读和梵呗作为咏经歌赞的方式,除了在修行中可以起到摄心息缘、化他导众的作用,更为重要的是,这种咏唱方式对佛经传播向文化层次较低的大众起到推动作用,因为佛理深奥,他们一般都不可能拿起佛经读懂义理。而唱导的作用就是在法会上穿插说唱一些通俗易懂的事缘,以警醒和启悟信众。"唱导者,盖以宣唱法理,开导众心也。"②这些方式都推动了佛教的世俗化。

从上述几个方面可以了解到,佛教世俗化是全方位的,包括佛教义理、修行方式、传播手段、佛经翻译等多个层面。佛教全面世俗化的目的指向显然是更为广泛的普通大众,佛教并不愿意仅仅成为上层士大夫的文化专利。由此可以看出,佛教世俗化催动的是文化发展的整体通俗化,这一发展趋向与刘宋以来庶族皇权催动的新声俗尚之方向是完全一致的。而在佛教已是士人文化中心的宋齐时期,这无疑拉近了士族与普通大众文化好尚的差别。或者说佛教由雅向俗的转化,在一定程度上提升了大众俗尚的文化地位。所谓"家竞新哇,人尚谣俗,务在噍危,不顾律纪,流宕无涯,未知所极,排斥典正,崇长烦淫"的局面,也有佛教世俗化提倡之功。佛教作为整个社会的主流文化思潮之一,它对新声俗尚的肯定和推动,为这一新风在全社会的普遍流行打下了良好的基础。这里尤其应注意的是世俗化中佛经的通俗化特征,这一特征显然与齐梁时期文坛上所倡导的"易识字""易读诵"的通俗文风有着一定的共通性,而随着佛教在齐梁时期的广泛传播,佛经的这种通俗风格对这一时期审美俗尚必然会起

---

① [南朝梁] 释慧皎撰,汤用彤校注:《高僧传》,北京:中华书局,1992 年,第508 页。

② [南朝梁] 释慧皎撰,汤用彤校注:《高僧传》,北京:中华书局,1992 年,第521 页。

到一定的推动作用。因为晋宋以来文人接受佛教过程中读经、听经是很流行的活动,如《世说新语·文学》载:"殷中军被废东阳,始看佛经。初视《维摩诘》,疑'般若波罗密'太多,后见《小品》,恨此语少。"①《高僧传·慧叡传》载:"陈郡谢灵运笃好佛理,殊俗之音,多所达解。乃谘叡以经中诸字,并众音异旨,于是著《十四音训叙》。条列梵汉,昭然可了,使文字有据焉。"《高僧传·昙无成传》载:"成乃憩于淮南中寺。《涅盘》《大品》常更互讲说,受业二百余人。与颜延之、何尚之共论实相,往复弥晨。"《高僧传·法安传》载:"永明中还都,止中寺,讲《涅盘》《维摩》《十地》《成实论》,相继不绝。司徒文宣王及张融、何胤、刘绘、刘瓛等,并禀服文义,共为法友。"②而在齐梁文人集团举行的讲经、删经等活动中,文人参与其中更已成常态。因此,佛教的通俗化特征对齐梁文人文学观念产生影响自然是完全可能的,而齐梁时期文人集团的崇佛特征,无疑为世俗化新风的流行提供了一个良好的文化环境。

第二节　经律异相与梁陈之轻靡书写

佛教的广泛传播除对文学"求新于俗尚之中"的风尚有推动作用外,还在轻靡书写方面为文学提供了重要的示范效应,这也是佛教文化影响轻靡文学思潮的一个重要方面。

一、宫体诗中的轻靡之风

文学中的轻靡之风,宋齐文学便时有呈现。《宋书·徐湛之传》

①[南朝宋]刘义庆著,[南朝梁]刘孝标注,余嘉锡笺疏:《世说新语笺疏》,上海:上海古籍出版社,1993年,第233页。

②[南朝梁]释慧皎撰,汤用彤校注:《高僧传》,北京:中华书局,1992年,第260、275、329页。

曰:"时有沙门释惠休,善属文,辞采绮艳,湛之与之甚厚。世祖命使还俗。本姓汤,位至扬州从事史。"①钟嵘《诗品》录惠休上人于下品,谓:"惠休淫靡,情过其才。"②惠休的好友鲍照文风向以"险俗"闻名,《南齐书·文学传论》曾言南齐文学三大特点之一是"发唱惊挺,操调险急,雕藻淫艳,倾炫心魂。亦犹五色之有红紫,八音之有郑、卫",且认为这一特点乃"鲍照之遗烈也"③。这一风气显然与刘宋以来新声俗尚的风行有着密切关系,且随着这一风尚的不断盛行,轻靡之风至梁陈时期达到高潮,这一高潮中最具代表性的书写便是宫体诗的创作。

宫体诗的"轻靡"特征,时人及后人多有指出。《梁书·简文帝纪》云:"雅好题诗,其序云:'余七岁有诗癖,长而不倦。'然伤于轻艳,当时号曰'宫体'。"《梁书·徐摛传》云:"摛文体既别,春坊尽学之,'宫体'之号,自斯而起。"④何之远《梁典总论》云:"(萧纲)文章妖艳,隳坠风典,诵于妇人之口,不及君子之听,斯乃文士之深病,政教之厚疵。"⑤《隋书·经籍志》云:"梁简文之在东宫,亦好篇什,清辞巧制,止乎衽席之间,雕琢蔓藻,思极闺闱之内。后生好事,递相放习,朝野纷纷,号为宫体。流宕不已,迄于丧亡。陈氏因之,未能全变。"《隋书·文学传序》云:"梁自大同之后,雅道沦缺,渐乖典则,争驰新巧。简文、湘东,启其淫放,徐陵、庾信,分路扬镳。其意浅而繁,其文匿而彩,词尚轻险,情多哀思。格以延陵之听,盖亦亡国之音乎!"⑥《资治通鉴·梁纪》云:"(萧纲)皇太子珠玉是好,酒色是耽,

---

①［南朝梁］沈约:《宋书》,北京:中华书局,1974 年,第 1847 页。

②［南朝梁］钟嵘撰,曹旭笺注:《诗品笺注》,北京:人民出版社,2009 年,第265 页。

③［南朝梁］萧子显:《南齐书》,北京:中华书局,1972 年,第 908 页。

④［唐］姚思廉:《梁书》,北京:中华书局,1973 年,第 109、447 页。

⑤［清］严可均辑:《全齐文　全陈文》,北京:商务印书馆,1999 年,第 333 页。

⑥［唐］魏徵等:《隋书》,北京:中华书局,1973 年,第 1090、1730 页。

吐言止于轻薄,赋咏不出《桑中》。"①刘肃《大唐新语》卷三曰:"梁简文帝为太子,好作艳诗,境内化之,浸以成俗,谓之'宫体'。"②从上述文献不难看出,宫体诗中的轻靡书写,恰是其被后人病垢的一个重要因素。那么,宫体诗又如何"妖艳",如何"乖典"了呢?虽然宫体诗许多作品常为前人所引述评价,但为便于比较论证,我们在此还是引用一些以为例证。

从文学的内容与形式两方面来看,宫体诗大致可分为两类:一是偏女性身体形象方面描写的诗;二是偏女性内心情感描写的诗。

首先,我们来看偏女性身体形象方面描写的宫体诗。举例如下:

　　北窗向朝镜,锦帐复斜萦。娇羞不肯出,犹言妆未成。散黛随眉广,燕脂逐脸生。试将持出众,定得可怜名。

　　　　　　　　　　　　　　　　——萧纲《美人晨妆》

　　娈童娇丽质,践董复超瑕。羽帐晨香满,珠帘夕漏赊。翠被含鸳色,雕床镂象牙。妙年同小史,姝貌比朝霞。袖裁连璧锦,笺织细橦花。揽袴轻红出,回头双鬓斜。懒眼时含笑,玉手乍攀花。怀猜非后钓,密爱似前车。足使燕姬妒,弥令郑女嗟。

　　　　　　　　　　　　　　　　——萧纲《娈童》

　　北窗聊就枕,南檐日未斜。攀钩落绮障,插捩举琵琶。梦笑开娇靥,眠鬟压落花。簟文生玉腕,香汗浸红纱。夫婿恒相伴,莫误是倡家。

　　　　　　　　　　　　　　　　——萧纲《咏内人昼眠》③

---

①[宋]司马光编著:《资治通鉴》,北京:中华书局,1956年,第5007页。

②[唐]刘肃:《大唐新语》,北京:中华书局,1984年,第42页。

③[南朝陈]徐陵编,[清]吴兆宜注:《玉台新咏笺注》,北京:中华书局,2018年,第280、282、294页。

山阴柳家女,莫言出田墅。丰容好姿颜,便僻工言语。腰肢既软弱,衣服亦华楚。红轮映早寒,画扇迎初暑。锦履并花纹,绣带同心苣。罗繻金薄厕,云鬟花钗举。我情已郁纡,何用表崎岖。托意眉间黛,申心口上朱。莫争三春价,坐丧千金躯。盈尺青铜镜,径寸合浦珠。无因达往意,欲寄双飞凫。裾开见玉趾,衫薄映凝肤。羞言赵飞燕,笑杀秦罗敷。自顾虽悴薄,冠盖耀城隅。高门列驺驾,广路从骊驹。何惭鹿卢剑,讵减府中趋。还家问乡里,讵堪持作夫。

——沈约《少年新婚为之咏诗》

暖暖高楼暮,华烛帐前明。罗帷雀钗影,宝瑟凤雏声。夜花枝上发,新月雾中生。谁念当窗牖,相望独盈盈。

——何逊《咏娼妇诗》

朝日照屋梁,夕月悬洞房。专遽自称艳,独□伊览光。虽资自然色,谁能弃薄妆。施著见朱粉,点画示赪黄。含贝开丹吻,如羽发清阳。金碧既簪珥,绮縠复衣裳。方领备虫彩,曲裾杂鸳鸯。手操独茧绪,唇凝脂燥黄。

——张率《日出东南隅行》

春花竞玉颜,俱折复俱攀。细腰宜窄衣,长钗巧挟鬟。洛桥初度烛,青门欲上关。中人应有望,上客莫前还。

——庾肩吾《南苑看人还诗》

雕梁旧刻杏,香壁本泥椒。幔绳金麦穗,帘钩银蒜条。画眉千度拭,梳头百遍撩。小衫裁里臂,缠紽摇抱腰。日光钗焰动,窗影镜花摇。歌曲风吹韵,笙簧火炙调。即今须戏去,谁复待明朝。

——庾信《梦入堂内诗》[1]

---

[1] 逯钦立辑校:《先秦汉魏晋南北朝诗》,北京:中华书局,1983 年,第 1639—1640、1705—1706、1781、1995、2372 页。

　　这类宫体诗最明显的特征是以咏物的手法来咏人,将女性作为一种观赏对象进行冷静细腻的描写。如《咏内人昼眠》便通过女性面容、发髻、肌肤、内衣的细致描写以呈现"内人"之睡姿。不难看出,在大多数这类宫体诗中,女性的身体、衣着以及床、帐、枕、席等等,都是常常吟咏的对象。这一点是宫体诗非常重要的一个特点。

　　其次,我们再来看偏女性内心情感描写的宫体诗。举例如下:

　　　　非关长信别,讵是良人征。九重忽不见,万恨满心生。夕门掩鱼钥,宵床悲画屏。回月临窗度,吟虫绕砌鸣。初霜陨细叶,秋风驱乱萤。故妆犹累日,新衣襞未成。欲知妾不寐,城外捣衣声。
　　　　　　　　　　　　　　　——萧纲《秋闺夜思》

　　　　荡子从游宦,思妾守房栊。尘镜朝朝掩,寒衾夜夜空。若非新有悦,何事久西东。知人相忆否?泪尽梦啼中。
　　　　　　　　　　　　　　——萧绎《代秋胡妇闺怨》

　　　　可怜独立树,枝轻根易摇。已为露所泡,复为风所飘。锦衾襞不开,端坐夜及朝。是妾愁成瘦,非君重细腰。
　　　　　　　　　　　　　——王僧孺《为人宠姬有怨》

　　　　弃妾在河桥,相思复相辽。凤凰簪落鬓,莲花带缓腰。肠从别处断,貌在泪中销。愿君忆畴昔,片言时见饶。
　　　　　　　　　　　　　——王均《去妾赠前夫》①

　　　　行人消息断,空闺静复寒。风急朝机燥,镜暗晚妆难。从来腰自小,衣带就中宽。
　　　　　　　　　　　　　　　——鲍泉《寒闺诗》②

---

①[南朝陈]徐陵编,[清]吴兆宜注:《玉台新咏笺注》,北京:中华书局,2018年,第272、283、228、220页。
②逯钦立辑校:《先秦汉魏晋南北朝诗》,北京:中华书局,1983年,第2028页。

　　这类宫体诗的特点是对女性内心情感进行客观描写,也就是说,所述情感是诗中所写女性的情感,而非作者的情感。这也是以一种观物的方式在观他者的情感。胡大雷将这一描写方式称为"诱惑化抒情",即"引诱或招引人们观赏特定的女性及与女性有关的特定事件,吸引人们向往这种女性及与这种女性相关的事件"①。这一说法从接受的角度来看是有一定道理的,但从创作者的角度来看是否如此,则是一个值得思考的问题。

　　从上面所选诗歌不难看出,宫体诗的轻靡书写在情感上确有一定的"诱惑"功能,在形式上则有着大量直接描写女性身体衣着等方面的内容。这种书写方式显然与汉代以来作为统治阶级意识形态的儒家礼教是相冲突的,"非礼勿视,非礼勿听,非礼勿言,非礼勿动"②已是汉代以来士大夫为人为文的基本准则。虽然魏晋以降儒学式微,但作为统治阶层梁代帝王对儒家礼教一直非常重视。《梁书·武帝纪》载:"少而笃学,洞达儒玄。虽万机多务,犹卷不辍手,燃烛侧光,常至戊夜。造《制旨孝经义》《周易讲疏》,及六十四卦、二系、文言、序卦等义,《乐社义》《毛诗答问》《春秋答问》《尚书大义》《中庸讲疏》《孔子正言》《老子讲疏》,凡二百余卷,并正先儒之迷,开古圣之旨。王侯朝臣皆奉表质疑,高祖皆为解释。修饰国学,增广生员,立五馆,置五经博士。天监初,则何佟之、贺玚、严植之、明山宾等覆述制旨,并撰吉凶军宾嘉五礼,凡一千余卷,高祖称制断疑。于是穆穆恂恂,家知礼节。"《梁书·简文帝纪》载:"博综儒书,善言玄理。"并著《礼大义》二十卷。《梁书·元帝纪》载萧绎五岁能"诵《曲礼》",请贺革讲三《礼》,并著有《孝德传》三十卷、《忠臣传》三十卷、《丹阳尹传》十卷、《注汉书》一百一十五卷、《周易讲疏》十卷等等。

①胡大雷:《宫体诗研究》,北京:商务印书馆,2004年,第142页。
②杨伯峻译注:《论语译注》,北京:中华书局,1980年,第123页。

《梁书·昭明太子传》载萧统"三岁受《孝经》《论语》，五岁遍读五经，悉能讽诵。……八年九月，于寿安殿讲《孝经》，尽通大义。讲毕，亲临释奠于国学"①。也正因为对儒家礼教的强调，所以当武帝听闻徐摛创作宫体诗时才非常生气：

> 摛文体既别，春坊尽学之，"宫体"之号，自斯而起。高祖闻之怒，召摛加让，及见，应对明敏，辞义可观，高祖意释。因问五经大义，次问历代史及百家杂说，末论释教，摛商较纵横，应答如响，高祖甚加叹异，更被亲狎，宠遇日隆。②（《梁书·徐摛传》）

从梁武帝先问"五经大义"，再问"历代史及百家杂说"，末论"释教"，也可看出各家文化孰轻孰重。

那么，由此便产生了一个疑问：在梁代这样一个帝王如此重视儒家礼教的时代，是谁给了那些文人大量进行轻靡书写的胆量？当然这里面也包括了帝王本身，如简文帝、元帝。对此有学者认为梁代文人的轻靡书写自有文学发展之内在逻辑，同时受到时代风气之影响③；还有学者进一步指出，佛教文化中存在的轻艳之风对梁代文人也有影响④。这些成果对推动宫体诗研究都发挥了非常重要的作用，但在回答上述问题上，却并不能完全令人满意。因此，这里我们有必要再做进一步的探讨。

---

① ［唐］姚思廉：《梁书》，北京：中华书局，1973 年，第 96、109、135、165 页。
② ［唐］姚思廉：《梁书》，北京：中华书局，1973 年，第 447 页。
③ 参见胡大雷《宫体诗研究》（北京：商务印书馆，2004 年）、归青《南朝宫体诗研究》（上海：上海古籍出版社，2006 年）等。
④ 参见张伯伟《诗与诗学》（北京：人民文学出版社，2008 年）、许云和《欲色异相与梁代宫体诗》（《文学评论》，1995 年第 5 期）、普慧《中古佛教文学》（北京：世界图书出版公司，2014 年）等。

二、佛经中的轻靡书写

正如前人研究成果中已经提到的，梁代帝王及文人之所以敢于进行大量的轻靡书写，其中原因或许复杂，但佛经中存在的大量轻靡书写，至少对他们的轻靡创作发挥了一定的示范效应。

佛经中有着大量轻靡书写，这是佛教经典的一个特点。陈寅恪先生《莲花色尼出家因缘跋》一文曾讲述他的一个有趣发现。北京图书馆（今国家图书馆）藏敦煌写本《诸经杂缘喻因由记》第一篇中记载了莲花色尼出家的故事，其中对七种咒誓恶报仅载六种，唯有"莲花色尼屡嫁，而所生之子女皆离夫，不复相识，复与其所生之女共嫁与其所生之子，迨既发觉，乃羞恶而出家焉"①这一种报应未载。但对比巴利文相关佛经，发现莲花色尼与女共嫁其子的故事是有详细记载的，而且所述较为直白轻靡。而这种乱伦故事明显有违中国社会结构及传统观念，因此汉译佛经便有意删除了这部分内容。在此举这个例子是想说明，巴利文或梵文佛经中轻靡书写的直白程度是要远远超过汉译佛经中的轻靡书写的。这一现象一方面与印度的文化传统有着密切关系，另一方面也与佛教的超越观念有一定关系。

首先，印度文化中对身体及性的描绘一般较开放直白。从目前流传下来的印度传统雕塑和绘画可以看到，男女身体裸露甚至表现各种性爱动作的作品比比皆是，人们一般认为这与印度文化中的生殖崇拜有关②。黑格尔《美学》曾对此有过评价："印度人所描绘的最平凡的事情之一就是生殖。"③"这些描绘简直要搅乱我们的羞耻感，

①陈寅恪：《寒柳堂集》，北京：生活·读书·新知三联书店，2001年，第172页。
②普慧：《中古佛教文学研究》，北京：世界图书出版社公司，2014年，第172页。
③（德）黑格尔著，朱光潜译：《美学》（第二卷），北京：商务印书馆，1979年，第49页。

因为其中不顾羞耻的情况达到了极端,肉感的泛滥也达到难以置信的程度。……英国翻译者没有敢照字面把这段话译出,因为这段描绘把一切贞洁和羞耻都抛到九霄云外了。"①作为欧洲人的黑格尔以及英国的翻译者都觉得挑战了其"羞耻感",可见印度文化对身体和性的描绘直白到什么程度。这种文化传统在佛教文化中自然也会留下深深的印迹。

其次,如陈寅恪先生所说,"佛典中往往以男女受身之由,推本于原始聚尘之念。用是激发羞恶之心,且可借之阐明不得不断欲出家之理"②。就是说,佛教对人类执着形成的论证,常推源至转世投胎之初的男女性爱之时,以此让人们认识执着之真相而超越之。因此,佛教经典中对男女受身之事的描述,常较具体而丰富。如《大宝积经》卷五十五载:

> 若有众生欲入胎时,因缘具足便得受身。若不具足则不受身,云何名为缘不具足? 所谓父母起爱染心,中阴现前求受生处。然此父母赤白和合,或前或后而不俱时,复于身中各有诸患。若如是者则不入胎,其母胎藏或患风黄血气闭塞,或胎闭塞或肉增结,或有醝病或麦腹病或蚁腰病或如驼口,或车辕曲木或如车轴,或车毂口,或如树叶,或曲绕旋转状如藤笋,或胎藏内犹如麦芒,或精血多泄不暂停住,或滞下流水。或胎藏路涩,或上尖下尖,或曲或浅或复穿漏,或高或下或复短小及诸杂病。若如是者不得入胎,若父母尊贵有大福德,中阴卑贱,或中阴尊贵有大福德,父母卑贱,或俱福德无相感业。若如是者亦不受胎,如

①(德)黑格尔著,朱光潜译:《美学》(第二卷),北京:商务印书馆,1979年,第57页。

②陈寅恪:《寒柳堂集》,北京:生活・读书・新知三联书店,2001年,第172页。

是中阴欲受胎时,先起二种颠倒之心。云何为二? 所谓父母和
合之时,若是男者,于母生爱,于父生瞋,父流胤时谓是已有。若
是女者,于父生爱,于母生瞋,母流胤时亦谓已有。若不起此瞋
爱心者,则不受胎。①

又《瑜伽师地论》卷一云:

彼于尔时,见其父母共行邪行所出精血而起颠倒。起颠倒
者,谓见父母为邪行时,不谓父母行此邪行,乃起倒觉见己自行,
见自行已便起贪爱。若当欲为女,彼即于父便起会贪。若当欲
为男,彼即于母起贪亦尔,乃往逼趣。若女于母欲其远去,若男
于父心亦复尔。生此欲已,或唯见男或唯见女,如如渐近彼之处
所,如是如是渐渐不见父母余分,唯见男女根门,即于此处便被
拘碍,死生道理如是应知。②

上述描述在中国传统观念看来是极为轻靡的书写,但在印度文化传
统中这种描述是颇为正常的。

此外,佛教戒律中"淫戒"是最重戒之一,而女色常被视为破戒之
重要因素。故佛典中常视女性身体为"污秽"之物,尤爱凸显其"污
垢"之本质,以利修行者超越这方面的欲念执着。亦常描绘女性对佛
陀或修道者的各种美色诱惑,而佛陀或修道者又不为所动,以赞美佛
陀或修道者修行意志之坚定。佛教修行中的这一诉求,在上述两大

---

① [唐]菩提流志译:《大宝积经》卷五十五,《大正新修大藏经》第 11 册,第
　322 页。
② (印)弥勒著,[唐]释玄奘译:《瑜伽师地论》卷一,《大正新修大藏经》第 30
　册,第 282 页。

文化背景下,使得佛教经典中对两性活动和女性身体的描写,便常常丰富且具体。虽然佛典汉译过程中,如莲花色尼出家因缘那样会有所删减,但还是留下了不少在中国士人眼中颇为"轻靡"的描写。下面试举数例以证之。

首先我们来看《佛所行赞》。此佛教经典又名《佛本行经》《佛所行赞经传》《佛所行赞经》《佛本行赞经》《佛所行赞传》,约在公元2世纪时期由印度佛教学者马鸣所著,北凉昙无谶译,共五卷。经中以五言偈颂赞述释迦牟尼一生之事迹,故此经在印度文学史上亦占有重要地位。唐义净曾说此经"五天南海,无不讽诵","意明字少而摄义能多,复令读者心悦忘倦,又复纂持圣教能生福利"①。以下所引是宫女色诱太子的一些片段:

> 如彼诸美女,力胜诸梵行。况汝等技术,不能感王子。当更勤方便,勿令绝王嗣。女人性虽贱,尊荣随胜天。何不尽其术,令彼生染心。尔时婇女众,庆闻优陀说。增其踊悦心,如鞭策良马。往到太子前,各进种种术。歌舞或言笑,扬眉露白齿。美目相眄睐,轻衣现素身。妖摇而徐步,诈亲渐习近。情欲实其心,兼奉大王旨。慢形媟隐陋,忘其惭愧情。太子心坚固,傲然不改容。犹如大龙象,群象众围绕。不能乱其心,处众若闲居。犹如天帝释,诸天女围绕。太子在园林,围绕亦如是。或为整衣服,或为洗手足。或以香涂身,或以华严饰。或为贯璎珞,或有扶抱身。或为安枕席,或倾身密语。或世俗调戏,或说众欲事。或作诸欲形,规以动其心。菩萨心清净,坚固难可转。②

---

① [唐]释义净:《南海寄归内法传》卷四,《大正新修大藏经》第54册,第228页。
② (印)马鸣著,[北凉]昙无谶译:《佛所行赞》卷一,《大正新修大藏经》第4册,第192页。

这里描写了宫女以各种方式诱惑太子而不成,以此显示太子"菩萨心清净,坚固难可转"的坚定意志。其中对宫女们的眉目、衣着、腰身、步履、手势、语态等各种妖媚形态做了非常直白的描写,与宫体诗中之女性描写相比有过之而无不及。

其次我们来看《正法念处经》。这部佛经是小乘经典,由北魏般若流支译出,共七十卷。此经讲述外道之人以"身、口、意"三业的相关问题质问新出家之比丘,世尊针对这些问题广说"正法念处法门",阐明三界六道之因果关系,经文构思雄奇,笔致奔放。下面一段表现的是受女色诱惑所招致的苦痛。

> 见彼树头,有好端正严饰妇女,如是见已,极生爱染。如是妇女,妙鬘庄严,末香坌身,涂香涂身。如是身形第一严饰,身极柔软,指爪纤长,熙怡含笑,以种种宝庄严其身,种种欲媚。一切愚痴凡夫之人,见则牵心。彼地狱人,既见如是端正妇女在树上已,生如是心:是我人中本所见者,是我本时先所有者。彼地狱人,自业所诳故如是见。如是见已,即上彼树,树叶如刀,割其身肉。既割肉已,次割其筋。既割筋已,次割其骨。既割骨已,次劈其髓。如是劈割一切处已,乃得上树。欲近妇女,心转专念,自心所诳,在彼树上如是受苦。既上树已,见彼妇女复在于地,彼人见已。然彼妇女以欲媚眼,上看彼人,美声语唤。先以甜语作如是言:念汝因缘,我到此处,汝今何故不来近我? 何不抱我? 如是地狱,业化所作,罪人见已,欲心炽盛,刀叶树头,次第复下。①

这里描写这位妇女"末香坌身,涂香涂身","身极柔软,指爪纤长,熙

---

① [北魏]般若流支译:《正法念处经》卷六,《大正新修大藏经》第 17 册,第32 页。

怡含笑"，其色诱时"以欲媚眼"，"美声语唤"，"以甜语作如是言"，问"何故不来近我，何不抱我"。对女性身体及欲念描写的直白轻靡程度，不弱于宫体诗中的轻靡书写。

再次我们来看《中阿含经》。此经为原始佛教基本经典之一，因所集各经篇幅适中，因此得名。由东晋僧伽提婆与僧伽罗叉译，共六十卷，主要涉及佛教的许多基本理论。下面所引是《王相应品大天㮈林经》第三中的一段。

> 时，大天王而生女宝。彼女宝者，身体光泽，曒洁明净，美色过人。少不及天，姿容端正，睹者欢悦。口出芬馥青莲华香，身诸毛孔出栴檀馨。冬则身温，夏则身凉。彼女至心承事于王，发言悦乐，所作捷疾，聪明智慧，欢喜行善。彼女念王，常不离心，况身口行，是谓大天王成就如是美女之宝。①

经中描述美女"身体光泽，曒洁明净""口出芬馥青莲华香，身诸毛孔出栴檀馨""冬则身温，夏则身凉"，对女性身体的描述直接而轻艳，比宫体诗中对女性身体的描写还要直白。

除了上面所举较典型的轻靡书写之外，在佛经中还散落着许多这类描写的片段。后来唐代地婆诃罗译《方广大庄严经》卷九中还归纳出女性媚惑三十二相："于是魔女诣菩提树，在菩萨前，绮言妖姿三十二种媚惑菩萨。一者扬眉不语，二者褰裳前进，三者低颜含笑，四者更相戏弄，五者如有恋慕，六者互相瞻视，七者掩敛唇口，八者媚眼斜眄，九者婹娱细视，十者更相谒拜，十一以衣覆头，十二递相拈掏，十三侧耳佯听，十四迎前躞蹀，十五露现髀膝，十六或现胸臆，十七念忆昔时恩爱戏笑眠寝之事而示欲相，十八或如对镜自矜姿态，十九动

---

① ［东晋］僧伽提婆译：《中阿含经》卷十四，《大正新修大藏经》第 1 册，第 512 页。

转遗光,二十乍喜乍悲,二十一或起或坐,二十二或时作气似不可干,二十三涂香芬烈,二十四手执璎珞,二十五或覆藏项领,二十六示如幽闭,二十七前却而行瞻顾菩萨,二十八开目闭目如有所察,二十九回步直往佯如不见,三十嗟叹欲事,三十一美目谛视,三十二顾步流眄。有如是等媚惑因缘。"①这些媚态是佛教修行中欲超越的幻相,因此真正的修行者面对她们常能不为所动,正如该经后面所描述:"尔时菩萨身如融金,面如满月,深心寂定,如须弥山安处不动,犹如明珠无有瑕疵。如日初出照于天下,犹如莲花不染淤泥。心无所著,亦无增损。"②这是佛经说法常用之手段,但客观上也促成了其轻靡书写之特征。这一特征随着佛教在南朝尤其是在梁代的繁荣,其为宫体诗潮中的诸诗人大胆进行轻靡书写提供了一定的合理性与合法性。

这里尤应注意的是《佛所行赞》的影响。此经实为佛陀传记,马鸣以诗歌形式撰写,在南传北传各地影响巨大,"五天南海,无不讽诵"。北凉昙无谶以五言偈颂译出,与六朝流行的五言诗体相类。刘宋宝云的异译本《佛本行经》则是四言、五言相间,颇合南朝时期所谓"四言雅声""五言流调"之说。这两部经典中对女性的轻靡描写尤其丰富,许多段落几乎可以直接视为宫体诗。而这两部经典又记载的是佛陀成佛事迹,其所发挥的示范效应非其他佛经可比。

综上所述,我们可以相信,佛经中的轻靡书写为宫体诗潮中的轻靡书写起到了重要的示范作用,为宫体诗人的轻靡书写提供了一定的合理依据。那么,所谓合理依据到底表现在哪里呢?

三、异相善巧观念的影响

佛经中的轻靡书写若要为文学创作中的轻靡书写提供合理依

---

① [唐]地婆诃罗译:《方广大庄严经》卷九,《大正新修大藏经》第3册,第592页。
② [唐]地婆诃罗译:《方广大庄严经》卷九,《大正新修大藏经》第3册,第593页。

据,需要有一个重要前提,即这一时期佛教对整个时代的思想文化必须有着巨大的影响。而颇为巧合的是,萧梁时期就正好是这样一种时代。

梁天监三年,梁武帝下诏"舍事道法":"今舍旧医,归凭正觉。愿使未来生世童男出家,广弘经教,化度含识,同共成佛。宁在正法中长沦恶道,不乐依老子教暂得生天。"武帝不仅自己选择佛门,同时在举国上下也大力推广,"于时帝与道俗二万人,于重云殿重阁上,手书此文发菩提心。至四月十一日,又敕门下:大经中说,道有九十六种,惟佛一道是于正道,其余九十五种名为邪道。朕舍邪外道以事正内,诸佛如来若有公卿能入此誓者,各可发菩提心。老子周公孔子等,虽是如来弟子而化迹既邪,止是世间之善,不能革凡成圣。其公卿百官侯王宗族,宜反伪就真舍邪入正"①。正是在这一背景下,佛教在萧梁一朝几为国教。试例举较为突出的几个方面以证之。

其一,梁武帝的示范效应。武帝在位四十八年,不仅按在家居士的方式持戒修行,"日止一食,膳无鲜腴,惟豆羹粝食而已。庶事繁拥,日俣移中,便嗽口以过。身衣布衣,木绵皂帐,一冠三载,一被二年。常克俭于身,凡皆此类。五十外便断房室。后宫职司贵妃以下,六宫袆褕三翟之外,皆衣不曳地,傍无锦绮。不饮酒,不听音声,非宗庙祭祀、大会飨宴及诸法事,未尝作乐";而且深研佛法并常亲自登坛讲经,据《梁书·武帝纪》载:"兼笃信正法,尤长释典,制《涅槃》《大品》《净名》《三慧》诸经义记,复数百卷。听览余闲,即于重云殿及同泰寺讲说,名僧硕学,四部听众,常万余人。"②中大通三年(531)"冬十月己酉,行幸同泰寺,高祖升法座,为四部众说《大般涅盘经》义,迄于乙卯"。"十一月乙未,行幸同泰寺,高祖升法座,为四部众说《摩

①［唐］释道宣:《广弘明集》卷四,《大正新修大藏经》第52册,第111—112页。
②［唐］姚思廉:《梁书》,北京:中华书局,1973年,第96—97页。

诃般若波罗蜜经》义,讫于十二月辛丑。"①中大通五年(533)"二月癸未,行幸同泰寺,设四部大会,高祖升法座,发《金字摩诃波若经》题,讫于己丑"②。又"中大同元年(546)三月,高祖幸同泰寺讲《金字三慧经》"③。这些讲经活动,不仅僧徒得洗耳恭听,群臣自然也得侍奉左右。

不仅讲经,武帝还频繁举办大型法会,提倡佛法。据汤用彤先生统计,"《南史》载帝设大会十六次"④。如《南史》卷七载,中大通元年(529),"秋九月辛巳,朱雀航华表灾。癸巳,幸同泰寺,设四部无遮大会"。"冬十月己酉,又设四部无遮大会,道俗五万余人。会毕,帝御金辂还宫,御太极殿,大赦,改元。"⑤又大同元年(535),"三月丙寅,幸同泰寺,设无遮大会"。"夏四月庚子,波斯国遣使朝贡。壬戌,幸同泰寺,铸十方银像,并设无碍会(即无遮会)。"二年"秋九月辛亥,幸同泰寺,设四部无碍法会"。"冬十月乙亥,诏大举北侵。壬午,幸同泰寺,设无碍大会。"⑥如此每年数次行无遮大会,在梁武帝任上很常见。昭明太子萧统曾有《开善寺法会诗》描绘当时法会活动的盛况:

> 栖乌犹未翔,命驾出山庄。诘屈登马岭,回互入羊肠。稍看原蔼蔼,渐见岫苍苍。落星埋远树,新雾起朝阳。阴池宿早雁,寒风催夜霜。兹地信闲寂,清旷惟道场。玉树琉璃水,羽帐郁金床。紫柱珊瑚地,神幢明月珰。牵萝下石磴,攀桂陟松梁。涧斜日欲隐,烟生楼半藏。千祀终何迈,百代归我皇。神功照不极,

① [唐]姚思廉:《梁书》,北京:中华书局,1973年,第75页。
② [唐]姚思廉:《梁书》,北京:中华书局,1973年,第77页。
③ [唐]姚思廉:《梁书》,北京:中华书局,1973年,第532页。
④ 汤用彤:《汉魏两晋南北朝佛教史》,北京:商务印书馆,2015年,第385页。
⑤ [唐]李延寿:《南史》,北京:中华书局,1975年,第206—207页。
⑥ [唐]李延寿:《南史》,北京:中华书局,1975年,第211—212页。

睿镜湛无方。法轮明暗室，慧海度慈航。尘根久未洗，希沾垂露光。①

由此可见所办法事活动规模之大、气势之宏。史载武帝还曾四次舍身同泰寺"为奴"，又常以"皇帝菩萨"自居，并制佛乐以为"正乐"，《隋书·音乐志》载："帝既笃敬佛法，又制《善哉》《大乐》《大欢》《天道》《仙道》《神王》《龙王》《灭过恶》《除爱水》《断苦转》等十篇，名为正乐，皆述佛法。又有法乐童子伎、童子倚歌梵呗，设无遮大会则为之。"②

从武帝上述一系列行为不难看出，佛教在梁代的影响力可谓达到空前的地步。由此可以想见佛教对其时士人文人影响之巨。

其二，后妃子弟臣属的佛教选择。前引武帝下诏舍道入佛中有言："其公卿百官，侯王宗族，宜反伪就真，舍邪入正。"③所谓"上有所好，下必甚焉"，何况皇帝还亲自督促。《魏书·萧衍传》载："令其王侯子弟皆受佛诫，有事佛精苦者，辄加以菩萨之号。"④《续高僧传·慧约传》载："皇储以下爰至王姬，道俗士庶咸希度脱，弟子著籍者凡四万八千人。"⑤若有人不选择佛门，武帝还会亲自去做工作。《梁书·江革传》载："时高祖盛于佛教，朝贤多启求受戒。革精信因果，而高祖未知，谓革不奉佛教，乃赐革《觉意诗》五百字，云'惟当勤精进，自强行胜修；岂可作底突，如彼必死囚。以此告江革，并及诸贵游。'又手敕云：'世间果报，不可不信，岂得底突如对元延明邪？'革

①逯钦立辑校：《先秦汉魏晋南北朝诗》，北京：中华书局，1983年，第1796页。
②[唐]魏徵等：《隋书》，北京：中华书局，1973年，第305页。
③[唐]释道宣：《广弘明集》卷四，《大正新修大藏经》第52册，第112页。
④[北齐]魏收：《魏书》，北京：中华书局，1974年，第2187页。
⑤[唐]释道宣：《续高僧传》卷六，《大正新修大藏经》第50册，第468页。

因启乞受菩萨戒。"①武帝还曾组织僧俗学者继续参与"神不灭"之争。对于范缜"神灭论",永明时期竟陵王萧子良曾组织过僧俗学者与之辩论,而未能使之理屈。入梁后,武帝则以皇帝之尊,下敕旨命王公朝臣、佛教信徒六十余人与之辩论。其敕旨《敕答臣下神灭论》云:

> 位现致论,要当有体。欲谈无佛,应设宾主。标其宗旨,辩其短长,来就佛理以屈佛理,则有佛之义既踬,神灭之论自行。岂有不求他意,妄作异端,运其隔心,鼓其腾口,虚画疮疣,空致诋呵。笃时之虫,惊疑于往来;滞瞀之躔,河汉于远大,其故何也?沦蒙急而争一息,抱孤陋而守井干。岂知天地之长久,溟海之壮阔。孟轲有云:人之所知,不如人之所不知,信哉。观三圣设教,皆云不灭,其文浩博,难可具载,止举二事,试以为言。《祭义》云:惟孝子为能飨亲。《礼运》云:三日斋必见所祭。若谓飨非所飨,见非所见,违经背亲,言诚可息。神灭之论,朕所未详。②

据《弘明集》所录,有六十三位僧俗学者就"神灭论"进行了答辩,其中便包括了沈约、王筠、刘洽、陆倕、柳恽等大批文人。武帝的这种推广力度,使得佛教在广大上层社会具有了巨大的文化影响。

其三,佛教自身发展的空前繁荣。武帝大力推广佛教,自然对佛教高僧以及佛教团体提供各种优待政策。武帝对各类义学高僧尤其推崇,如宝亮、智藏、法云、法宠、僧旻、僧迁、慧超等高僧,武帝常请他们讲经说法,注经释论,对他们十分崇敬,在社会上地位极高,并给予

---

①[唐]姚思廉:《梁书》,北京:中华书局,1973年,第524页。
②[南朝梁]释僧祐:《弘明集》卷十,《大正新修大藏经》第52册,第60页。

他们优厚待遇,为其建寺造像。如法云"下诏礼为家僧,资给优厚,敕为光宅寺主"。法宠"不呼其名号为上座法师,请为家僧,敕施车牛人力衣服饮食,四时不绝。寺本狭小,帝为宣武王修福,下敕王人缮改张饰以待宠焉,因立名为宣武寺也。门徒敦厚常百许人"。僧旻"因请为家僧,四事供给。又敕于慧轮殿讲《胜鬘经》,帝自临听"①。不仅武帝如此,王公大臣对待高僧亦常如此,故梁代佛教发展空前繁荣,仅就寺院和僧尼人数比较便可得知。据《法苑珠林》卷一百二十记载的数字:宋有寺 1913 所,僧尼 36000 人;齐有寺 2015 所,僧尼 32500 人;梁有寺 2846 所,僧尼 82700 人;陈有寺 1232 所,僧尼 32000 人②。因此,梁代寺院经济实力也达到了空前之力量。

从上述佛教在梁代政治、经济、文化三方面的影响力不难看出,佛经中的轻靡书写为文人轻靡书写提供合理依据是完全没问题的。这里我们尤须注意一个历史细节,就是《经律异相》的编撰,可能为提供合理依据这种推断落在实处给予更有力的证明。

所谓"异相",乃菩萨六种善巧方便之一。据《菩萨地持经》卷八载,这六种善巧方便分别是:一随顺巧方便,二立要巧方便,三异相巧方便,四逼迫巧方便,五报恩巧方便,六清净巧方便。所谓"异相巧方便",即"若彼众生不随其教,尔时菩萨现瞋责相,为度彼故,心无恚恨于诸所作悉现乖异,为度彼故,非实违背。或现加彼不饶益事,欲度彼故,非其实心。菩萨方便现此异相,欲令众生修诸善法断不善法,是名菩萨异相巧方便"③。梁武帝以皇帝之身广推佛法超越之义,就世俗之人观之,颇有抵牾之嫌。故武帝颇重强调般若经"善巧方便"之法,其《御讲金字摩诃般若波罗蜜经》曾云:"生死是此岸,涅槃是

---

① [唐]释道宣:《续高僧传》卷五,《大正新修大藏经》第 50 册,第 464、461、462 页。
② [唐]释道世:《法苑珠林》卷一百,《大正新修大藏经》第 53 册,第 1025 页。
③ [北凉]昙无谶译:《菩萨地持经》卷八,《大正新修大藏经》第 30 册,第 933 页。

彼岸,生死不异涅槃,涅槃不异生死;不行二法是彼此岸义。"①照这一说法,他既当皇帝又称菩萨,两者并不矛盾,这就是善巧方便。而经中"异相"之事,本具善巧之功能,因此武帝"以天监七年,敕释僧旻等,备钞众典,显证深文,控会神宗,辞略意晓,于钻求者已有太半之益",《众经要抄》书成,武帝并不满意,因为"希有异相犹散众篇,难闻秘说未加标显",又于天监十五年"敕宝唱钞经律要事,皆使以类相从,令览者易了。又敕新安寺释僧豪、兴皇寺释法生等,相助检读。于是博综经籍择采秘要,上询神虑取则成规,凡为五十卷,又目录五卷,分为五秩,名为《经律异相》。将来学者,可不劳而博矣"②(《经律异相序》)。由此可知,武帝命宝唱编《经律异相》,本就欲使众人借异相善巧断绝不善法而行善法。而经中异相之故事,多有乖异之特点,轻靡书写自然也属此类之"异相",其所起到的示范作用自然不言而喻。现举数例如下:

> 时阿那律往拘萨罗国,路无比丘住处。有一年少淫女安止宾客,阿那律即往语言:大姊欲寄止一宿。女答言:尔时有长者居士,亦投彼宿。住处既迫,女请阿那律入其内舍。尔时尊者在其坐处,结加趺坐系念在前。时不净行女然灯竟,于初夜末往阿那律所语言:"近有诸长者婆罗门种,多诸财宝,皆来语我言,可为我作妇。我即语彼,汝等丑陋,不能为汝作妇。我观尊者形貌端正可为我夫。"时阿那律默然不答。女到后夜又复如是,由故默然。时此淫女既脱衣来欲抱持之。时阿那律以神足力,踊身空中。淫女见之生惭愧,即疾着衣叉手合掌,仰向忏悔如是至三。(《经律异相》卷十三《阿那律化一淫女令得正信》)

---

① [唐]释道宣:《广弘明集》卷十九,《大正新修大藏经》第52册,第239页。
② [南朝梁]释宝唱等:《经律异相》卷一,《大正新修大藏经》第53册,第1页。

有龙媒女各二千人,其色姝妙姿媚无量,口出熏香擎持杂花末香涂香,调作诸妓以咏佛德兴悦众会,于虚空中幡彩垂间宝铃和鸣音逾诸声,施馔百味与其眷属。(《经律异相》卷十四《目连迁无热池现金翅鸟》)

是女端正容貌殊妙,年始十六淫欲火烧,于沙弥前,作诸妖媚深现欲相。沙弥见已念言,此女为有风病病耶,将无欲结所使欲毁我净行耶。……语众人言,是女殊妙容晖乃尔,未离欲者谁无染心。(《经律异相》卷二十二《沙弥护戒舍所爱身》)

殊特端正,女德六十四种无不具足;口吐言气如优波罗华,身出牛头旃檀之香;面色红白,见者爱乐。①(《经律异相》卷四十六《罗睺罗有女帝释强求起兵攻战》)

综上所述,基于佛教在梁代几达国教的地位,及在政治、经济、文化中的广泛影响力,佛经中的轻靡书写在文学书写中发挥一定的示范效应理论上是不存在任何问题的。而在武帝的敕令下对《经律异相》的编撰和推广,无疑为文学中的轻靡书写提供了一个极好借口。无论真假,轻靡书写者至少可以说,他们的轻靡书写,不过是欲借异相之善巧行超越之方便。宫体诗潮中的诗人们是真心借异相善巧以达超越之目的,还是仅以此为借口而抒心中轻艳之情,我们下一节将做进一步分析。

第三节　萧纲诸人与宫体诗潮

正如《隋书·文学传序》所指出的,宫体诗开创者们追求"渐乖

---

① [南朝梁]释宝唱等:《经律异相》,《大正新修大藏经》第 53 册,第 67、75、120、239 页。

典则,争驰新巧",《梁书·徐摛传》也指出其属文便"好为新变,不拘旧体",而这些人所选择的轻靡新变方向,在佛教文化中恰能找到合理性及合法性。当然,这些更多是我们的客观分析,若宫体诸人主观上也有如此认知,至少他们在佛教文化的认同上应有所作为。下面我们就回到他们的历史语境去看看他们与佛教文化之关系。

一、萧纲诸人的佛学背景

这里我们重点关注宫体诗的开创者们。这是因为后来者或为模仿者,或有"分路扬镳"者,与最初开创者的创作动机以及需要找到合理性依据的想法可能已完全不同。那么,宫体诗的开创者们有哪些呢?

前引《梁书·徐摛传》载:"摛文体既别,春坊尽学之,'宫体'之号,自斯而起。"《隋书·文学传序》云:"梁自大同之后,雅道沦缺,渐乖典则,争驰新巧。简文、湘东,启其淫放,徐陵、庾信,分路扬镳。其意浅而繁,其文匿而彩,词尚轻险,情多哀思。"从这两篇经典文献我们不难看出,徐摛为宫体的最初开创者。而摛初为萧纲侍读,多年陪伴,对其影响甚大,所以他的新体诗"春坊尽学之",萧纲、萧绎便成为其最早的追随者,然后"宫体所传,且变朝野",之后始有徐陵、庾信的"分路扬镳"。因此,下面我们将重点考察徐摛、萧纲、萧绎的佛学背景,对徐陵、庾信也稍做关注。

1. 徐摛

(1)"有凶党左右数十人,夜来劫所施之物。遇虎哮吼遮遏其道。又见大人倚立禅室。傍有松树止至其膝。执金刚杵将有守护。竟夜回遑日午方返。王怪其来方以事首,遂表奏闻。下敕为造禅居寺。聪不往住度人安之。又敕徐摛,就所住处造灵泉寺。周朝改为静林,隋又改为景空,大唐仍于隋号。"[1](《续高僧传》卷十六《法聪

---

① [唐]释道宣:《续高僧传》卷十六,《大正新修大藏经》第50册,第555页。

传》)

（2）"摛文体既别,春坊尽学之,'宫体'之号,自斯而起。高祖闻之怒,召摛加让,及见,应对明敏,辞义可观,高祖意释。因问五经大义,次问历代史及百家杂说,末论释教。摛商较纵横,应答如响,高祖甚加叹异,更被亲狎,宠遇日隆。"①(《梁书》卷三十《徐摛传》)

按:徐摛与佛教相关的文献并不多,但其与萧纲伴随多年,萧纲与佛教关系密切,可推知徐摛与佛教亦多有接触。第一条文献便是萧纲命其为法聪造灵泉寺;而第二条梁武帝问其释教,他也能"应答如响",连武帝都"甚加叹异"。从这些细节可以推知,徐摛与佛教高僧必有交往,对佛教知识也知之甚详,否则难过"舍道入佛"之武帝的考问这一关。

2. 萧纲

（1）"及简文之在春坊,尤耽内教,撰《法宝联璧》二百余卷,别令宝唱缀纰区别,其类遍略之流。帝以佛法冲奥近识难通,自非才学无由造极,又敕唱自大教东流,道门俗士,有叙佛理著作弘义,并通鸠聚,号曰《续法轮论》,合七十余卷,使夫迷悟之宾见便归信,深助道法无以加焉。"(《续高僧传》卷一《宝唱传》)

（2）"年二十三讲大品经,味法当时磨肩溢道。后还建元、晋陵等寺敷演经论,解冠群宗。韶乃愿年四十长就讲说,而学侣相顾不胜钦尚,时年三十有九,为建元寺讲主,临终遗令传法,韶遵崇余烈即坐演之,受业之宾有逾师保。梁简文邵陵及岳阳等,大相钦重归承训诲。"(《续高僧传》卷七《警韶传》)

（3）"初梁晋安王来部襄雍,承风来问将至禅室,马骑将从无故却退,王惭而返,夜感恶梦,后更再往,马退如故,王乃洁斋躬尽虔敬方得进见。初至寺侧,但睹一谷猛火洞燃,良久伫望,忽变为水经停

———————

① [唐]姚思廉:《梁书》,北京:中华书局,1973 年,第 447 页。

倾仰水灭堂现,以事相询,乃知尔时入水火定也。堂内所坐绳床两边各有一虎,王不敢进,聪乃以手按头着地,闭其两目召王令前,方得展礼,因告境内,多弊虎灾请求救援。聪即入定,须臾有十七大虎来至,便与受三归戒,敕勿犯暴百姓,又命弟子以布系诸虎颈,满七日已当来于此。王至期日设斋,众集诸虎亦至,便与食解布,遂尔无害。其日将王临白马泉,内有白龟,就聪手中取食,谓王曰:此是雄龙,又临灵泉,有五色鲤亦就手食,云此雌龙,王与群吏嗟赏其事大施而旋。"(《续高僧传》卷十六《法聪传》)

(4)"居山三十余载,名声及远,游遁之宾咸归向请,沙门则僧展、僧安,高士则刘虬、车绥,叙言命的,无爽风声。梁湘东王萧绎,钦德经过,于挂锡之所建台一区,立碑叙胤,简文为颂,立碑在于山顶,及穆将终,欣于观远,乃行至山峰而卒,春秋七十矣。"①(《续高僧传》卷二十五《道穆传》)

(5)佛教相关诗文:《下僧正教》《上大法颂表》《上皇太子玄圃园讲颂启》《请幸重云寺开讲启》《重请开讲启》《三请开讲启》《请幸同泰寺开讲启》《谢上降为开讲启》《重谢上降为开讲启》《谢开讲般若经启》《答同泰寺立刹启》《谢敕使监善觉寺起刹启》《谢御幸善觉寺看刹启》《谢敕赍铜供造善觉寺塔露盘启》《谢敕赍柏刹柱并铜万斤启》《谢敕赍钱并白檀香充法会启》《谢敕赍苦行像并佛迹启》《奉阿育王寺钱启》《谢敕赐解讲钱启》《谢赐钱启》《谢赍纳袈裟启四首》《谢敕听从舍利入殿礼拜启》《谢敕使入光严殿礼拜启》《谢敕为建涅槃忏启》《谢敕参迎佛启》《东宫上掘得慈觉寺钟启》《上菩提树颂启》《与慧琰法师书》《吊道澄法师亡书》《庄严旻法师成实论义疏序》《八关斋制序》《马宝颂(并序)》《玄圃园讲颂》《大法颂》《菩提树颂》《释迦文佛像铭》《弥陀佛像铭》《维卫佛像铭》《式佛像铭》《迦叶佛像

---

① [唐]释道宣:《续高僧传》,《大正新修大藏经》第 50 册,第 426、480、555、658 页。

铭》《梁安寺释迦文佛像铭》《大爱敬寺刹下铭》《同泰寺故功德正智
寂师墓志铭》《宋姬寺慧念法师墓志铭》《甘露鼓山寺敬脱法师墓志
铭》《湘宫寺智蒨法师墓志铭》《净居寺法昂墓志铭》《善觉寺碑》《神
山寺碑》《慈觉寺碑》《相宫寺碑》《六根忏文》《悔高慢文》《唱导文》
《四月八日度人出家愿文》《千佛愿文》《为诸寺檀越愿疏》《为人造文
八夹纻金薄像疏》《为人作造寺疏》《往虎窟山寺诗》《望同泰寺浮图
诗》《蒙华林园戒诗》《旦出兴业寺讲诗》《游光宅寺诗应令诗》《十空
诗六首》。

　　按：萧纲作为梁武帝的儿子，在武帝大力倡导佛教的背景下，他
与佛教的关系必然不浅，这从他大量的佛教诗文创作已不难看出。
他与宝唱、警韶、法聪、道穆等高僧交往密切，也为智寂、慧念、敬脱、
法昂等法师写墓志，编撰有《法宝连璧》二百余卷，并请宝唱帮忙修
订。宝唱何人也？正是《经律异相》的编撰者。因此，异相善巧的思
想萧纲自然会有接受。

　　3.萧绎

　　(1)"以大通八年二月一日清旦,卒于寺房,春秋六十一。天子
悲惜储君嗟惋,敕以其月六日,窆于钟山之开善墓所,丧事大小随由
备办。隐士陈留阮孝绪,为着墓志。弟子智学、慧庆等,建立三碑,其
二碑,皇太子湘东王,并为制文树于墓侧,征士何胤,著文立于本寺。"
(《续高僧传》卷五《僧旻传》)

　　(2)"以大通三年三月二十七日初夜,卒于住房,春秋六十有三。
二宫悲惜为之流恸,敕给东园秘器,凡百丧事皆从王府。下敕令葬定
林寺侧,太子中庶琅琊王筠,为作铭志,弟子周长胤等,有犹子之慕,
创造二碑立于墓所,湘东王萧绎各为制文。"(《续高僧传》卷五《法云
传》)

　　(3)"以普通三年九月十日卒于寺房,春秋六十有五。敕葬独龙
之山,赴送盈道同为建碑,坟所寺内各一,新安太守萧机制文,湘东王

绎制铭,太子中庶子陈郡殷钧为立墓志。"(《续高僧传》卷五《智藏传》)

(4)"以普通七年五月十六日,迁神于寺房,行路殒涕学徒奔赴,凡厥丧事出皆天府,门人追思德泽乃为立碑,湘东王绎,陈郡谢几卿,各为制文俱镌墓所。"(《续高僧传》卷六《慧超传》)

(5)"释亡名,俗姓宗氏,南郡人,本名阙殆,世袭衣冠称为望族,弱龄遁世永绝妻孥,吟啸丘壑任怀游处,凡所凭准必映美阮嗣宗之为人也。长富才华乡人驰举,事梁元帝深见礼待,有制新文帝多称述,而恭慎慈敬谦静为心,每从容御筵赐问优异。"(《续高僧传》卷七《亡名传》)

(6)"大同七年佛身流汗,其年刘敬宣为贼烧郡,及寺并尽,惟佛堂不及。至于十年像又通汗,湘东王乃迎至江陵祈福放光,十二年还返发蒙至寺,放光三日乃止。陈天嘉六年更加庄饰,故世传其灵异,处处模写,最躬事顶礼图于光明,而骨气雄干,诚为调御之相,今时所轻略故也。后卒于住寺。"(《续高僧传》卷十《慧最传》)

(7)"初疾殛之时,有劝修福者,副力疾而起厉声曰:货财延命去道远矣。房中什物施招提僧,身死之后但弃山谷,饱于鸟兽不亦善乎,勿营棺陇以乖我意。门徒涕泪不忍从之,将为勒碑旌德,而永兴公主素有归信,进启东宫请著其文,有令遣湘东王绎为之,树碑寺所。"(《续高僧传》卷十六《僧副传》)

(8)"初聪住禅堂,每有白鹿白雀,驯伏栖止,行往所及慈救为先。因见屠者驱猪百余头,聪三告曰:解脱首楞严。猪遂绳解散去,诸屠大怒将事加手,并仡然不动,便归过悔罪,因断杀业。又于汉水渔人牵网,如前三告,引网不得,方复归心,空网而返。又荆州苦旱,长沙寺遣僧至聪所请雨,使还大降陂池皆满。高祖遣庐陵王迎出都,有事不遂。及湘东王作牧荆峡,于江陵造天宫寺,迎以处之,遂终此寺即梁太清年也。其寺见有碑记,广叙征异景空,今寺犹有禅堂存

焉。"(《续高僧传》卷十六《法聪传》)

（9）"有常律师者，欲往南岳遇成同宿，夜中投虱于地而密知之。及明告别，成曰：昨夜一檀越被冻困苦。常渐之永诫，将终语门人曰：急砌殿基，吾当讲涅槃也。闻皆给手恰竟，而智者王泉寺至，宣相符会共谈玄理，良久气绝，以年月坐亡于禅众，禅师在道场，年七十三矣。湘东王宫内立碑，今见在城中。"(《续高僧传》卷十六《惠成传》)

（10）"释道穆，松滋人，性爱山林。初入荆州神山，将事岩隐，感迅雷烈风、震山折木、神蛇绕床、群虎纵吼，穆心安泰然都无外想，七日一定蛇虎方隐，方登山远眺，其山东依浚壑，西顾深流，有终焉之志，山神变形谢过云，是田伯玉也。来请受戒，及施法式，诸毒潜亡，祭祀绝于膻辛，祈泽应时云雨，如此卫候不一，例可知也。居山三十余载，名声及远，游遁之宾咸归向请，沙门则僧展、僧安，高士则刘虬、车缀，叙言命的无爽风声。梁湘东王萧绎，钦德经过，于挂锡之所建台一区，立碑叙胤，简文为颂，立碑在于山顶。及穆将终，欣于观远，乃行至山峰而卒，春秋七十矣。"[1]（《续高僧传》卷三十五《道穆传》）

（11）佛教相关诗文：《内典碑铭集林序》《梁安寺刹下铭》《荆州长少沙寺阿育王像碑》《善觉寺碑》《钟山飞流寺碑》《旷野寺碑》《郢州晋安寺碑》《扬州梁安寺碑》《摄山栖霞寺碑》《归来寺碑》《庄严寺僧旻法师碑》《光宅寺大僧正法师碑》《荆州放生亭碑》。

按：萧绎与其兄萧纲受佛教影响情况类似，他与多位高僧都有交往，如亡名，"深见礼待，有制新文帝多称述，而恭慎慈敬谦静为心，每从容御筵赐问优异"（《续高僧传》卷七）；法聪，"于江陵造天宫寺迎以处之"[2]（《续高僧传》卷十六）。他还为僧旻、法云、智藏、慧超、僧

---

① [唐]释道宣：《续高僧传》，《大正新修大藏经》第50册，第462、464、467、468、481、507、550、555、557、658页。

② [唐]释道宣：《续高僧传》，《大正新修大藏经》第50册，第481、555页。

副、惠成、道穆等多位高僧写碑文、墓志文等,对佛教了解得还是比较深入。

此外,宫体诗的后继者徐陵,史载:"少而崇信释教,经论多所精解。后主在东宫,令陵讲大品经,义学名僧,自远云集,每讲筵商较,四座莫能与抗。目有青睛,时人以为聪惠之相也。"①庾信曾为福田寺制碑文,也为高僧僧玮作过碑文,还有《秦州天水郡麦积崖佛龛铭并序》等文,对佛教也有一定的接受。

上述诸人作为宫体诗的重要代表,对佛教文化都有着较为深入的了解,尤其宫体诗的主导者萧纲在佛教修养上尤为深厚。此外,萧纲与宝唱交往颇密,萧纲撰《法宝连璧》宝唱便有所协助,故《经律异相》所传达的异相善巧思想萧纲诸人必然有所接受。那么,他们是真心借异相善巧以达超越之目的,还是仅以此为借口而抒心中轻艳之情呢?

二、谨重抑或放荡:宫体诗中的异相善巧

自从《隋书·文学传序》将宫体诗定位为"亡国之音"后,历代对其评价都较为负面,《汉魏六朝百三家集·梁元帝集题辞》更谓"非好色者不能言"②。不过,不少研究者已注意到,至少宫体诗的开创者们在历史上并非"好色者"。

这里我们首先来看梁武帝的示范作用。前引材料已很多,此处再稍摘数例。《梁书·武帝纪》载:"五十外便断房室。后宫职司,贵妃以下,六宫祎褕三翟之外,皆衣不曳地,傍无锦绮。不饮酒,不听音声,非宗庙祭祀、大会飨宴及诸法事,未尝作乐。性方正,虽居小殿暗室,恒理衣冠,小坐押褛,盛夏暑月,未尝褰袒。不正容止,不与人相见,

①[唐]姚思廉:《陈书》,北京:中华书局,1972年,第334—335页。
②[明]张溥著,殷孟伦注:《汉魏六朝百三家集题辞注》,北京:中华书局,2007年,第275页。

虽觌内竖小臣,亦如遇大宾也。历观古昔帝王人君,恭俭庄敬,艺能博学,罕或有焉。"《梁书·贺琛传》:"绝房室三十余年,无有淫佚。……此亦人所共知。"《梁书·江革传》载:"时高祖盛于佛教,朝贤多启求受戒,革精信因果,而高祖未知,谓革不奉佛教,乃赐革《觉意诗》五百字,云:'惟当勤精进,自强行胜修……'又手敕云:'世间果报,不可不信……'革因启乞受菩萨戒。"①在武帝的带领之下,作为皇子的萧纲、萧绎,自然也会归入佛门,守戒洁身。徐摛若未归依三宝,恐怕武帝也会找他谈话,故至少可以推断他对佛法自然会非常尊重。

　　其次我们来看萧纲诸人在历史上的个人形象。《广弘明集》有萧纲《答湘东王书》云:"吾蒙受菩萨禁戒,籖预大士,此十二日,便于东城私忏,十七日旦,早入宝云,壁门照日,铜龙吐雾,红泉含影,青莲吐芳,法侣成群,金山满坐,身心快乐,得未曾有。昨旦平等寺法会中后,无碍受持,天仪临席,晬容亲证,拜伏虽多,疲劳顿遣,剃顶之时,此心特至,心口自谋,并欲剪落,无疑马援遣虮之谈,不辞应氏赤壶之讽。僧班典议,不异昔日,竟日问班,殊均子路,探钩取名,名曰因理,皇情印可,今便奉行。"②张伯伟考证萧纲受戒当于中大通三年九月,正是其为太子后不久③。又萧纲在《六根忏文》中忏悔六根:"今愿断此意根,祛累斯尽,心当恬怕,洞煦无生,一切众罪,悉灭俗门,三界异途,归之真域。"又有《悔高慢文》云:"弟子萧纲,又重至心,归依三宝。……敢藉胜缘,愿起弘誓,从今日始,乃至菩提,于诸出家,悉表虔敬,方欲削除七慢,折制六根,宾头下步,庶无厥咎。着达弃车,方思景慕;幽显大众,咸为证明。"④这些都可看出萧纲对佛教的归依,

①[唐]姚思廉:《梁书》,北京:中华书局,1973年,第96、549、524页。
②[唐]释道宣:《广弘明集》卷十九,《大正新修大藏经》第52册,第304页。
③张伯伟:《禅与诗学》(增订本),北京:人民文学出版社,2008年,第268页。
④[唐]释道宣:《广弘明集》卷十九,《大正新修大藏经》第52册,第331页。

故《梁典总论》言其"孝慈仁爱,实守文之君"①。

　　萧绎也不例外,《梁书·元帝纪》有言:"性不好声色,颇有高名。"②《隋书·经籍志》载:"《释氏碑文》三十卷,梁元帝撰。"③《释氏碑文》即《内典碑铭集林》,萧绎《内典碑铭集林序》云:"子幼好雕虫,长而弥笃,游心释典,寓目词林,顷常搜聚,有怀著述。譬诸法海,无让波澜;亦等须弥,同归一色。故不择高卑,唯能是与。倘未详悉,随而足之。名为《内典碑铭集林》,合三十卷。庶将来君子,或裨观见焉。"④可见其对佛教之喜爱与认可。关于徐摛,梁武帝对他的考察结果是"因问五经大义,次问历代史及百家杂说,末论释教。摛商较纵横,应答如响,高祖甚加叹异,更被亲狎,宠遇日隆"。这不仅是武帝对徐摛的认可,其实也是对萧纲、萧绎的认可。

　　从上述分析我们不难发现这样一个悖论:一方面是在梁武帝带领下,萧氏兄弟及其臣属谨遵佛法,颇具清名;另一方面他们因宫体诗中的轻靡书写而被后人认定为"好色者"。这一矛盾的出现,或与后人对他们的宫体诗歌的不同解读有一定关系。不过,根据前面的大量论述,我们觉得可以做出这样一种推断:宫体诗开创诸人的轻靡书写,在一定程度上具异相善巧的功能,即借轻靡异相之书写,达某种超越之目的。如果我们从这个角度来解读他们的宫体诗作,或许会有新的发现。下面列举两例试解读之。

　　1. 萧纲《咏内人昼眠》

　　　　北窗聊就枕,南檐日未斜。攀钩落绮障,插捩举琵琶。梦笑

---

①〔清〕严可均辑:《全齐文　全陈文》,北京:商务印书馆,1999 年,第 333 页。
②〔唐〕姚思廉:《梁书》,北京:中华书局,1973 年,第 136 页。
③〔唐〕魏徵等:《隋书》,北京:中华书局,1973 年,第 1086 页。
④〔清〕严可均辑:《全梁文》,北京:商务印书馆,1999 年。第 195 页。

开娇靥,眠鬟压落花。簟文生玉腕,香汗浸红纱。夫婿恒相伴,
莫误是倡家。

　　这是一首经典的宫体诗。诗中对"内人"睡前睡后的表情、动作、
体态、穿着等方面进行了细致描绘,胡大雷将宫体诗中这种对美人身
体外形的静态描写称为"诱惑"化的抒情方式①。这种观点更多是从
读者接受心理的角度来解读该诗,其实心中无欲,何来诱惑? 若详读
此诗,我们更多感受到的是客观呈现美人睡姿,诗中并没有丝毫主观
表达诱惑之情,甚至主观情绪都几乎没有。有学者称这是一种咏物
诗的写法,"宫体诗中那些描摹女性体貌形态的作品同样也是体物
的,区别只是这个物的具体形态有所不同罢了,都是创作主体对客观
世界的审美观照和把握"②。这一说法有一定道理,抓住了宫体诗的
体物特点。不过,无论是"诱惑"还是"体物",都是从文学一般规律
的角度来解读宫体诗的特点。然而,如果我们从异相善巧的角度来
解读这首诗,并且顺着"体物"这一特点再深入一步思考,不难发现这
首诗所具有的一个非常重要的特点,即净观,以清净之心观内人之
美,内人之美在眼前,内心之中如止水,这不正是佛教所追求的超越
境界吗?《金刚经》云:"凡所有相,皆是虚妄。"③所谓"虚妄",并非
对一切相都采取否定的态度,而是说面对世间诸法相时,不为其所惑
而起妄念,而要能善分别诸法相而超越之。后来慧能称这一超越方
式为"于相而离相""于念而不念"④。"美人"之虚妄,亦非简单否定
"美"之相的存在,而是不为"美"之表相所迷惑而起妄念,心不为所

①胡大雷:《宫体诗研究》,北京:商务印书馆,2004 年,第 142 页。
②归青:《南朝宫体诗研究》,上海:上海古籍出版社,2006 年,第 147 页。
③[后秦]鸠摩罗什译:《金刚般若波罗蜜经》,《大正新修大藏经》第 8 册,第
　749 页。
④[唐]慧能著,郭朋校释:《坛经校释》,北京:中华书局,2012 年,第 39 页。

迷而如如不动。从萧纲所做《咏内人昼眠》,一定程度上似能感受到
这种境界的存在,或者说,至少能够感受到萧纲向这个境界方向所做
的努力。有学者称宫体书写是在做"不净观"或写"欲色空相"①,显
然未能理解佛教空观智慧之真义所在,所论也基本不符佛教智慧之
基本要义。

2. 萧纲《和徐录事见内人作卧具》

　　　密房寒日晚,落照度窗边。红帘遥不隔,轻帷半卷悬。方知
纤手制,讵减缝裳妍。龙刀横膝上,画尺堕衣前。熨斗金涂色,
簪管白牙缠。衣裁合欢褶,文作鸳鸯连。缝用双针缕,絮是八蚕
绵。香和丽丘蜜,麝吐中台烟。已入琉璃帐,兼杂太华毡。且共
雕炉暖,非同团扇捐。更恐从军别,空床徒自怜。②

　　这也是一首经典的宫体诗。徐摛《见内人作卧具》诗已佚,萧纲
这首和诗与徐诗或题旨相同。这首诗与第一首不同之处在于,诗中
不仅有"内人"的形体、动作的描写,还有内心情感的描写。"且共雕
炉暖,非同团扇捐。更恐从军别,空床徒自怜",渴望夫妻团圆的幸福
生活,担心丈夫从军而自己独守空床。那么,诗中已有对"情感"的描
述,是否说明书写者心已不净了呢? 其实,我们细读此诗不难发现,
诗中情感的描述与一般诗歌情感表达并不完全相同。正如一位学者
指出的:"情在这类作品中只是审美主体观照、把握的对象,因而这个
情也在相当程度上被物化了,从而也就使这类'情'诗也带上了相当
的体物特征。""这类诗歌对情的处理似乎更侧重于再现,而不是像一

①参见许云和:《欲色异相与梁代宫体诗》,《文学评论》,1996 年第 5 期。
②逯钦立辑校:《先秦汉魏晋南北朝诗》,北京:中华书局,1983 年,第 1939 页。

般抒情诗那样注重情感的表现。"①这一观点同样抓住了宫体诗的一个重要特点,即宫体诗中"情"更多是诗人客观呈现诗中人物之情,而作者依然是一个冷静的旁观者。佛教本就认为人是有情识之众生,故称有情。因此,美人也是有情美人,净观美人自然也包括观美人之情,美是虚妄,情亦是虚妄。因此这首诗中"内人"对丈夫有强烈的担忧,但我们却读不出萧纲这位作者内心情感的波动。"内人"之情是诸法相,佛教智慧强调"外能善分别诸法相",但是"内于第一义而不动"②,如此才是佛教之"空观",才是超越之境界。当然,这首诗的写法虽不能直接解读为已达到超越执着的境界,但在某种程度上可解读为这是对超越境界的一种追求。

以上两首诗代表了宫体诗的主要特点,尤其是开创者们宫体诗的主要特点。萧纲在《诫当阳公大心书》中曾言:"立身之道与文章异。立身先须谨重,文章且须放荡。"③一般认为这里强调的是立身与文章的不同,立身需要谨重,而文章需要放荡(不拘一格)。不过,从"先须"和"且须"两词的使用,我们倒更愿意理解为"谨重"和"放荡"是立身和文章都需要的,只不过立身首先要强调的是"谨重",而文章首先要重视的是"放荡"。这样看来,立身与文章两者虽有不同,但恰又形成一种互补关系,立身可以成为文章的基础,文章也可以成为立身的路径,曹丕所谓"经国之大业,不巧之盛事"④正斯之谓也。因此,以宫体书写来传达佛门超越之境界,对萧纲诸人来说,也是完全有可能的。当然,萧纲诸人的宫体书写是否完全都是出于这一目

①归青:《南朝宫体诗研究》,上海:上海古籍出版社,2006年,第149页。
②[唐]慧能著,郭朋校释:《坛经校释》,北京:中华书局,2012年,第40页。
③郁沅、张明高编选:《魏晋南北朝文论选》,北京:人民文学出版社,1996年,第354页。
④郁沅、张明高编选:《魏晋南北朝文论选》,北京:人民文学出版社,1996年,第14页。

的,似难下断论,但至少不少篇什之中是包含了这一因素的。至于后来者是否有所继承,还是"分路扬镳",则须另当别论了。

三、余论:《法宝联璧》《玉台新咏》编纂之意义

以宫体诗为代表的轻靡书写在梁陈得以呈现为一种文学思潮,还与《玉台新咏》的编纂有一定关系。

据《隋书·经籍志》载:"《玉台新咏》十卷,徐陵撰。"①《旧唐书·经籍志》《新唐书·艺文志》所载均同,《玉台新咏》代表性版本明代赵均小宛堂覆宋本亦标明"徐陵字孝穆撰"。因此,《玉台新咏》的编者虽学界多有讨论,但大多数人还是认可为徐陵编纂。徐陵《玉台新咏序》云:"无怡神于暇景,惟属意于新诗,庶得代彼皋苏,微蠲愁疾。但往世名篇,当今巧制,分诸麟阁,散在鸿都,不藉篇章,无由披览。于是燃脂暝写,弄笔晨书,撰录艳歌,凡为十卷,曾无忝于雅颂,亦靡滥于风人,泾渭之间,若斯而已。"②可以看出,《玉台新咏》编纂的直接目的,是为后宫喜欢"新诗"的妃嫔宫女们阅读玩赏、排遣寂寞之用,然而从其"曾无忝于雅颂,亦靡滥于风人,泾渭之间,若斯而已"的说法,可以读出为"宫体"张目之意图。有学者认为:"编纂《玉台新咏》的目的,是要对宫体创作的时风和宫体创作的实绩作一总结、展示和肯定,同时发挥其示范和引领作用。"③所论是有一定道理的,或者说《玉台新咏》的编纂至少在客观上起到了这样的作用。

这里有一个细节值得我们关注。《续高僧传·宝唱传》载:"及简文之在春坊,尤耽内教,撰《法宝联璧》二百余卷,别令宝唱缀比区别,其类《遍略》之流。帝以佛法冲奥,近识难通,自非才学,无由造

---

①[唐]魏徵等:《隋书》,北京:中华书局,1973年,第1084页。

②[清]严可均辑:《全齐文　全陈文》,北京:商务印书馆,1999年,第378页。

③张亚新译注:《玉台新咏》前言,北京:中华书局,2021年,第8页。

极,又敕唱自大教东流,道门俗士有叙佛理,著作弘义,并通鸠聚,号曰《续法轮论》,合七十余卷。使夫迷悟之宾见便归信,深助道法,无以加焉。"①《历代三宝记》卷十一云:"《法宝集》二百卷,亦云《法宝联璧》。右一部二百卷。简文帝萧纲在储宫日,躬览内经,指拟科域,令诸学士编写结连,成此部卷,以类相从,有同《华林遍略》,惰学者省,有过半之功。"②萧绎《法宝联璧序》云:"虽谈假绩,不摄单影;即此后心,还踪初焰。俱宗出倒,莲华起乎淤泥;并会集藏,明珠曜于贫女。性相常空,般若无五时之说;不生烦恼,涅槃为万德之宗。无不酌其菁华,撮其指要,采彼玟鳞,拾兹翠羽,润珠随水,抵玉琨山。每至鹄关旦启,黄绮之俦朝集;鱼灯夕朗,陈吴之徒晚侍。皆仰禀神规,躬承睿旨。"③萧纲所撰《法宝联璧》已佚,从《历代三宝记》可知其是与《华林遍略》一样的类书。由萧绎序可知,《法宝联璧》成书于中大通六年,所谓"酌其菁华,撮其指要,采彼玟鳞,拾兹翠羽,润珠随水,抵玉琨山"者,大概是指从佛典中分类摘录的材料包括了辞藻、事类等内容。颇为巧合的是,此时正是萧纲诸人大书"宫体"之际,而徐陵编纂的《玉台新咏》也正完成于这一年前后④。如果说,《玉台新咏》的编纂是为了总结、展示和肯定轻靡书写之风,那么《法宝联璧》的编纂又是为了什么呢? 可惜的是《法宝联璧》已佚,但是根据此前分析,我们还是可以做出一个较为合理的推断:《法宝联璧》的编纂是为宫体诗借欲色异相之净观达超越执着之目的在佛经中找到文献依据。

①[唐]释道宣:《续高僧传》卷一,《大正新修大藏经》第50册,第426页。
②[隋]费长房:《历代三宝记》卷十一,《大正新修大藏经》第49册,第100页。
③[唐]释道宣:《广弘明集》卷十九,《大正新修大藏经》第52册,第243页。
④按:关于《玉台新咏》成书时间学界讨论颇多,意见不一。本书比较赞同曹道衡、沈玉成先生主编《南北朝文学史》(中国社会科学出版社,2007年)和兴膳宏《〈玉台新咏〉成书考》(《六朝文学论稿》,岳麓书社,1986年)一文中的观点,即成书于中大通六年左右。

这一推断我们在萧绎《法宝联璧序》中可以找到依据，所谓"俱宗出倒，莲华起乎淤泥；并会集藏，明珠曜于贫女。性相常空，般若无五时之说；不生烦恼，涅槃为万德之宗。无不酌其菁华，撮其指要，采彼玳鳞，拾兹翠羽，润珠随水，抵玉琨山"说的不正是这一目的吗？

此外，萧绎《法宝联璧序》中列出了参与编纂的三十八人，其中萧绎、萧子显、刘遵、王训、庾肩吾、刘孝威等六人有宫体诗入选《玉台新咏》，如果加上主持者萧纲，则一共有七人，且此七人所选宫体诗数量在《玉台新咏》卷七卷八中占了大多数。由此也可看出两部著作编纂的关联性，这一点或也可为萧纲诸人借轻靡异相之书写达超越执着之目的的轻靡书写观提供一点旁证材料。

第五章　造像祈愿与北朝文学的仪式化

相较南朝佛教而言,北朝佛教重实践而轻义理,造像活动尤为炽盛。由于统治阶级的大力提倡和时代氛围的驱动,当时的社会各阶层都广泛参与到佛教造像活动之中。因佛教造像而产生了造像记这类独特的文本,其生成过程及内容和仪式有着密切的关联,是北朝文学仪式化的一处缩影。由于政治、族群及信仰等因素的作用,不少文人参与到造像活动之中,使造像记的书写蔚为大观。不只造像记,北朝文人的许多作品都与仪式有密切关联。因此,北朝佛教的繁荣和佛事活动的兴盛促使北朝文学呈现出仪式化的倾向,这一现象在北朝文学及思想史上具有重要意义。

第一节　铭刻的祈愿:佛教造像
活动在北朝的繁荣

汉代佛教入华,佛教的造像活动也随之传入并展开。我国有关造像立寺的最早记载见于《三国志·吴志·刘繇传》:"乃大起浮图祠,以铜为人,黄金涂身,衣以锦采,垂铜盘九重,下为重楼阁道,可容三千余人,悉课读佛经。"①造像在后来的佛教文化中非常普遍且流行,其目的与画像类似,都是求取功德的一种方式。佛像包含菩萨、

---

① [晋]陈寿:《三国志》,北京:中华书局,1971 年,第 1185 页。

罗汉、明王、诸天等像。其像虽有雕塑像、画像(绘像)两种,但只有雕塑像称佛像,画像则称图像。在佛教入华以前,虽然我国的雕塑艺术已达到较高水平,但雕刻内容多以人和动物为主。如著名的秦始皇兵马俑,汉代的马踏飞燕,陕西霍去病墓前的跃马、伏虎、卧牛等石刻,都是雕塑艺术中的精品。而主要关涉佛教信仰与佛菩萨崇拜的佛教雕塑传入之后,中国雕塑的内容得以丰富,同时其雕塑技艺也大大提升。

一、北朝的经典造像

魏晋以降,造像活动随着佛教的兴盛而渐趋繁荣之势。从佛教又被称为"像教"(象教)可以看出佛像在佛教当中举足轻重的地位。高僧慧皎曾指出:"圣人资灵妙以应物,体冥寂以通神,借微言以津道,托形传真。"[①]当周武帝拟废立佛教时,高僧慧远曾以"赖经闻佛,藉像表真"[②]之言来劝诫,揭示造像在佛教文化传播中的作用,几于佛教经典等同。此外,刘勰也说过:"双树晦迹,形象代兴,固已理积无始,而道被无穷者矣。"[③]传说佛陀是在末罗国拘尸那迦娑罗双树下逝世的,所以"双树晦迹"指的是佛陀涅槃。刘勰认为佛陀寂灭之后出现了造像,这就使得无始以来的佛法借以传播久远。我国佛教于南北朝时迎来全面之发展,佛教造像艺术水平也随之达到全新的高度。有学者指出,南北朝时期的佛像艺术"在总体上表现出与时代佛教发展水平完全一致的华梵互摄互融的艺术倾向。但是,由于南北政权的分割,朝代的更迭,佛像艺术又在不同的地域文化和政治背景下呈现出明显的地域和时代上的差异与变化,而本土艺术因素的

①[南朝梁]释慧皎撰,汤用彤校注:《高僧传》,北京:中华书局,1992年,第343页。
②[唐]释道宣:《广弘明集》卷十,《大正新修大藏经》第52册,第153页。
③[南朝梁]释僧祐:《弘明集》卷八,《大正新修大藏经》第52册,第50页。

不断增多和表现手法的不断成熟则是当时南北造像艺术发展的共同特点"①。

不同于南朝佛教,北朝佛教的特点在于重信仰而轻义理,故而有较强的功利性和较为浓郁的神学色彩。汤用彤认为:"然朝廷上下之奉佛,仍首在建功德,求福田饶益。故造像立寺,穷土木之力,为北朝佛法之特征。"而这一特点也的确与南朝有别:"龙门造像,其石工之伟大,与永宁浮图土木之壮丽,在中华均首屈一指。北方帝王奉佛之虔诚,求福之热诚,诚有异于南朝也。"②因此,为了求功德与福田,北朝佛教尤为热衷建寺、开窟、建塔、造像等等。

而在北朝诸多佛法实践中,造像活动尤为突出。从王公贵族、官僚、僧尼到普通民众,佛教造像的从事群体所涉阶层十分广泛。汤用彤指出:"北朝法雨之普及,人民崇福之热烈,可于造像一事见之。"③因此,北朝乃当时佛教造像活动之重地,规模与影响空前。北朝有石造像、金铜造像等,占据主导地位的则是开窟造像。我国著名的敦煌莫高窟〔始于前秦建元二年(366)〕、云冈石窟〔始于北魏文成帝和平元年(460)〕、龙门石窟〔始于北魏孝文帝迁都洛阳(494)直至北宋〕并称我国古代佛教石窟艺术的三大宝库,它们的诞生见证了北朝造像活动的繁荣。

甘肃敦煌东南有鸣沙山,其麓有三界寺(共三寺,俗称上寺、中寺、下寺)。寺旁石室众多,旧名莫高窟,俗称千佛洞。相传始建于苻秦建元二年(366),现存最早的洞窟开凿于北凉(5世纪初),此后历经北魏、西魏、北周、隋、唐、五代、宋、西夏至元,始终建造不辍,保存

---

①黄春和:《佛教造像艺术》,石家庄:河北佛学院,2001年,第87页。
②汤用彤:《汉魏两晋南北朝佛教史》,北京:商务印书馆,2015年,第412—413页。
③汤用彤:《汉魏两晋南北朝佛教史》,北京:商务印书馆,2015年,第414页。

至今者共计492窟,其中彩塑达2400多尊。莫高窟中的塑像都为佛教中的神佛形象,其排列有单身像和群像等多种组合。群像一般以佛居中,两侧侍立弟子、菩萨等,少则三身,多则达十一身。彩塑形式有圆塑、浮塑、影塑、善业塑等。这些塑像造型精巧,想象力丰富,艺术造诣极高,与窟中的壁画相得益彰。

公元439年,太武帝拓跋焘灭凉后,凉州(今甘肃省武威市)僧侣约3000人被掠至当时的都城平城(今山西省大同市)。凉州禅法兴盛,禅僧众多,高僧释玄高及昙曜都相继从凉州来到平城。后来,长安地区的众多能工巧匠也迁至平城,以致"沙门佛事皆俱东,象教弥增"①。到了孝文帝太和元年,平城寺院已经达到100余所,僧尼共计1000余人。一时间,平城当之无愧成为北方佛教的中心。统治者在都城兴修寺塔,开窟造像,规模巨大。《魏书·释老志》中记载:

> 兴光元年秋,敕有司于五级大寺内,为太祖已下五帝,铸释迦立像五,各长一丈六尺,都用赤金二十五万斤。……于时起永宁寺,构七级佛图,高三百余尺,基架博敞,为天下第一。又于天宫寺,造释迦立像。高四十三尺,用赤金十万斤,黄金六百斤。皇兴中,又构三级石佛图。榱栋楣楹,上下重结,大小皆石,高十丈。镇固巧密,为京华壮观。②

兴光元年秋,文成帝下令为太祖以下五帝铸造释迦像,规格非凡。献文帝时,建永宁寺,派人修建高三百余尺的七级佛塔,又在天宫寺修造高三十四尺的释迦像,用去了大量的黄金。"天下第一""壮观"等字眼说明其工程的浩大,北魏造像规模巨大也可见一斑。

---

① [北齐]魏收:《魏书》,北京:中华书局,1974年,第3032页。
② [北齐]魏收:《魏书》,北京:中华书局,1974年,第3036—3038页。

公元 460 年,文成帝任命昙曜开凿云冈石窟。《魏书·释老志》载:"昙曜白帝,于京城西武州塞,凿山石壁,开窟五所,镌建佛像各一。高者七十尺,次六十尺,雕饰奇伟,冠于一世。"①因此,早期的第 16 至 20 窟又称昙曜五窟。其开凿时间最早,气象宏大、壮丽,是当之无愧的云冈艺术之精品。云冈石窟不仅继承了凉州石窟的造像风格,同时也承载其浓厚的政治意蕴。北魏佛教在经历毁佛事件后恢复迅速,与此不无关联。"据有关学者研究,昙曜在云冈开凿石窟、雕刻佛像之时,就为第 16 至第 20 窟的五尊佛像赋予了一定的政治意义,即每一尊佛像代表北魏的一位皇帝,根据文献推测所代表的皇帝依次为:第 20 窟主佛代表开国皇帝道武帝拓跋珪,第 19 窟主佛代表明元帝拓跋嗣,第 18 窟主佛代表太武帝拓跋焘,第 17 窟主佛代表景穆帝拓跋晃,第 16 窟主佛代表复法的文成帝拓跋濬。"②作为北魏平城时期的皇家石窟,云冈石窟成为当时皇族祈福的佛教圣地。云冈石窟第二期工程开凿于孝文帝统治时期,孝文帝迁都洛阳之后又开凿了洛阳龙门石窟,"秀骨清像"的造像风格又影响着洛阳龙门石窟的北魏雕刻,并进一步影响全国。

龙门石窟位于河南洛阳南方 14 公里处伊河入口两岸的龙门山(西山)和香山(东山),为伊河东西两岸的石窟群之一。因山谷成门阙状,故古时称其为伊阙石窟。因将岩石开凿为洞窟,在窟内刻龛及佛像,故又称龙门龛、伊阙佛龛。北魏孝文帝迁都洛阳以后,启动了伊阙山大规模的开窟造像工程。伊阙山至隋朝时称龙门,龙门取代了云冈造像的地位。据《魏书·释老志》记载:"景明初,世宗诏大长秋卿白整准代京灵岩寺石窟,于洛南伊阙山,为高祖、文昭皇太后营

①［北齐］魏收:《魏书》,北京:中华书局,1974 年,第 3037 页。
②李立芬、郭静娜:《彪炳千秋的北魏佛国——云冈石窟》,西安:西安出版社,2020 年,第 46 页。

石窟二所。初建之始,窟顶去地三百一十尺。至正始二年中,始出斩山二十三丈。至大长秋卿王质,谓斩山太高,费功难就,奏求下移就平,去地一百尺,南北一百四十尺。永平中,中尹刘腾奏为世宗复造石窟一,凡为三所。从景明元年至正光四年六月已前,用功八十万二千三百六十六。"①

北朝造像活动炽盛,除了龙门石窟中宏大的造像,还有宣武帝在恒农荆山修造并迎置于报德寺的丈六玉像也值得一提。另外,《魏书·释老志》云:"肃宗熙平中,于城内太社西,起永宁寺。灵太后亲率百僚,表基立刹。佛图九层,高四十余丈,其诸费用,不可胜计。"②寺中有僧房1000余间,佛殿中有一尊丈八金像和十尊中长金像。这些造像的材质动辄金玉,耗费了大量的人力和财力。

闻名于世的响堂山石窟位于今河北省邯郸市,它代表着北齐佛教石窟造像的特色,据说其开凿与高齐帝王的旨意有关。与邺城一样,晋阳也大规模开窟造像,开凿了天龙山石窟并在西山凿山造佛。有史书为证:"凿晋阳西山为大佛像,一夜燃油万盆,光照宫内。又为胡昭仪起大慈寺,未成,改为穆皇后大宝林寺。穷极工巧,运石填泉,劳费亿计,人牛死者,不可胜纪。"③建寺造像仍然工程浩大,极尽奢华,耗费巨资。可见从北魏到北齐,帝王皇室均追求寺院建筑的宏伟壮丽,建寺造像不惜斥巨资,花费不计其数的人力和物力来求取功德和福田。

二、愿望的书写:造像活动中的造像记

佛教造像上的造像记,是镌刻在造像上的发愿文,集中表达了出资造像者的祈愿。侯旭东指出:"佛像雕讫、购入后,出资者多刻长短

---

① [北齐]魏收:《魏书》,北京:中华书局,1974年,第3043页。
② [北齐]魏收:《魏书》,北京:中华书局,1974年,第3043页。
③ [唐]李延寿:《北史》,北京:中华书局,1974年,第301页。

不等文字于像座、像背或龛侧，述兴造缘由、时间、誓愿，并镌出资者姓名，是为造像记。"①例如，刻于北魏时期的《王神虎造像记》云："大魏太平真君元年，岁次庚戌，三月癸卯朔，十七日甲戌，合邑仪道俗敬造佛像一区（躯），仰为皇帝陛下、师僧、七世父母、所生父母、因缘眷属，后为边地众生，一切有形之类，常与善居。愿生生之处，延祚无穷，值闻佛法，一切众生，作佛保，永隆吉庆。佛像主王神虎。"②

　　北朝时期的造像记数量颇多，既有佛教造像记，又有道教造像记，但仍以佛教造像记数量居多。而对于佛教造像记，清代王昶给出的评价并不高，其所著《北朝造像诸碑总论》云：

　　　　按造像立碑，始于北魏，迄于唐之中叶。大抵所造者释迦、弥陀、弥勒及观音、势至为多。或刻山崖，或刻碑石，或造石窟，或造佛堪，或造浮图。其初不过刻石，其后或施以金，涂彩绘。其形模之大小广狭，制作之精粗不等。造像或称一区，或称一堪，其后乃称一铺。造像必有记，记后题名。……综观造像诸记，其祈祷之词，上及国家，下及父子，以至来生，愿望甚赊。其余鄙俚不经，为吾儒所必斥。然其幸生畏死，伤乱离而想太平，迫于不得已，而不暇计其妄诞者。仁人君子，阅此所当恻然念之，不应遽为斥詈也。③

　　虽然儒者对其有颇多微词，但佛教造像记作为佛学东渐之后一种新的文化现象有其自身的意义与价值。汤用彤认为："在已通行金

---

①侯旭东：《佛陀相佑：造像记所见北朝民众信仰》，北京：社会科学文献出版社，2018年，第4页。
②邵正坤：《北朝纪年造像记汇编》，长春：吉林人民出版社，2014年，第1页。
③［清］王昶：《金石萃编》卷三十九，《历代碑志丛书》第四册，南京：江苏古籍出版社，1998年，第656—657页。

石书所载造像记,已称极多。至于近今发现而未著录者,尤不知凡几。若能搜齐其文,研求其造像之性质(如弥勒弥陀等崇拜,年代上及地城上之分布等),则于北朝宗教之了解所得必不小也。"①因此,造像记的史料和文献作用不容小觑,而其价值恐怕也不仅于此。

就我们的思想史来说,葛兆光认为:"过去的思想史只是思想家的思想史或经典的思想史,可是我们应当注意到在人们生活的实际的世界中,还有一种近乎平均值的知识、思想与信仰,作为底色或基石而存在,这种一般的知识、思想与信仰真正地在人们判断、解释、处理面前的世界中起着作用。"②北朝数量颇多的造像记便是如此,它们大多只是由普通民众或僧尼出资造像,然后镌刻上自己的愿望,但这些书写的祈愿集中起来,便是那个时代及地域中民众思想的集体反映,折射着其时的群体审美与社会文化心理。这些文本虽然不是传统意义上的经典,但它们是客观存在的、真正起着作用的一般知识、思想与信仰,有着不容忽视的历史力量。而正因那些愿望和思想被镌刻在造像上,所以能够流传至今,成为现代人眼中珍贵的文物。许多在历史上默默无闻的姓名因这些金石造像而流传千古,即使是最不起眼的、普通的小小心愿也能跳脱历史的尘埃而呈现在世人面前。为我们了解和观察那个时代的思想及文化提供了比典籍记载更为鲜活的、立体的媒介。

第二节　仪式的光晕:佛教造像的仪式元素与造像记的仪式化

对于佛教造像记这一独特的文本,有不少学者尝试从文学的角

①汤用彤:《汉魏两晋南北朝佛教史》,北京:商务印书馆,2015 年,第 415 页。
②葛兆光:《中国思想史》导论,上海:复旦大学出版社,2013 年,第 11 页。

度发掘其审美和文化价值①。但从整体来看,造像记与现代意义上的文学体裁所具有的文学性判如鸿沟。有学者也关注到了这一问题,并且给出了自己的看法:"以造像记为对象的文学研究,通常是将之作为文体学分析的对象,从语言艺术的角度去分析其中之铭颂的价值。造像碑的确具有一定的文学价值,但这种价值从文学艺术水平上来说,其实有限。但是,各类造像碑铭对于研究底层文学史而言,意义重大。它的文学水平能够反映当时北方普通民众在文学上的能力。"②

诚然,造像记确实是北朝文学中较具代表性的一类文体,能够体现北朝文学的风貌与北朝文学思想的特点。北方文学的特长恰恰在于纪事之文,因北朝人整体上具有经世致用的务实性格,反映在文学方面则擅长实用性和应用性之文体。曹道衡先生总结道:"总的来说,北朝人的文章,还是以当时人称之为'笔'的记事文和应用文为多。这部分文章,古代一些重视辞采、声律的人往往因为是'笔'而很少重视;提倡散体的人,又因其带有骈俪气息而加以排斥。到了现代,一些文学史研究者又拘于现代的文学概念,把史传和应用文排斥在文学之外。于是北朝人的文章就很少能为文学研究者所注目。"③北朝文学的特点及研究状况正在于此,而其文学思想也有着迥异于东晋南朝的独特性。罗宗强认为,北朝文学思想以重政教之用为发

---

①可参看:张鹏:《北朝佛教造像记的文学意义》,《西南交通大学学报》(社会科学版),2007 年第 5 期;张鹏:《北朝造像记的文体特征》,《广西社会科学》,2012 年第 4 期;贺玉萍:《〈洛阳造像记〉的文学价值》,《中州学刊》,2010 年第 4 期;马健中:《巩县石窟北朝造像题记文体、文字特点例析》,《中国书法》,2019 年第 24 期;等。

②蔡丹君:《从乡里到城市:历史与空间变迁视野中的十六国北朝文学》,北京:生活·读书·新知三联书店,2019 年,第 293—294 页。

③曹道衡:《南朝文学与北朝文学研究》,北京:商务印书馆,2015 年,第 26 页。

展的起点,追求苍凉劲健的美,尚质实典重。北朝文学思想的倾向在于重实用、尚真实、求朴野①。

北朝文学及文学思想有其自身存在的一套逻辑,有多种因素综合作用下所生成的独特性。所以在笔者看来,我们恰恰应当尊重其客观存在性和特殊性,应该在深入并还原其历史真实面貌的基础上去探究其文学价值,而不是拿纯文学的标准去观照并衡量其特点和意义。就佛教造像记而言,这类文本是在造像活动中产生的,人们为了信仰、祈愿或纪念而书写,也具有实用性及应用性,但这样讲还是较为笼统。细究起来,造像记所具有的最重要之特点恰恰在于它的生成与仪式具有密切的关联。吴承学认为,中国古代实用文体大都是"政治、礼乐制度的直接产物,其应用总是与礼教仪式相始终。不了解这些制度、仪式,就不可能真正理解这些文体"②。事实上,我国古代许多文体的产生都与仪式的联系相当紧密,如颂文、祝文、盟文等。但随着这些文体的发展,人们逐渐淡忘其最初形成的仪式环境,这一现象很不利于全面而深入地研究相关文本。对于造像记来说,若从仪式的角度观察之,或许可以发现造像记更为独特的文化意蕴与价值。

一、北朝佛教造像中的仪式元素

在北朝,"佛教的风靡,表现形式也多是宗教的狂热"③,因此,在北朝的佛教造像活动中,少不了各种仪式的举行。开光是其中较为重要的仪式之一。丁福保在其编著的《佛学大辞典》中指出:"佛像落成后,择日致礼而供奉之,谓之开光。亦曰开眼,或曰开眼供养。"④《佛说

---

① 罗宗强:《魏晋南北朝文学思想史》,北京:中华书局,1996 年,第 316—321 页。
② 吴承学:《中国古代文体学研究》,北京:人民出版社,2011 年,第 5 页。
③ 曹道衡、沈玉成编著:《南北朝文学史》,北京:人民文学出版社,1991 年,第350 页。
④ 丁福保编:《佛学大辞典》,上海:上海书店,1991 年,第 2129 页。

一切如来安像三昧仪轨经》曰:"复为佛像,开眼之光明,如点眼相似,即诵开眼光真言二道。"①《禅林象器笺》上说:"凡新造佛祖神天像者,请宗师家,立地数语,作笔点势,直点开他金刚正眼,此为开眼佛事,又名开光明。"②所以,开光又称开光明、开眼,指新佛像完成时所举行的为佛开眼的仪式。在佛像落成之后,或寺院给新进的佛像安位、上漆、贴金后,都要举行这一仪式,从而赋予佛像以神圣性,因为佛菩萨像在开光后才具有宗教上的神圣意义,否则便只是一尊普普通通的雕像而已。

造像记是刻在佛像上的铭文,一般记录了造像发愿者的身份、造像题材及造像原因、祈愿等内容。从北朝的造像记中,我们能够寻到佛教开光仪式的踪影。造像记中所记载的与开光仪式相关的名称有"开光主""开明主""开光明主""像光明主""开佛光明主"等。刻于北魏时期的《合邑130人造像记》记载:"开大佛光明主下蔡县令杨法生侍佛时,开菩萨光明主褚容周,邑子褚生周,开弥勒佛光明主华容县令杨文喜侍佛时,开菩萨光明主杨禹生。"③东魏时的《比丘尼惠好、惠藏造像记》云:"开佛光明主比丘尼惠超。"④北齐时,《道俗邑人造像记》中有"开明主宋仲□、母邢,开明主□□、母王"⑤这样的记载,还有《郗景哲等造像记》曰:"大像开明主郗迎男。"⑥北周时的《比丘尼法藏造像记》云:"开明主任明欢、女恶女、息永乐等一心供

①[北宋]施护译:《佛说一切如来安像三昧仪轨经》,《大正新修大藏经》第21册,第934页。

②(日)无著道忠编:《禅林象器笺》,《禅宗全书·杂集部(十三)》,台北:文殊文化有限公司,1990年,第512页。

③邵正坤:《北朝纪年造像记汇编》,长春:吉林人民出版社,2014年,第70—71页。

④邵正坤:《北朝纪年造像记汇编》,长春:吉林人民出版社,2014年,第187页。

⑤邵正坤:《北朝纪年造像记汇编》,长春:吉林人民出版社,2014年,第341页。

⑥邵正坤:《北朝纪年造像记汇编》,长春:吉林人民出版社,2014年,第365页。

养……开日月光佛主陈洪度。"①由此看来,开光是造像活动中的一项重要仪式。

造像中的开光仪式与佛教重视光明有关。佛教素来以光明为美,极为重视光明,如西方的佛土称作"光明土";观音的住处叫作"光明山";观世音又叫"光世音"。还有许多佛经以"光"或"光明"命名,如《金光明经》《金光明经文句》《放光般若经》等。净土宗宣扬的西方极乐世界之教主阿弥陀佛的名号有 13 个,其中 12 个便与光明有关。在佛教中,光明有智光和色光之分,色光指佛身能发出的可见的光明。我们于绘画和雕塑中见到的佛、菩萨诸尊,其形象往往带有光明相。光明相多呈圆形,位于佛、菩萨的头面或全身周围,它实际上是佛、菩萨智慧的象征。而与光明相对的则是无明与愚昧,正因为无明尘垢会污染真如本性,所以才不能洞彻真理,需要开发清净的智慧。开光仪式正是这种理念的动作表征,在开光仪式中,主法者用毛巾向佛像做出拂尘的动作,再用镜子映照佛像,都有拂去尘垢、明心见性的寓意。此外,还要用朱砂笔等点向佛菩萨之眼,此谓点开佛眼,将佛性、神性引入佛像,使其具有生机与灵性。为佛像开眼、点睛之举可以追溯至东晋著名画家顾恺之等人。《世说新语·巧艺》云:"顾长康画人,或数年不点目精。人问其故,顾曰:'四体妍蚩,本无关于妙处;传神写照,正在阿堵中。'"②阿堵即指人的眼睛,眼睛是传达个体精神的关键之处,所以在点睛之时便要极为慎重。南朝时的张僧繇也善于"点睛",《历代名画记》中记载了他"画龙点睛"的著名传说。梁武帝建了许多佛寺,建成之后往往命张僧繇作画。张曾在金

①邵正坤:《北朝纪年造像记汇编》,长春:吉林人民出版社,2014 年,第 394—395 页。
②[南朝宋]刘义庆著,[南朝梁]刘孝标注,余嘉锡笺疏:《世说新语笺疏》,上海:上海古籍出版社,1993 年,第 721 页。

陵的安乐寺画了四条龙,但很长时间都没有为其画上眼睛,自称"点睛即飞去",这在很多人看来都是无稽之谈。但某天张僧繇为其中的两条点上眼睛之后,这两条龙竟然腾云驾雾而飞出,而未点睛的两条仍在画中。这一传说虽然可能是作者杜撰、附会而成,但从侧面反映了点睛在画像和雕像中的重要作用,它也关联着佛教造像中的开光仪式。

造像落成以后的开光仪式需要有僧人的参与,因而会有斋主在开光仪式完成后延请僧人用餐,即斋僧。斋僧属于佛教斋供仪式的范畴。《董成国等造像记》中记载:"冲天王主敬南祖、斋主董仵石、斋主董□安。"①《杜文庆等 20 人造像记》云:"开佛光明主张法隆供养。大斋主万延兴供养。"②《比丘尼法藏造像记》云:"供养主虎牙将军陈龙欢供养佛时,斋主辅国将军、中散都督陈季标一心供养时,……斋主陈遵岳一心侍佛时。"③由此看来,在造像活动中需要施僧食,所以有"斋主"的出现。

斋僧是一个以施僧食为核心的仪式过程。斋僧始设的原意在于表明信心、皈依,随后又逐渐融入祝贺、报恩、追善等目的。而造像活动中的斋僧,其实质目的在于斋主的求功德思想。佛经中云:

> 若复有人,斋食供养佛及众僧,功德有十。云何为十? 一寿命延长,二形色圆满,三肢节多力,四记忆不忘,五智慧辩才,六众睹欢喜,七丰足珍宝,八人天自在,九命终生天,十速证圆寂;如是十种胜妙功德,施佛及僧斋食供养,获如斯果。④(《分别善

①邵正坤:《北朝纪年造像记汇编》,长春:吉林人民出版社,2014 年,第 84 页。
②邵正坤:《北朝纪年造像记汇编》,长春:吉林人民出版社,2014 年,第 88 页。
③邵正坤:《北朝纪年造像记汇编》,长春:吉林人民出版社,2014 年,第 395 页。
④[北宋]天息灾译:《分别善恶报应经》卷下,《大正新修大藏经》第 1 册,第 900 页。

恶报应经》）

从佛经中的表述来看,用斋食来供养佛及众僧的功德是显而易见的,从延长寿命到珍宝丰足,斋僧能给人带来无限的利益与好处。在这种功德心的驱使下,斋僧活动十分普遍,也为僧人的衣食来源提供了重要的补给。侯冲指出:"施主设斋的目的,就是要为自己或自己有关的人获取功德。……由于功德可以转让,施主可以通过斋僧,请僧人举行仪式,以满足他们各种各样的精神需求。而僧人亦可以通过不断替施主修建功德,接受布施,让自己有一个持续的赖以生存和发展的物质基础。因此可以说,功德和功德转让思想,为斋僧提供了理论,奠定了僧人与施主通过互动而使佛教得到承袭和传播的基础。"①

斋僧仪式当中还有咒愿这一环节。在佛教看来,斋主设供斋僧是积善修德的行为之体现,所以僧人在受斋时,还应对斋主的善行予以回应。僧人在接受施斋时,还要咒愿斋主,这被称为"随喜咒愿",即僧人为斋主的善行而作祝愿赞叹之词。因此,斋僧是包含斋主、僧人、咒愿这三个核心要素,以施僧食为主要行为表现的仪式过程。此外,斋僧过程中的饭食必须洁净非常。汉代安世高所译的《大比丘三千威仪》云:"为比丘僧作饭食,当令净洁。"②为僧人设斋是积善修德的行为,所以斋食应当清净严洁。敦煌遗书中有不少斋文将所设食物称为"清斋""净食""玉馔"等,都是这一要求的体现。

此外,与佛教造像相关的仪式还有行像、浴佛等。"行像",又称

---

①侯冲:《中国佛教仪式研究:以斋供仪式为中心》,上海:上海古籍出版社,2018年,第24—25页。

②[东汉]安世高译:《大比丘三千威仪》卷下,《大正新修大藏经》第24册,第922页。

巡城、行城。是将装饰好的佛像用宝车装载,于城中游行的一种宗教仪式。我国通常于佛诞日(农历四月初八)举行行像仪式。关于行像的起源,据赞宁的《大宋僧史略》记载:"行像者,自佛泥洹,王臣多恨不亲睹佛,由是立佛降生相,或作太子巡城像。"①4 世纪以后,因我国造像风气大为盛行,除铜像外,还有木像、夹纻像等,行像的仪式也自西域传入中土。东晋戴逵作行像五尊,这是我国行像之风的肇始。

《洛阳伽蓝记》云:

> 四月七日,京师诸像皆来此寺。尚书祠曹录像,凡有一千余躯。至八月节,以次入宣阳门,向阊阖宫前,受皇帝散花。于时金花映日,宝盖浮云,幡幢若林,香烟似雾。梵乐法音,聒动天地。百戏腾骧,所在骈比。名僧德众,负锡为群;信徒法侣,持花成薮。车骑填咽,繁衍相倾。时有西域胡沙门见此,唱言佛国。②

行像的盛大场景由此可见一斑,且有梵音百戏相伴,皇帝亲自礼敬,热闹非凡。此外,《洛阳伽蓝记》卷一载昭仪尼寺"有一佛二菩萨,塑工精绝,京师所无也。四月七日,常出诣景明,景明三像恒出迎之,伎乐之盛,与刘腾相比"③。另据《魏书·释老志》记载:"世祖初即位,亦遵太祖、太宗之业,每引高德沙门,与共谈论。于四月八日,舆诸佛像,行于广衢,帝亲御门楼,临观散花,以致礼敬。"④行像仪式往往盛大而隆重,与歌舞伎乐关系密切,且受到皇帝的重视,足见这一仪式在当时的重要性。

---

① [北宋]释赞宁:《大宋僧史略》卷上,《大正新修大藏经》第 54 册,第 237 页。
② [北魏]杨衒之:《洛阳伽蓝记》卷三,《大正新修大藏经》第 51 册,第 1010 页。
③ [北魏]杨衒之:《洛阳伽蓝记》卷一,《大正新修大藏经》第 51 册,第 1003 页。
④ [北齐]魏收:《魏书》,北京:中华书局,1974 年,第 3032 页。

　　与佛教造像相关的还有浴佛仪式。"浴佛"又称"灌佛",这一仪式最初是佛寺为了纪念佛陀降生而举行的诵经法会等仪式。传说佛祖释迦牟尼降生后,天降香水为之沐浴,根据这一传说而衍生出浴佛仪式。随着佛教的传入,浴佛仪式很早便在中土流行开来,《三国志》云:"笮融者,丹杨人,初聚众数百,往依徐州牧陶谦。谦使督广陵、彭城运漕,遂放纵擅杀,坐断三郡委输以自入。乃大起浮图祠,以铜为人,黄金涂身,衣以锦采,垂铜盘九重,下为重楼阁道,可容三千余人,悉课读佛经,令界内及旁郡人有好佛者听受道,复其他役以招致之,由此远近前后至者五千余人户。每浴佛,多设酒饭,布席于路,经数十里,民人来观及就食且万人,费以巨亿计。"①后赵国主石勒曾为其子祈福而举行过浴佛仪式。《高僧传》云:"勒诸稚子,多在佛寺中养之。每至四月八日,勒躬自诣寺灌佛,为儿发愿。"②此外,《宋书》云:"四月八日,敬宣见众人灌佛,乃下头上金镜以为母灌,因悲泣不自胜。"③浴佛仪式在六朝时期已较为普遍,北朝则多于四月八日举行浴佛仪式。而关于浴佛的具体过程,《佛说浴像功德经》中的记载较为详细:

　　　　若欲沐像,应以牛头旃檀、紫檀、多摩罗香、甘松、芎䓖、白檀、郁金、龙脑、沉香、麝香、丁香,以如是等种种妙香,随所得者以为汤水,置净器中。先作方坛,敷妙床座,于上置佛。以诸香水次第浴之。用诸香水周遍讫已;复以净水于上淋洗。其浴像者,各取少许洗像之水置自头上,烧种种香以为供养。初于像上下水之时,应诵以偈:我今灌沐诸如来,净智功德庄严聚;五浊众

①[晋]陈寿:《三国志》,北京:中华书局,1959年,第1185页。
②[南朝梁]释慧皎撰,汤用彤校注:《高僧传》,北京:中华书局,1992年,第348页。
③[南朝梁]沈约:《宋书》,北京:中华书局,1974年,第1409页。

生令离垢,愿证如来净法身。①

总而言之,从北朝的佛教造像记来看,开光、斋僧、行像、浴佛等都是与佛教造像活动密切相关的仪式,这些仪式行为背后体现着行为主体的功德诉求。经过一系列仪式以后,佛像在人们的心目中也更具神圣性和庄严性,从而寄托着人们的希望与信仰。

二、丧葬仪式语境中的造像记书写

综观北朝时的佛教造像记,当中多有为亡者造像的表述。如北魏时的《宋德兴造像记》云:"太安三年,九月廿三日,岁次丁酉,清信士宋德兴,伪(为)命亡女猄香造作释迦文佛像。"②文中指明了造像所为之发愿的对象是自己逝去的女儿。为过世亲人造像的例子还有许多,现列举部分如下:

> 皇兴四年,七月九(日),王钟夫妻为亡父母造观世音像一躯,愿令亡父母常与观世音菩萨共生一处。(《王钟夫妇造像记》)
> 皇兴五年六月卅日,清信女赵知法为亡父母造□□□,愿亡人上生□□,值遇诸佛□□□□□知识宿命□□□□身常见佛闻法,不逢苦难,愿愿从心,所求如意。(《清信女赵知法造像记》)
> 太和四年四月廿日,下博人赵明,为亡儿越宝造多宝佛,愿亡儿上生天上,常与佛会。(《赵明造像记》)
> 太和六年,岁在壬戌,二月二日,饶阳县人刘遗通、遗利兄弟二人为亡伯母造光(观)世音一区(躯),愿居家大小常与弥勒佛会。(《刘遗通兄弟造像记》)

---

① [唐]宝思惟译:《佛说浴像功德经》,《大正新修大藏经》第16册,第799页。
② 邵正坤:《北朝纪年造像记汇编》,长春:吉林人民出版社,2014年,第3页。

　　　景明三年，五月□日，比丘惠感为亡父母敬造弥勒像一区
（躯），愿国祚永隆，三宝弥显，旷劫师僧、父母眷属，与三途永乖，
福钟竞集，三有群生，咸同此愿。比丘法宁为亡父母敬造石像一
区（躯）。①（《比丘惠感造像记》）
　　　大魏天平三年六月三日，张河间寺尼智明为亡父母、亡兄
弟、亡姐敬造尊像一区，愿令亡者托生净土，见在蒙福，又为一
切，咸同斯庆。②（《张河间寺比丘尼智明造像记》）

　　从这些造像记来看，发愿者所涉阶层十分广泛，既有普通民众，
又有僧尼群体。他们皆为自己已逝的亲人造像发愿，希望亡者升天
或托生净土。虽然从北朝整体的造像记来看，造像的原因有多种，但
有不少是为亡者造像。因此，这些为亡者造像、发愿祈福等慎终追远
之行为已构成当时丧葬仪式的重要组成部分。邵正坤认为，透过北
朝时期造像记中所含的大量追荐亡者的铭文判断"这类造像在时间
上有一定的规律可循，祈愿内容大多与宗教信仰相关。含有荐亡内
容的题记表明，亲属亡故以后，通过造像为其超度，已经成为当时一
种较为固定的仪式"③。而这种丧葬仪式显然是受到了佛教文化传
入的深刻影响。
　　在我国，雕刻艺术在墓葬文化中本来就占据十分重要的地位。
从先秦至东汉，我国墓葬中的雕刻以传统样式为主。但到了魏晋时
期，佛教的传入对我国的雕塑艺术产生了重大影响，从而也对丧葬中
的雕刻艺术产生了重要影响。百姓们纷纷为亡者雕造佛像，而造像

①邵正坤：《北朝纪年造像记汇编》，长春：吉林人民出版社，2014 年，第 4、5、9、9、
　30 页。
②夏名采等：《青州龙兴寺佛教造像窖藏清理简报》，《文物》，1998 年第 2 期。
③邵正坤：《追福与荐亡——造像记所见北朝时期的追荐之风》，《山西大同大学
　学报》（社会科学版），2016 年第 2 期。

的题材及用材多种多样,丰富了我国雕刻艺术的宝库。有学者指出:"中国陵墓雕刻艺术,自远古至秦汉,大都离不开陵墓的氛围,丧葬的'实用',魏晋以后便一改而为'偶像'的崇拜,如石窟造像、寺庙造像、摩崖石刻造像、单身造像等等纷纷出现。"①

　　考察六朝时期的丧葬仪式后发现,佛教文化的传入为其带来的新变是巨大的。除了为亡者造像发愿,"七七斋"也是当时出现的与佛教有关的丧葬仪式。从逝者身亡之日算起,在七七四十九天之内,亲属每隔七日为其举行仪式,共七次。按照佛教的轮回观,人死后七七四十九天,由于业缘的安排将去投胎。若此时亲属为之修福,则可以转劣为胜而投生到善处去。在此期间,死者家属会斋僧念经,修诸种功德。据史料来看,有关七七斋的记载最早见于北魏胡太后的父亲国珍的丧事。《北史》载:"国珍年虽笃老,而雅敬佛法。……又诏自始薨至七七,皆为设千僧斋,斋令七人出家;百日设万人斋,二七人出家。"②另《北齐书》云:"从绰死后,每至七日及百日终,灵晖恒为绰请僧设斋,转经行道。"③自此以后,七七斋一直在我国流行,长盛不衰。

　　从北朝为亡者造像的铭刻内容来看,佛教的传入给人们的生死观念带来巨大的变化。佛教文化的传播丰富了人们对死后世界的想象,同时也将生命意识无限拓展。如《赵垧造像记》云:"唯大魏皇兴三年,定州中山郡赵垧为亡父母、亡兄造弥勒像一区(躯),若在三途,速令解脱,若生人间,王侯子孙,舍身受身,常与佛会。愿见世安隐(稳),愿愿从心,使一切众生,普同斯愿。"④发愿者设想了已故亲人来世的多种可能,其中就包括"三途"。在佛教中,"三途"是三恶道

---

①江新建:《佛教与中国丧葬文化》,长沙:湖南人民出版社,2008 年,第 121 页。
②[唐]李延寿:《北史》,北京:中华书局,1974 年,第 2688 页。
③[唐]李百药:《北齐书》,北京:中华书局,1972 年,第 596 页。
④邵正坤:《北朝纪年造像记汇编》,长春:吉林人民出版社,2014 年,第 4 页。

的别名,指的是血途、刀途和火途,分别对应畜生道、饿鬼道和地狱道。因畜生处在被宰杀或互相吞食的血腥之所,饿鬼常居于饥饿与刀剑相逼之地,而地狱处在烈火灼烧之处,故而得名。这关联着佛教的业报轮回说,佛教认为人生前的恶业会导致来世在这三恶道中轮回之果报。因此,他们祈祷逝去的亲人能够远离三途,得以解脱。关于报应思想,佛教改变了过去的传统看法。例如,道教所谓的"承负",是指前辈所做的善恶之事,由后辈子孙来承担结果。正如葛兆光所言,"古代中国的传统说法里,报、承都不及本身,所以对本人并没有约束和警戒的力量"①。

佛教的"三世"概念亦对民众影响甚深,如《丘穆陵亮夫人尉迟造像记》云:"太和十九年十一月,使持节、司空公、长乐王丘穆陵亮夫人尉迟,为亡息牛橛请工镂石造此弥勒像一区(躯),愿牛橛舍于分段之乡,腾游无碍之境。若存托生,生于天上诸佛之所;若生世界,妙乐自在之处;若有苦累,即令解脱,三涂恶道,永绝因趣。一切众生,咸蒙斯福。"②此篇亦反映了人们新的生命观。"三世"乃一个人现在生存之现世、出生以前生存之前世及命终以后生存之来世。佛教的三世与轮回、报应观念相联结。个体现世的生存与死亡,只是其中的一个轮回,而人的生命会在三世中轮回,绵延不绝。每一世的福祸都是由前世的行为所决定的。这种三世的轮回观念使人们意识到,死亡不是生命的终点,这就有助于帮助人们超越对死亡的恐惧,更愿意以积极的态度直面现实中的苦难。

佛教对于死后世界之想象的丰富化亦在为亡者造像的书写中较为常见。例如,《比丘惠合为亡孙客造像记》曰:"正始五年,八月十五日,比丘惠合为亡孙客造迦释(释迦)一区(躯),愿托生西方,面奉

---

① 葛兆光:《古代中国文化讲义》,北京:人民文学出版社,2020年,第100页。
② 邵正坤:《北朝纪年造像记汇编》,长春:吉林人民出版社,2014年,第18页。

诸菩萨，□令解脱。"①《比丘普贵造像记》曰："使父亡者生天，宣语诸佛，□生西方妙洛（乐）国土，龙华化生，树下三会说法。"②文中所说的"西方"及"西方妙乐国土"即是佛教所指的"极乐世界"。"极乐世界"乃佛教所宣扬的阿弥陀佛之净土，是无尽世界的其中之一，在人类世界的西方，距之有十万亿佛土之遥。据佛经记载，在这极乐世界中，金银珍宝无数，装饰极尽华美，五光十色，天乐声闻，功德庄严，无有苦痛，此地与现实世界的反差极大，无疑给当时处于乱世中的人们提供了十分向往的想象中的死后居所。《佛说阿弥陀经》云：

> 若有善男子、善女人，闻说阿弥陀佛，执持名号，若一日、若二日、若三日、若四日、若五日、若六日、若七日，一心不乱。其人临命终时，阿弥陀佛与诸圣众现在其前。是人终时，心不颠倒，即得往生阿弥陀佛极乐国土。③

按照此经的说法，闻说阿弥陀佛，执持名号，能够使人于临终之际得到阿弥陀佛与诸圣的接引，不生颠倒迷妄之心，死后还能往生阿弥陀佛极乐国土。佛教中的净土信仰能够给人带来临终关怀，在一定程度上可以消除人们对死亡的恐惧与焦虑。所以，在造像记中还常有愿"亡者直生西方无量寿国"④的说法。

此外，有的悼念者还熟悉佛理，这在其造像记中亦有所体现，如《黄某相造像记》记载："大代延兴二年，岁在壬子，四月癸未朔，六日戊子，纪书学生东郡黄□相，为亡父故使侍（持）节、侍中、安南将军、

---

① 邵正坤：《北朝纪年造像记汇编》，长春：吉林人民出版社，2014年，第43页。
② 邵正坤：《北朝纪年造像记汇编》，长春：吉林人民出版社，2014年，第22页。
③ ［后秦］鸠摩罗什译：《佛说阿弥陀经》，《大正新修大藏经》第12册，第347页。
④ 无量寿佛是阿弥陀佛的译名，因此二者所指相同。

南郡尚书、定州刺史、东郡简公黄卢头造释迦牟尼百七十佛像,愿亡父楷是诚□,永离苦难,值遇诸佛,深解实相,普及众生,既悟道果。"①文中提到愿亡父"深解实相",实相又名佛性、法性、真谛等,是用来说明佛教终极理想境界的概念。方立天先生指出:"涅槃寂静作为佛教的最终理想境界,也被认为是宇宙万物的实相,进而还被视为是宇宙万物的真理。"②总之,从这些造像记来看,北朝为亡者举行的丧葬仪式受到了佛教文化的深刻影响。

其实在我国的文化传统当中,生死事大,自古以来就相当重视葬礼。在儒家经典《仪礼》中,有关丧礼的内容就占据大半。葬礼在人类文化上的意义在于,"它表面上是要帮助死者踏上他们到另一个世界的旅途,而其实更多的是帮助剩下的人来处理他们的失落"③。所以,葬礼实际上是在解决生者的问题。而佛教造像发愿活动恰恰能够帮助时人突破心理上的失落困境,因此许多人纷纷为亡者造像、祈愿。有国外学者总结:"马特林等人发现,宗教有助于人们克服失去亲人的悲伤。……祈祷对丧失亲人的人是最有帮助的,也许这种关系能够某种程度上弥补那种失落感。"④同样,在古代中国,丧葬仪式与宗教之间具有紧密的关联,因为"处理遗骸,关注灵魂,是古代中国人宗教信仰的起点与基础,死亡、下葬以及死后世界的想象,在古代中国社会生活中相当严肃"⑤。因此,随着佛教的传入和兴盛,北朝的民众愈来愈重视以造像、发愿为途径来缅怀逝者,同时也抚慰生者的心灵。

①邵正坤:《北朝纪年造像记汇编》,长春:吉林人民出版社,2014年,第6页。
②方立天:《佛教哲学》,北京:中国人民大学出版社,2012年,第108页。
③(英)阿盖尔著,陈彪译:《宗教心理学导论》,北京:中国人民大学出版社,2005年,第141页。
④(英)阿盖尔著,陈彪译:《宗教心理学导论》,北京:中国人民大学出版社,2005年,第132—133页。
⑤葛兆光:《古代中国文化讲义》,北京:人民文学出版社,2020年,第26页。

三、佛教造像记的仪式化特征

从上文的分析中,我们可以看到,佛教造像记的生成和仪式有着密不可分的关联。而在笔者看来,正是仪式的特点和发愿者的心理诉求决定了佛教造像记所具有的仪式化特征,若想说明什么是造像记的仪式化,我们首先需要弄清仪式本身的概念和特点。

作为分析的专门性词语,"仪式"在19世纪出现并广为学界关注和重视。彭兆荣总结,在西文中,"仪式除了对仪式行为和意义具有泛指外,早期主要集中指示宗教范畴内的意义和行为"[1]。实际上中西方有关仪式的定义非常之多,例如,出版于1771年的《不列颠百科全书》将"仪式"定义为"一本秩序和方式的书,它是之于正在特定的教会、教区或相似地点举行的庆典和礼拜"[2]。荣格对仪式很有兴趣,他受到初始化仪式的吸引,认为它们与个体在不同人生阶段的过程与进展多有相似。仪式是"有意识或无意识(unconscious)地表现宗教目的或意图的服务"。"仪式表演是根据神话和原型主题象征性地表达信息,涉及一个人的全身心投入;它们向个体传达了一种加强了的意义(meaning)感,且同时依附于投合时代精神(spirit)的表述形式。"[3]发表潜认知主义仪式理论的涂尔干"将仪式视为社会生活的实践过程和结构,'神圣/世俗'(the sacred and the profane)的关系和行为被看作二元对立的基本社会分类和结构要素"[4]。后来又出现

---

①彭兆荣:《人类学仪式理论与实践》,西安:陕西师范大学出版总社,2019年,第12页。

②彭兆荣:《人类学仪式理论与实践》,西安:陕西师范大学出版总社,2019年,第12页。

③(英)安德鲁·塞缪尔斯等著,颖哲华译:《荣格心理学关键词》,北京:中国人民大学出版社,2021年,第193—194页。

④彭兆荣:《人类学仪式理论与实践》,西安:陕西师范大学出版总社,2019年,第13页。

了以戈夫曼为代表的功能主义仪式理论和柯林斯的互动仪式理论。随着西方仪式理论的发展,仪式的边界突破了传统宗教的范围而扩大到了人们的日常生活之中。

由于文化之间所存在的差异性,中西方对仪式的理解也各有千秋。《说文解字》云:"仪,度也,从人,义声。"①《淮南子》云:"设仪立度,可以为法则。"②中国的仪式离不开"礼",传统礼仪讲究的是规则和秩序,将一些共同的观念和规则予以固定化和规范化,从而对参与者产生潜移默化的影响。葛兆光指出:"无论什么礼,从祭祀对象、祭祀时间与空间,以及祭祀的次序、祭品、仪节等方面来看,都需要建立一种上下有差别、等级有次第的差序格局。这种表现于外在仪礼上的规则,其实就是为了整顿人间的秩序。……仪的原义,在卜辞中可以看出,是兵器上插饰羽毛,就是仪式舞蹈的一种,表示'威仪',即外在形式上的仪式、法度和姿态。"③

除了中西的不同视角和眼光,不同学科及研究领域也会从自身立场出发对仪式予以定义及阐释,正如利奇所言,在仪式的理解上,会出现最大程度的差异④。格尔兹的"仪式的窗户"论认为,作为文化原动力的"窗户",人们通过仪式可以认识和创造世界⑤。而对于北朝出现的大量的佛教造像记,我们不妨通过与其具备密切关联性的仪式视角来观察和解读这类独特的文本及相关的文化现象。

---

① [汉]许慎撰,[宋]徐铉校定:《说文解字》(附检字),北京:中华书局,1963年,第165页。
② [汉]刘安编,何宁撰:《淮南子集释》,北京:中华书局,1998年,第1346页。
③ 葛兆光:《古代中国文化讲义》,北京:人民文学出版社,2020年,第60页。
④ 彭兆荣:《人类学仪式理论与实践》,西安:陕西师范大学出版总社,2019年,第17页。
⑤ 彭兆荣:《人类学仪式理论与实践》,西安:陕西师范大学出版总社,2019年,第18页。

在笔者看来,佛教造像记这类文体最显著的特色在于其所呈现的仪式化书写。彭兆荣指出:"'仪式化'(ritualization)是一个涵盖面很宽的概念。格鲁克曼(Gluckman)早在20世纪中期就使用了这一概念。随着这一概念的使用,其范围和意义越来越大,几乎可以指示所有仪式的社会化表述。概而言之,社会的'仪式化'与仪式的'社会化'越来越趋向于一种相互结合、相互适应、共同表述的关系。"①而何为造像记的仪式化,这是笔者基于仪式之定义及仪式化的研究并结合造像记的特点所得出的,用于描述造像记这类文本之特征的概念。

首先,从造像记的外在关联性来看,一方面,造像记的生成伴随有多种仪式元素,如开光、斋僧等;另一方面,一些造像记是仪式过程中的一部分,比如在丧葬仪式中为亡者造像并书写造像记,这些都已在前文中分析过,不再赘述。

其次,从造像记的内容来看,一方面,造像记的内容中有对于仪式的记录或反映,如前文中所分析的造像记内容里面有对开光、斋僧等仪式的体现;另一方面,造像记的记叙结构具有类仪式的标准化、规范化或重复性、模块化特征。这是仪式给予其书写内容的更深层次之影响。我们先来看看许多中西方学者给予仪式的定义:

> 从超时空的角度说,仪式定义最重要的内容是:它们是标准化的、重复的行动。②

---

①彭兆荣:《人类学仪式理论与实践》,西安:陕西师范大学出版总社,2019年,第7页。
②彭兆荣:《人类学仪式理论与实践》,西安:陕西师范大学出版总社,2019年,第13页。

　　仪式是不断重复的和正式的社会行为模式,它们没有工具性的作用,但富于表现力和象征性。①

　　仪式指按一定的文化传统将一系列具有象征意义的行为集中起来的安排或程序。②

　　我将仪式定义为一种体现社会规范的、重复性的象征行为。③

　　仪式最为重要的特征之一是其规范化(standardization)。它和重复性一同赋予了仪式以稳定性。④

　　仪式是用一套清晰的象征方式,依靠有规律的重复,在人们心里产生暗示的行为。⑤

　　由此可以看出,标准化、重复性、规范化是仪式本身十分显著的特征。此外,美国学者柯马丁观察到:"在仪式中,规范化(normativity)不仅影响了内容,也决定了语言。为了杜绝可能的讨价还价,仪式上的各个语言命题必须严格地固定化,既要明晰得无须解释,又要神圣得不容讨论。布洛克(Bloch)曾将这种强有力的仪式语言形容为人为的'贫瘠的语言',埃亨(Ahern)则谈到一种'限定编码'(restricted code),认为其在正文被严格区划的文本中,借助强化了的文本间关联而有效运作:高度精简的词汇、有限的言语模式,不仅决

---

① (英)阿盖尔著,陈彪译:《宗教心理学导论》,北京:中国人民大学出版社,2005年,第136页。

② 陈国强主编:《简明文化人类学词典》,杭州:浙江人民出版社,1990年,第135页。

③ (美)科泽著,王海洲译:《仪式、政治与权力》,南京:江苏人民出版社,2014年,第11页。

④ (美)科泽著,王海洲译:《仪式、政治与权力》,南京:江苏人民出版社,2014年,第52页。

⑤ 葛兆光:《古代中国文化讲义》,北京:人民文学出版社,2020年,第37页。

定了事件如何被讲述,就深层的操控层面而言,还决定了什么可以被言说。坦比亚(Tambiah)提出'仪式的操作性定义'(working definition),认为仪式是'文化建构起来的象征性交流体系。它由模式化、秩序化的言语与行为序列组成,往往通过多重媒介表达,这些媒介的内容与编排以不同程度的形式主义(传统性)、套话(刻板僵化)、凝练(融合)、冗赘(重复)为特征'。"①

　　这位学者大量比较人类学著作而得出有关仪式、仪式语言的理论后发现,周代青铜器铭文与颂歌这类仪式文本具有极度单调性特点再正常不过了。诚然,这类文本不可避免地受到其所关联的仪式之影响。正如柯马丁所总结的那样:"石刻铭文遵循了与仪式语言相同的逻辑与机制。与其青铜器前驱一样,石刻铭文按照预先设定的形式创作而成,充塞着适用于各'栏目'的固定表达。因而石刻铭文本质上的程序化与文本间的特征,既体现在各个主题结构的层面上,也体现在语言的词汇层面上。"②恰到好处地点明了仪式对这类文本的作用力。同样,造像记也是与仪式有密切关联的铭刻文本,这一仪式语境为其文本赋予标准及典范化意味。在《五、六世纪北方民众佛教信仰》一书中,造像记的结构被作者划分为以下两类:

　　　　A 类:1. 造像时间;2. 造像者的身份;3. 造像;4. 造像对象;5. 造像题材;6. 发愿对象;7. 祈愿内容。
　　　　B 类:1. 造像之佛法意义;2. 造像者身份;3. 造像者;4. 造像

①(美)柯马丁著,刘倩译:《秦始皇石刻:早期中国的文本与仪式》,上海:上海古籍出版社,2018 年,第 136—137 页。
②(美)柯马丁著,刘倩译:《秦始皇石刻:早期中国的文本与仪式》,上海:上海古籍出版社,2018 年,第 137 页。

动机;5. 造像对象;6. 造像题材;7. 发愿对象;8. 祈愿内容;9. 造
像时间。①

观察不少造像记后发现,其内容一般遵循"时间—人物—动作"或
"人物—动作—时间"的记叙模式。正是因这种类仪式的标准化、规
范化或重复性之存在,笔者将造像记所呈现的这一特点也称为仪
式化。

此外,在佛教造像活动及造像记的书写内容中往往还有崇拜的
情感因素存在。英国学者阿盖尔认为:"崇拜是宗教活动的中心主
题,它常伴随着音乐和仪式。对非言语交流的研究表明,身体动作是
如何能用来表达信念的;而禁忌和对神圣者的敬畏,也能通过对圣坛
或其他神圣的对象的崇敬来表达。"②还有,"像格尔茨这样的人类学
家们认为,仪式是赞美神圣的,它赋予概念以感情力量"③。因此,神
圣性也应当是造像记仪式化的内核。诚然,愿望构成了造像记的主
要内容,这正是信仰的神圣力量对人的内在欲望的驱动,奥尔波特曾
引用邓拉普的话说:"似乎没有什么愿望不是或者从来没有成为宗教
的内容。祷告无疑地是为了表达一种欲望,凡是人们有过的欲望,总
是有人为之而祷告的,不论是过去或现在。"④佛教的造像活动,尤其
是铭刻发愿文的造像活动,在某种程度来讲也可以视为一种祷告行

---

① 参见侯旭东:《五、六世纪北方民众佛教信仰:以造像记为中心的考察》,北京:
中国社会科学出版社,1998 年。
② (英)阿盖尔著,陈彪译:《宗教心理学导论》,北京:中国人民大学出版社,2005
年,第 133—134 页。
③ (英)阿盖尔著,陈彪译:《宗教心理学导论》,北京:中国人民大学出版社,2005
年,第 138 页。
④ (美)玛丽·乔·梅多、(美)理查德·德·卡霍著,陈麟书等译:《宗教心理
学——个人生活中的宗教》,成都:四川人民出版社,1990 年,第 28—29 页。

为,这一行为寄托着人们的现实欲望与情感。

在造像活动中,佛教信仰的神圣性和权威性都在开光、斋供等仪式中得以体现,又进而从造像记中呈现。通过特定的仪式行为和道具,发愿者与佛菩萨之间的情感得以沟通。从北朝造像记来看,在仪式语境下,佛教造像将发愿者的偶像崇拜与纪念情感融为一体,人们在造像活动中融入了对佛菩萨的崇敬之情,所以在造像记中常出现"敬造""供养""侍佛"等词语。如,《王神虎造像记》云:"合邑仪道俗敬造佛像一区(躯)。"①《冯受受造像记》云:"天安元年,四月八日,冯受受敬造供养时。"②《刘未等造像记》云:"胳妻侯侍佛,弟子刘莫胳侍佛。"③另外,在这些仪式化的行为过程中,佛像这一客观和具体的媒介强化了佛教的义理,将抽象的佛理具象为具体的佛教行为范式。与此同时,书写者体验着对佛菩萨的崇敬之情,而这一情感恰恰是跨越了感性与理性的情感。

总之,北朝这些以模块化构思创作而成的佛教造像记,它们在特定的重要时刻被完成,内容以祈愿为主,是仪式语境中的历史产物。所以,其历史和社会意义远大于其文学意义。与纯文学相较,这类文体的优势恰恰不是在文学性以及审美价值方面,而是仪式赋予其的典范化、神圣性等特征。

第三节 权力·族群·信仰: 文人参与造像书写的社会动因

在北朝恒河沙数的佛教造像记中,有一部分被文人或有较高文

---

① 邵正坤:《北朝纪年造像记汇编》,长春:吉林人民出版社,2014 年,第 1 页。
② 邵正坤:《北朝纪年造像记汇编》,长春:吉林人民出版社,2014 年,第 4 页。
③ 邵正坤:《北朝纪年造像记汇编》,长春:吉林人民出版社,2014 年,第 31 页。

化素养的僧尼书写,这些更为精致的范本无疑在造像活动及书写繁盛的北朝颇具代表性,且具有引领潮流的作用。北朝的文人往往有一定的官职,但因官职大小不同而导致社会地位的差异,所以其造像规模和组织形式也有较大区别。级别较高的官员往往能独立出资造像,且规模较大。官阶较低的文人多参与合资造像,规模较小。

较平民和普通僧尼来讲,文人具有相对较高的文化素养,因而在造像记的书写当中较少平铺直叙、直抒愿望。他们在这些造像发愿的文字中多引用典故,具有一定的文采,甚或在造像记中书写颂或铭,以韵文的形式丰富了造像记的内容,例如《齐郡王佑造像记》和《季洪演造像颂》:

齐郡王佑造像记

夫玄踪冲邈,迹远于尘开;灵范崇虚,理绝于埃境。若不图色相以表光仪,寻声教以承妙轨,将何以依稀至象,仿佛神功者哉!

持节督泾州诸军事、征虏将军、泾州刺史、齐郡王佑,体荫宸仪,天纵淑茂。达成贵之通途,识真假之高韵。精善恶二门,明生灭之一理。资福有由,归道无碍。于是依云山之逸状,即林水之仙区。启神像于青山,镂禅形于玄石。缔庆想于幽津,结嘉应于冥运。乃往铭曰:

茫茫玄极,眇眇幽宗。灵凤潜被,深化冥通。舟舆为本,广济为功。德由世重,道以人鸿。临观净境,□绝□□。图形泉石,构至云松。□□□□,□□□□,福田有庆,嘉应无穷。

熙平二年七月廿日造。①

①邵正坤:《北朝纪年造像记汇编》,长春:吉林人民出版社,2014年,第59页。

季洪演造像颂

邑子季洪演

夫灵光郁烈,虽体洞埃尘。然一乘浸运,则十躔竞发。故释迦出没,有其四也。是以邑义等皆籍出兰蕙,秀贯烟霞,悼纯晖之日削,恨重暗之年深。遂相率舍,爰图嘉石,于此爽垲,营像一区,庶踵万品,等阶十号。颂曰:

湛矣澄源,修哉宝观,息彼摸拟,迈兹陈赞。事等手足,道犹花干,远迩分津,清浊交判。有释迥兴,体苞圣达,净乐萧然,常我无遏。三径是填,五盖修脱,六度告离,双林显末。于穆邑义,广夏之梁,爰树琼像,仿佛遗光。功崇先祀,福润见方,咸踵六吉,永拔宿霜。武定二年三月一日造讫。①

他们所书写的造像记,其文笔显然要高于普通民众。当然,还有一小部分由文化素养较高的僧尼写就,这些僧尼也可视为广义上的文人。在当时的文化语境中,究竟是何力量推动众多文人参与到造像书写之中,使造像记的仪式化书写颇具规模和特色,从而为其时文学思潮的独特性奠定不容忽视的基础呢?

一、权力的渗透

公元439年,北魏统治者征服凉州并徙民之后,佛教造像飞速发展,并取得了重要的历史地位。日本学者石松日奈子指出:"隋、唐时代,到达顶点的中国佛教造像,是在十六国以来北朝造像的延长线上发展而来的。而且北朝造像中所见的佛教图像、造像样式、信仰内容以及造像形态等特征,基本上都在北魏时代奠定了基础。"②北魏造

①［清］严可均辑:《全后魏文》,北京:商务印书馆,1999年,第557—558页。
②（日）石松日奈子著,（日）筱原典生译:《北魏佛教造像史研究》,北京:文物出版社,2012年,第205页。

像之所以能够具备这样的优势,与统治阶级对佛教的大力扶持密不可分。

北魏道武帝十分重视佛教事业,于天兴元年颁布《修建佛寺诏》云:"夫佛法之兴,其来远矣。济益之功,冥及存没,神踪遗轨,信可依凭。其敕有司,于京城建饰容范,修整宫舍,令信向之徒,有所居止。"①之后,在明元帝的扶持下,从京城到地方,广建佛寺,大兴佛教造像,并令僧众对民间予以指导。在经历了毁佛后,文成帝下诏书重新恢复并振兴佛教,主张在全国重要场所修建官方寺院。并在皇帝的统帅下,建立全国性的佛教僧团,同时由皇帝亲自任命佛教界的最高领导人,并为之剃度。各州郡也要设立官方寺院成为地方教团的活动地点,并派遣僧人教化、指导民众。在国家行为的一系列举措下,北魏佛教势力不断扩张,但皇权始终处于僧团势力结构的顶端。

再者,北魏献文帝对佛像重视有加,曾专门颁布《令送济州灵像达都诏》,其诏书云:"夫信诚则应远,行笃则感深,历观先世灵瑞,乃有禽兽易色,草木移性。济州东平郡,灵像发辉,变成金铜之色。殊常之事,绝于往古;熙隆妙法,理在当今。有司与沙门统昙曜令州送像达都,使道俗咸睹实相之容,普告天下,皆使闻知。"②宣武帝于在位期间斥巨资开凿数座石窟,且兴修佛寺,规模巨大。他还喜欢钻研佛理,擅长讲经。在他的倡导下,僧尼及寺院数目都在不断增加。史书记载:"世宗笃好佛理,每年常于禁中,亲讲经论,广集名僧,标明义旨。沙门条录,为《内起居》焉。上既崇之,下弥企尚。至延昌中,天下州郡僧尼寺,积有一万三千七百二十七所,徒侣逾众。"③孝明帝在位时,还派遣僧人到西域取经,引进了大量佛教经典,"熙平元年,诏

①[北齐]魏收:《魏书》,北京:中华书局,1974年,第3030页。
②[北齐]魏收:《魏书》,北京:中华书局,1974年,第3038页。
③[北齐]魏收:《魏书》,北京:中华书局,1974年,第3042页。

遣沙门惠生使西域,采诸经律。正光三年冬,还京师。所得经论一百七十部,行于世"①。

此外,至东魏、北齐之际,佛教寺院和僧尼数量又不断增加,寺院有3万所,僧尼近200万人。仅邺城(今河南安阳市北)一地就有寺院4000所,僧尼8万人,成为北方佛教发展重地。北齐文宣帝高洋,史书虽评价其"纵酒肆欲,事极猖狂,昏邪残暴,近世未有"②,但在佛教影响之下,他也有向善的一面,如"因从受菩萨戒法,断酒禁肉,放舍鹰鹞,去官畋渔,郁成仁国。又断天下屠杀,月六年三,敕民斋戒,官园私菜,荤辛悉除"③。北齐时的武成帝高湛及后主高纬也热衷佛教,多次举行佛事活动,如举办水陆道场和盂兰盆会来超度亡灵,还多次请高僧入宫讲法。

北朝的僧团也受到帝王的极大礼遇与重视,如惠始法师受到太武帝的器重,昙曜受文成帝的重用等。《高僧传》记载高僧释僧渊云:"昙度、慧记、道登并从渊受业。慧记兼通数论,道登善《涅槃》《法华》,并为魏主元宏所重,驰名魏国。"④记载高僧释昙度云:"因以脚疾西游,乃造徐州,从僧渊法师更受《成实论》,遂精通此部,独步当时。魏主元宏闻风餐挹,遣使征请。既达平城,大开讲席。宏致敬下筵,亲管理味。于是停止魏都,法化相续,学徒自远而至,千有余人。"⑤外国高僧也相当受重视,如《续高僧传》云:"那连提黎耶舍,隋言尊称,北天竺乌场国人。……天保七年届于京邺。文宣皇帝极见殊礼,偏异恒伦。耶舍时年四十,骨梗雄雅,物议惮之,缘是文宣礼遇

①[北齐]魏收:《魏书》,北京:中华书局,1974年,第3042页。
②[唐]李百药:《北齐书》,北京:中华书局,1972年,第69页。
③[唐]释道宣:《续高僧传》卷十六,《大正新修大正藏》第50册,第554页。
④[南朝梁]释慧皎撰,汤用彤校注:《高僧传》,北京:中华书局,1992年,第303页。
⑤[南朝梁]释慧皎撰,汤用彤校注:《高僧传》,北京:中华书局,1992年,第304页。

隆重,安置天平寺中,请为翻经三藏。"①在帝王的扶持下,这些高僧的影响力也进一步扩大。此外,北朝有不少太后及公主信奉佛教或出家修行,许多比丘尼得以出入后宫,她们与后宫女性往来密切,其才能深得太后、皇后及公主的赏识。因而还有僧尼专门为帝王贵族造像祈福,如北魏《比丘法生造像记》云:

　　夫抗音投涧,美恶必酬,振服依河,长短交目。斯乃德音道俗,水镜古今。法生侥逢孝文皇帝专心于三宝,又遇北海母子崇信于二京,妙演之际,屡叨末筵,一降净心,忝充五戒,思树芥子,庶几须弥。今为孝文并北海母子造像表情,以申接遇。法生□始,王家□终。凤霄□敬,归功帝主。万品众生,一切同福。
　　魏景明四年十二月一日,比丘法生为孝文皇帝并北海王母子造。②

　　北朝时期的权力渗透和政治扶持吸引并推动大批文人参与佛事活动及从事造像记书写,同时也在其造像记中体现了他们对王权的依附性格。北朝造像记经常出现"仰为国主""上为皇帝陛下"之类的话,如《张安世造像记》云:"乙未八月己亥癸巳,为皇帝陛下、七世父母、所生父母、一切众生告(造)讫。"③《敬羽高衡造像记》云:"仰为家国,己身眷属,永断苦因,常与佛会。"④《上官信及子胡速造像记》云:"上为今上皇帝、东宫皇子,祈皇图永固。"⑤还有专门为帝王

①[唐]释道宣:《续高僧传》卷二,《大正新修大藏经》第50册,第432页。
②邵正坤:《北朝纪年造像记汇编》,长春:吉林人民出版社,2014年,第36页。
③邵正坤:《北朝纪年造像记汇编》,长春:吉林人民出版社,2014年,第56页。
④邵正坤:《北朝纪年造像记汇编》,长春:吉林人民出版社,2014年,第62页。
⑤邵正坤:《北朝纪年造像记汇编》,长春:吉林人民出版社,2014年,第100页。

造像祈福者,如《元宁造像记》云:"大魏孝昌二年岁次丙午正月辛丑朔廿四日甲子,荥阳太守元宁仰为二圣敬造石像一区。愿主上万祚,臣僚尽忠,后宫皆润。"①

从北朝文人造像记的这一表现也可以印证,北方的佛教发展以国家为主导,具有强烈的世俗化色彩,与国家政权联系紧密。其实早在十六国时期的国主石虎就曾说:"朕生自北鄙,忝当期运,君临诸夏,至于飨祀。应兼从本俗,佛是戎神,正所应奉。"②(《下书听百姓为道士》)作为少数民族统治者,石虎对外来的佛教具有本能的亲近感,且懂得运用佛教来维护自己的统治。著名高僧佛图澄以自己的才能赢得国主石勒、石虎的尊崇,他不仅能辅佐朝政,在治国方面运筹得当,还建设起了大规模的僧团,具有巨大的影响及号召力。石虎曾下诏书来表达对佛图澄的崇敬及赞赏,其诏云:"和尚国之大宝,荣爵不加,高禄不受,荣爵匪顾,何以旌德? 从此以往,宜衣以绫锦,乘以雕辇,朝会之日,和尚升殿,常侍以下。悉助举舆,太子诸公,扶翼而上,主者唱大和尚至,众坐皆起,以彰其尊。"③(《下书尊佛图澄》)而佛图澄的活动及贡献也具有标志意义,显示了中国佛教发展史上的一个重要转折,自此北方各国都大力提倡并重视佛教,使佛教渐渐发展为维护世俗统治的有生力量。如姚秦、苻坚政权都把佛教视为国家事业并予以大力保护和扶持。

另外,北方还创立僧官制度,表明了北方佛教已被纳入世俗政权的管理体系之中。据《魏书》记载:"初,皇始中,赵郡有沙门法果,诚行精至,开演法籍。太祖闻其名,诏以礼征赴京师。后以为道人统,

①[清]严可均辑:《全后魏文》,北京:商务印书馆,1999年,第524页。
②[清]严可均辑:《全晋文》,北京:商务印书馆,1999年,第1610—1611页。
③[清]严可均辑:《全晋文》,北京:商务印书馆,1999年,第1610页。

绾摄僧徒。"①北方设置僧官由此开始,佛教也因此被正式置于朝廷的掌控之下。法果受到帝王的赏识和重用,已无异于朝廷重臣。法果也向帝王主动示好,将太祖视为"当今如来":"初,法果每言,太祖明睿好道,即是当今如来,沙门宜应尽礼,遂常致拜。谓人曰:'能鸿道者人主也,我非拜天子,乃是礼佛耳。'"②沙果的言行体现了当时世俗统治与宗教权威之间的联合,北方佛教将僧团自觉归附在王权的统治之下。整体来看,佛教会寻求和借助政治的力量来壮大实力、扩大影响,封建统治者则借助佛教力量来维护自身的统治。"僧人结交权贵,寺尼出入宫掖,成为当时的一大景观。"③

　　有学者总结了中国传统社会中宗教与王权的关系,在他看来,"中国传统社会中,宗教与社会的互动,核心是宗教与王权政治的互动……在整个中国传统社会中,宗教与王权政治的互动,始终表现为围绕着强化王权,宗教与统治层之间进行着借用、依托、扶植、顺应、吸收、融合、限制、禁毁、反抗、冲突等多种形式的交叉和变化,影响着社会的稳定、冲突和变迁"④。诚然,佛教在北朝的命运尤显与统治阶级的意志休戚相关。因此,在时代氛围的影响下,北朝的造像活动受到皇权统治的深刻影响,文人的造像书写也被深深打上了时代的烙印。

二、族群的凝聚

　　佛教结社的现象在东晋至南北朝时期广泛流行开来,尤以北方

---

①[北齐]魏收:《魏书》,北京:中华书局,1974 年,第 3030 页。
②[北齐]魏收:《魏书》,北京:中华书局,1974 年,第 3031 页。
③张承宗:《六朝民俗》,南京:南京出版社,2002 年,第 381 页。
④戴康生、彭耀主编:《宗教社会学》,北京:社会科学文献出版社,2000 年,第 232 页。

地区为最。它们以从事佛教造像活动为主,具有民间群众团体的性质。从北朝造像记所载内容来看,这些佛教结社一般被称为邑或邑义等,如北魏太和七年的《邑义信士女等 54 人造像记》①、景明四年的《张村合邑 80 人造像记》②等。郝春文指出:"邑、邑义等虽然不是地域概念,但佛社的结合仍是以地域为基础。其中多数是由某一自然村、某一坊巷的人自愿组成。"③另外,佛社成员的构成比较复杂,出家人、百姓、官僚皆有。他还指出,佛社成员的构成及结合方式"与两晋南北朝时期北方不少大族聚族而居有关,由某一大族或以其为主组成的佛社为数不少"④。

　　由此可以看出,佛教结社的存在为组织和团结成员参加造像活动发挥了重要作用,极大地推动了造像活动的繁荣。因而石松日奈子指出:"北魏佛教有组织的教化政策,在造像上发挥了巨大的力量,使造像行为大为普及,地方造像大量增加。在过去,能够制作佛像的只是中央皇帝以及一小部分知识阶层,而在北魏时代,一般的信众,即个人以及集团的造像陡然增加。这其中,邑义及石雕像的流行起到了很大的作用。"⑤以三大著名石窟之一的龙门石窟为例,其造像也多由群体来完成。从当中的造像记来看,龙门石窟所见北朝的佛社,称"邑"的最多。有学者研究后指出:"龙门石窟所反映的北朝佛社——邑、邑义,是一种以地域为基础、以造像为目的的民间结社。""佛社的活动内容主要是从事造像。在笔者搜集到的 37 则北朝佛社造像记中,从事造像的就有 34 条,几乎占到 92%。由此可

①邵正坤:《北朝纪年造像记汇编》,长春:吉林人民出版社,2014 年,第 9 页。

②邵正坤:《北朝纪年造像记汇编》,长春:吉林人民出版社,2014 年,第 31 页。

③郝春文:《东晋南北朝时期的佛教结社》,《历史研究》,1992 年第 1 期。

④郝春文:《东晋南北朝时期的佛教结社》,《历史研究》,1992 年第 1 期。

⑤(日)石松日奈子著,(日)筱原典生译:《北魏佛教造像史研究》,北京:文物出版社,2012 年,第 196 页。

见佛社的主要活动是造像。"①而这种结社团体内部成员的关系是较为亲近的,该学者还指出:"龙门石窟北朝的佛社——'邑''邑宜''邑仪''香火邑仪''法仪'在一定程度上都带有结义、结拜、结盟的性质。在龙门石窟北朝有些佛社造像记中,把这种结义关系进一步加深,同一佛社中的成员互相称为'邑宜(或邑仪)兄弟',或称为'香火邑义'。"②这种加深的紧密联系也为北朝造像活动的繁荣创造了十分有利的条件。

　　总之,这些群体组织为造像活动贡献了巨大力量,有其非凡的优势,是北朝佛教造像活动的一大特点。同时,群体的共同劳动也加深了内部成员之间的密切联系与情感认同。有学者认为:"系统研究北朝造像记后发现,造像形式的发展经历了从个体、家庭造像,到宗族、村落、寺庙造像,再到宗族邑义、村落邑义造像,其规模和内部结构是从小的活动单位向大的活动单元不断演进的;造像的维系也从以血缘关系为纽带向地缘关系为主要影响因素过渡,最终在血缘、地缘的多重作用下产生复合邑义结构。复合邑义是合作造像发展到一定阶段的高级形式,生活在同一聚落内的信众构成了佛社的人员基础,信众共同出资减轻了经济负担,寺院的有意识的发展和封建国家的支持,促进了复合邑义的发展壮大。……邑义实现了血缘与地域的共通性,宗族组织和邑义组织的严密性相得益彰,村落则通过自身的地缘优势将不同姓氏的族群连接起来。宗族、村落通过与邑义组织的结合,使得处在同一特定空间内的人群在生产、生活、宗教信仰等方面的联系更为紧密。"③因此,这种组织和群体所形成的凝聚力自然

①李文生、孙新科:《龙门石窟佛社造像初探》,《世界宗教研究》,1995年第3期。
②李文生、孙新科:《龙门石窟佛社造像初探》,《世界宗教研究》,1995年第3期。
③李林昊:《从血缘到地缘:论北朝群体造像记的发展演进——以家庭、宗族、村落和邑义等造像记为中心》,《河南社会科学》,2020年第1期。

能够吸引很大一部分文人参与到造像活动中来。

北朝佛教造像之所以能够呈现群体活动的优势，与北朝整体的社会氛围及特点不无关联。北朝的社会生活方式与南朝相较具有自身的独特性，即聚族而居和结成坞堡。北朝宗族和礼法观念更重，所以习惯聚族而居。《颜氏家训·风操》云："凡宗亲世数，有从父，有从祖，有族祖。"①北方的习俗称"从"，因"重同姓，谓之骨肉"②，这与北方的大家族制度有关。南朝则称"族人"，这与南方大家族制度的衰落和分崩、小家庭各自为生的社会发展状况相适应。因而南朝也并不严格对待嫡庶之分，如果正妻去世，妾媵管理家事的情况很常见。但北朝则鄙视庶出，例如，《魏书·崔道固传》云："显祖时，有崔道固，字季坚，琰八世孙也。祖琼，慕容垂车骑属。父辑，南徙青州，为泰山太守。道固贱出，嫡母兄攸之、目连等轻侮之。"③可见北方的宗族和大家庭观念较为强烈。坞堡组织也是以封建宗法制为基础建立起来的，其首领一般是地方上的豪门地主。为了抵御外来的入侵以及谋求发展，坞堡内部都有严密的组织和制度。

特定的社会环境造成了北朝这种独特的社会生活特点。曹道衡先生指出："在北方长期的战乱中，人们只有聚族而居，才能自保。要聚族而居，势必要建立一个严密的家族组织，而这个家族的长者，就必须要具有极高的权威性，乃能统率全族和整个坞堡，保持其团结一致，免于涣散而削弱战斗力。"又因为北朝人"聚族而居，财产也往往不加剖分"④。而造像及造像记书写也往往是需要出资的社会活动，

---

①［北齐］颜之推撰，王利器集解：《颜氏家训集解》（增补本），北京：中华书局，1993 年，第 86 页。

②［南朝梁］沈约：《宋书》，北京：中华书局，1974 年，第 1391 页。

③［北周］魏收：《魏书》，北京：中华书局，1974 年，第 628 页。

④曹道衡：《南朝文学与北朝文学研究》，北京：商务印书馆，2015 年，第 224—225 页。

因而群体造像也更符合以上这些特点。

同时,从北朝造像记的内容来看,文人们造像祈愿的对象不仅有他们逝去的父母,还有子女或兄弟姐妹等亲属,可见他们非常习惯通过造像记表达其对血缘亲情的重视。而在丧葬仪式中为亡者造像和祈福也会使他们的亲缘关系得到凝聚,这也正是中国传统葬仪的重要功能,"进一步认同和强调了这种血缘或者家族关系,增强了氏族或家族内部的团结,增强了人们彼此之间的凝聚力,显示了族人的集体的力量,同时还能起到教育本族成员、强化其亲缘观念的作用。在长达几千年的中国封建社会中,丧葬文化的这一功能,对于维护封建伦理道德,强化封建秩序,起到了相当重要的作用"①。葛兆光指出:"为什么中国人特别看重这种对于死人的仪式和制度? ……一方面是为了让祖先继续保佑自己和自己的家庭,一方面则为了通过对死者的追悼仪式,维护活着的家庭、家族的秩序。"②对于宗族和礼法观念尤强的北朝,其对丧葬仪式自然就更为重视。同时,他们为亡者造像的活动及造像记书写为血缘关系以及家族群体力量的凝聚起到了重要作用。

然而,在北朝这些推动造像活动繁荣并吸引文人参与造像记书写的群体组织中,还有一些新兴群体之力量值得我们关注,比如北朝的女性结社。据学者研究,"由女人结成的佛社最早出现于北朝东魏时期。……女人邑的结合以地域为主,往往由某一村邑的女人自愿组成。……这种由女人结成的佛社与其他佛社一样,大多是佛教寺院的外围组织,受到寺院僧尼的影响与控制"③。此外,"女人结社现象的出现与长时间流行,与比丘尼僧团的存在和佛教有关优婆夷经

---

① 霍巍、黄伟:《四川丧葬文化》,成都:四川人民出版社,1992 年,第 7—8 页。
② 葛兆光:《古代中国文化讲义》,北京:人民文学出版社,2020 年,第 41 页。
③ 宁可、郝春文:《北朝至隋唐五代间的女人结社》,《北京师范学院学报》(社会科学版),1990 年第 5 期。

典的翻译和流传等因素有关"①。北朝的女性结社也以造像活动为主要内容,从北朝造像记的记载来看,女性群体造像也是一支不容忽视的力量,如《邑义信士女等54人造像记》②《常申庆共妇女邑子50人等造像记》③等。由于受到佛教徒的组织和引导,她们和僧团之间的联系得以密切,且以男性成员为主的邑义当中也并不排斥女性的加入,北朝女性的社会活动空间和交往内容也由此扩大及丰富。与以往时代相较,北朝女性有了更为自主、独立的活动空间与较高的社会地位。有学者认为:"女性可以单独结社并开展一些独立的经济活动,这证明她们有一定的经济独立性、一定的经济能力和一定的经济地位。"④诚然,能够出资供养佛像必须具备一定的经济基础,一些女性在获得经济地位的同时也使自己的名字和祈愿通过造像记书写而被铭刻为历史的记忆,这是北朝时期的新现象。如因女性出资造像而刻于北魏的《张英周妻苏文好造像记》云:"正始五年,四月十二日,阙口关功曹史张英周妻苏文好造石像一区(躯),为所生父母、合门大小、因缘眷属,常与善居。"⑤又如,由女性出面率领众人出资造像而刻于东魏的《刘凤姜49人等造像记》云:"大魏武定三年,岁次乙丑,四月巳酉朔,五日癸丑,清信女刘凤姜率领同壬四十九人等,敬造弥勒下生像一躯,上为皇帝陛下、群僚百官,及七世父母、现在眷属,愿愿从心,所求如意。"⑥所以日本学者佐藤智水指出:"观察汉代至5

---

① 郝春文:《再论北朝至隋唐五代宋初的女人结社》,《敦煌研究》,2006年第6期。

② 邵正坤:《北朝纪年造像记汇编》,长春:吉林人民出版社,2014年,第9页。

③ 邵正坤:《北朝纪年造像记汇编》,长春:吉林人民出版社,2014年,第111页。

④ 季羡林、饶宗颐主编:《敦煌吐鲁番研究》(第八卷),北京:中华书局,2005年,第99页。

⑤ 邵正坤:《北朝纪年造像记汇编》,长春:吉林人民出版社,2014年,第43页。

⑥ 邵正坤:《北朝纪年造像记汇编》,长春:吉林人民出版社,2014年,第181页。

世纪的文物、遗址,我们不仅见不到女性的名字,就连和女性相关的积极参与某项事业的痕迹几乎都找不到。但在南北朝时期的造像祈愿与造像供养中,女性极自然地参与到其中。虔心向佛、建造佛像、实现自己发愿的行为,以及与之相关的女性自我表达,使得女性姓名出现在造像记中,形成了在后世看来女性借助佛教发挥力量的社会现象。"①

三、信仰的吸引

前面我们提到过,北朝佛教的特点在于重信仰而轻义理,有较强的功利性,神学的色彩也较为浓厚。汤用彤先生指出:"魏世诸王亦多有奉佛者。如城阳王徽、广陵王恭、高阳王雍、彭城王勰、北海王详、清河王怿、汝南王悦、广平王怀,均或曾立寺,或与僧人交游。《北史》谓彭城王勰死,景明、报德寺僧鸣钟欲饭,忽闻勰薨,二寺一千余人皆痛,为之不食。其与僧人之交情可想。但诸王罕知义学,不能谈理。《北史》谓汝南王悦好读佛经,然又记其好左道。则诸王于佛教可知多偏于信仰也。"②

因偏于信仰,所以北朝佛教尤为热衷建寺、开窟、建塔、造像等等。杨衒之《洛阳伽蓝记序》云:"逮皇魏受图光宅嵩洛,笃信弥繁,法教愈盛。王侯贵臣弃象马如脱屣,庶士豪家舍资财若遗迹。于是昭提栉比宝塔骈罗,争写天上之姿,竞摸山中之影。金刹与灵台比高,广殿共阿房等壮。岂直木衣绨绣土被朱紫而已哉!"③再加上佛经所宣扬的观念之影响,造像风气更为炽烈,如:北凉昙无谶所译《大般涅槃经》云:"造像及佛塔,犹如大拇指,常生欢喜心,则生不动国。"④

---

①(日)佐藤智水著,胡沐君译:《北魏女性的集体造像》,《魏晋南北朝隋唐史资料》第39辑,上海:上海古籍出版社,2019年。

②汤用彤:《汉魏两晋南北朝佛教史》,北京:商务印书馆,2015年,第411页。

③[北魏]杨衒之:《洛阳伽蓝记序》,《大正新修大藏经》第51册,第999页。

④[北凉]昙无谶译:《大般涅槃经》卷二十一,《大正新修大藏经》第12册,第491页。

　　造像的益处及功德在佛经中是显而易见的,这种说法更加鼓励信仰者不断参与到这些活动当中。而造像及造像记书写之风盛行最根本的原因还是源于苦难的社会现实。在十六国时期的 130 多年间,政治黑暗,民族之间不断混战,在阶级和民族的双重压迫下,人民的处境之艰可想而知。北朝也仍战事频繁,杀戮不止。就北魏一朝来说,在建都平城以前的 11 年间(388—399),便历经 8 次大战。建都至统一北方的 40 多年间,战争仍不间断。在这种分裂动荡的时期,苦难的生活也迫使文人们亟须参与宗教活动来寻求精神上的慰藉。

　　从当时的佛教造像来看,十六国北朝时期人们信奉的对象主要有释迦、弥勒、观世音、无量寿(阿弥陀)等,在不同的群体、时期和地域之间又有细微差别。例如,侯旭东统计,"官吏背景信徒造释迦像出现略晚,集中在 470~579 年"。"造像记中所见信徒对释迦的称呼亦多种多样,但以释迦牟尼、释迦文、释迦三者为多";"弥勒造像在 440 年代就零星存在,六十年代以后至北朝末各个时段均有分布,此后 120 年间社会上崇拜者不断,应为该崇拜主要流行期";"观世音造像从 470 年至北朝末年百余年间一直不断,是该造像及崇拜的主要流行期"①。又如,具体从云冈石窟来看,"云冈早、中、晚造像的表现主题显示:弥勒崇拜是这一时期逐渐兴起的信仰思潮,以弥勒菩萨为主题的造像活动贯穿了云冈造像的早、中、晚三期,据全面统计,现遗存数量达到 360 余尊,成为云冈最常见的造像之一,流行程度远超弥陀信仰"②。再如,北周时期民众信奉对象以释迦最多,其次是观世音③。

---

① 侯旭东:《佛陀相佑:造像记所见北朝民众信仰》,北京:社会科学文献出版社,2018 年,第 109—115 页。
② 徐婷:《云冈石窟造像题记所见的北魏佛教信仰特征》,《宗教学研究》,2014 年第 1 期。
③ 崔峰:《论北周时期的民间佛教组织及其造像》,《世界宗教研究》,2011 年第 2 期。

　　从北朝稍显文采或具有一定社会地位之人所书写的造像记来看,热衷于供奉弥勒像者颇多,如《蒋伯仙造像记》云:"司州东郡东燕人蒋伯仙,敬造弥勒石像一区(躯),清宁天宫,一时俱就。"①又如,《道充等造像记》云:"青州高阳郡新城县成买寺主道充,率化□邑道俗法义兄弟姊妹一百人,敬造弥勒尊像一躯,一切群生,咸同福庆。"②《乞伏锐造像记》云:"车骑将军、左光禄大夫、齐州长史、镇城大都督、挺县开国男乞伏锐,昔值贼难,愿年常造像以报慈恩。今谨竭家资,敬造弥勒石像一堪(龛),依山营构,妙逾神造。"③

　　弥勒信仰是当时人们佛教信仰体系中的一个重要面向,佛教中弥勒讲法所在的兜率宫是可以与西方极乐世界相媲美的佛国净土。《佛说观弥勒菩萨上生兜率天经》记载:

　　　　时诸园中有八色琉璃渠,一一渠有五百亿宝珠而用合成,一一渠中有八味水,八色具足。其水上涌游梁栋间,于四门外化生四花,水出华中如宝花流。一一华上有二十四天女,身色微妙如诸菩萨庄严身相,手中自然化五百亿宝器,一一器中天诸甘露自然盈满,左肩荷佩无量璎珞,右肩复负无量乐器,如云住空从水而出,赞叹菩萨六波罗蜜;若有往生兜率天上,自然得此天女侍御。亦有七宝大师子座,高四由旬,阎浮檀金、无量众宝以为庄严,座四角头生四莲华,一一莲华百宝所成,一一宝出百亿光明,其光微妙化为五百亿众宝杂花庄严宝帐。④

---

①邵正坤:《北朝纪年造像记汇编》,长春:吉林人民出版社,2014年,第106页。
②邵正坤:《北朝纪年造像记汇编》,长春:吉林人民出版社,2014年,第91页。
③邵正坤:《北朝纪年造像记汇编》,长春:吉林人民出版社,2014年,第154页。
④[南朝宋]沮渠京声译:《佛说观弥勒菩萨上生兜率天经》,《大正新修大藏经》第14册,第419页。

与弥陀信仰中所宣扬的西方极乐世界相似，兜率天也是珠宝遍地、极尽奢华的所在。佛经中对这些地方的描绘都运用了审美色彩极强的语言，无疑能够给人带来强烈的愉悦感，使之憧憬与神往。《妙法莲华经》云："若有人受持、读诵，解其义趣，是人命终，为千佛授手，令不恐怖，不堕恶趣，即往兜率天上弥勒菩萨所。弥勒菩萨，有三十二相大菩萨众所共围绕，有百千万亿天女眷属，而于中生，有如是等功德利益。是故智者，应当一心自书，若使人书，受持、读诵，正忆念，如说修行。"①这段文字告诫人们，受持读诵该经能使人在命终后往生兜率天，这亦是在为身处乱世的人们提供心灵上的安慰。

无论是供奉弥勒像、释迦像还是观音像，在造像记中，这些都是佛教典型的神明意象。它源于自然的人格化或对伟大人物的追忆，是基于虔诚及诗意的想象之物。在崇拜及信仰者的塑造和发展之下，成为满足人们心灵慰藉与寄托的形象。"荣格断言神意象实际是一个统一而超然的象征（symbol），能够将特性各异、内容错综复杂的心灵片段或是统一对立的两极（opposites）聚合到一处。"②

乱世之中，战争、疾病与贫穷时时刻刻威胁着人们的生命。在生存的困顿与死亡阴影的笼罩下，人们希冀寻求心灵的慰藉与寄托来化解死亡焦虑。因此，佛教在中土的传播有着前所未有的契机与适应其发展的土壤，而如造像这种佛事活动的开展，正是文人群体构建其精神家园的重要途径。他们可以用发愿的方式消解着内心的苦闷与焦虑，对心灵具有巨大的疗愈功能。英国学者安德鲁指出："从心理治疗层面来看，神意象可说是起到了内在教堂的作用：作为一个心

---

① ［后秦］鸠摩罗什译：《妙法莲华经》卷七，《大正新修大藏经》第 9 册，第 61 页。
② （英）安德鲁·塞缪尔斯等著，颖哲华译：《荣格心理学关键词》，北京：中国人民大学出版社，2021 年，第 85 页。

灵容器,一种参照框架,一个价值和道德仲裁者体系。"①此外,弗洛伊德在《幻觉的未来》一书中曾经指出了神的三种功能:"他们必须驱除自然界的恐怖,他们必须缓和人和残酷的命运的关系,尤其是死亡所显示的严酷,他们必须补偿社会文化生活所强加的苦难和匮缺。"②

在当时的社会条件下,人们一般很难主宰自己的命运和自由支配自我的行动。许多苦难的经历都会导致自身生活秩序的紊乱,面临生存和心理的双重危机,而信仰共同体一方面能够在人们的社会生活中发挥巨大作用,"北朝时期以寺院、村落或家族为中心的信仰共同体即民间组织作为乡村社会赖以运转的组织网络,主动承担起乡村社会中的公共建设事业和社会福利事业"③。另一方面则对精神具有重要的激励和支撑功能,造像记书写恰恰可以使人从现实层面中超脱出来,寄托人生的理想和希望,构建自我的精神家园,故而对文人的书写有极大的吸引力。

第四节　像教之仪:北朝文学的仪式化倾向

我们在本章第二节已经分析过,佛教造像记这类文体最显著的独特性在于其所呈现的仪式化书写特色。这些文本以模块化构思创作而成,内容以祈愿为主,是仪式语境中的历史产物。在这种仪式语境下,不少文人参与佛教造像活动,故而书写了大量的造像记。除了造像记,还有不少文人的创作过程及书写内容都与佛教仪式有着密

---

①(英)安德鲁·塞缪尔斯等著,颖哲华译:《荣格心理学关键词》,北京:中国人民大学出版社,2021年,第86页。

②转引自(美)玛丽·乔·梅多、(美)理查德·德·卡霍著,陈麟书等译:《宗教心理学——个人生活中的宗教》,成都:四川人民出版社,1990年,第28页。

③罗操:《论北朝时期的民间组织与地方自治——以造像记为中心》,《郑州大学学报》(哲学社会科学版),2019年第3期。

切的关联,从而使北朝文学呈现出一种与以往不同且与南朝文学相
迥异的思想潮流。

一、佛教仪式与北朝文学的仪式化

作为佛教思想文化中教义、教理的载体,人们可以通过佛教仪式
来感悟与体验佛教教义。佛教传入中土以后,逐渐形成了与汉地文
化相适应的祭祀、法会等仪式制度。佛教仪式具有特定的文化内涵
与功能导向,在佛教文化的传播中担任重要角色。

不惟佛教,重视仪式是宗教中的普遍现象。原因在于仪式能够
强化信仰者的敬畏心理。美国宗教学者托马斯说过:"在宗教信仰和
宗教仪式之间有一种相互强化作用。一方面,宗教信仰为行为规范
套上神圣的光环,并为它们提供最高的辩护;一方面,宗教仪式则又
引发并表现出种种态度,以表达并因此而强化对这些行为规范的敬
畏。"①作为宗教的有机组成部分,仪式是维系义理与信仰者的纽带,是
宗教意识行为语言的表达,它不仅能够满足信仰者渴望建立人神之间
的沟通关系之心理,还能对信众宗教行为规范加以引导和制约。各个
宗教都按照各自的教义来制定仪式的内容,他们往往通过符号化的象
征手段来体现宗教的庄严与神圣,使信众的宗教信仰更为坚定。有学
者指出:"宗教的仪式先于教义。"②因此,仪式的重要性可见一斑。

既然佛教仪式同样是信仰的行为表现。那么,人们就可以通过
动作的演绎与表达来直观感受并领悟佛教教义。而动作恰能激发人
们的情感与思想,尤其是对情感的直接激发表现得最为明显。谢扶
雅先生在分析人类早期宗教对文学的作用时指出:"动作兴奋情感,

①(美)托马斯·F.奥戴、(美)珍妮特·奥戴·阿维德著,刘润忠等译:《宗教社
　会学》,北京:中国社会科学出版社,1990 年,第 25 页。
②转引自王晓朝:《宗教学基础十五讲》,北京:北京大学出版社,2003 年,第
　203 页。

情感流露神话,神话复鼓舞情感及动作。"①这一原理也能揭示佛教
仪式与北朝文学书写的互动关系,仪式对书写的作用正是以情感为
媒介。诚然,仪式与酒、药和音乐一样,都对情感具有刺激和兴奋作
用。而这种兴奋的传导恰能激发人们的文字表达欲望,正如《毛诗
序》所云"情动于中而行于言"②的道理。而佛教仪式所具有的庄严
与神圣性,往往激发的是人们的宗教情感与心理,故书写的内容与之
密切相关。比如,与造像相关的仪式,甚至是庄严的佛像本身都会让
造像者生起崇敬或敬畏之心,成为他们的情感依托和慰藉,所以北朝
人民习惯以造像发愿的方式在苦难的社会现实当中抒发自身离苦得
乐的愿望,在仪式的过程中完成造像记的书写。而仪式的情感刺激
往往成为其书写的强大动因。

　　而相对于其他宗教来说,佛教,尤其是汉传佛教在仪式方面的独
特性更加显著。侯冲认为:"有鉴于佛教的各种佛事活动并非都是见
于佛教律制的宗教活动,在其历史演变过程中往往受中国传统文化
的影响和信众需要的制约,在其具体实践过程中往往有较强的灵动
性,仪式性更强。"③因此,汉传佛教仪式在与中土固有文化相融相即
的过程中,促使造像记以及其他的仪式化书写打上了传统文化的烙
印。也正因为这些活动置于佛教仪式的语境之下,我们由此可以进
一步探索北朝文学思想的独特风貌。

　　在佛教文化繁盛且重信仰的北朝,不少文人与佛教徒关系密切,
且积极参加各种佛事活动。宣武帝胡太后时,崔光、王肃、王翊、孟仲

---

①谢扶雅:《宗教哲学》,济南:山东人民出版社,1998年,第41页。
②郭绍虞主编:《中国历代文论选》(第1册),上海:上海古籍出版社,2001年,第
　63页。
③侯冲:《中国佛教仪式研究:以斋供仪式为中心》,上海:上海古籍出版社,2018
　年,第1页。

晖、冯亮、裴植、裴粲等文人便与高僧往来甚密。在北朝,从王公贵族到士大夫阶层都十分热衷于佛事活动,《嵩阳寺碑》记载:"司空公裴衍,昔在齐都,钦承师德,愿归中国,为寺檀主,本愿既从,云归表节。"①由孟广达书写的《孙秋生等 200 人造像记》云:"有(又)愿弟子等荣茂春葩,庭槐独秀,兰条鼓馥于昌年,金晖诞照于圣岁。"②在这些铭刻的文字中,他们或以"檀主"自称,或以"佛弟子""大像主"等自称,显示了他们信仰的虔诚以及在造像活动中发挥的作用。有众多文人因参与佛事活动而进行书写,所以在北朝的仪式语境下,除了造像记,还有不少文学书写能够体现其仪式化的特色。

首先,在帝王专门颁布给僧尼的诏书当中,就有一类具有仪式化的特点,如北魏孝文帝颁布的《沙门道登丧诏》《赠徐州僧统并设斋诏》《为慧纪法师亡施帛设斋诏》以及北齐孝昭帝颁布的《为僧稠起塔诏》,现列举其文如下:

> 朕师登法师奄至徂背,痛恒摧恸,不能已已。比药治慎丧,未容即赴,便准师义,哭诸门外。③(《沙门道登丧诏》)

> 门下,徐州道人统僧逞,风识淹通,器尚伦雅,道业明博,理味渊澄。清声茂誉,早彰于徐沛;英怀玄致,夙流于谯宋。比唱法北京,德芬道俗,应供皇筵,美敷宸宇。仁睿之良,朕所嘉重,依因既终,致兹异世。近忽知闻,悲恒于怀。今路次兖、濮、青、泗岂遥。怆然念德,又增厥心。可下徐州,施帛三百匹,以供追福。又可为设斋五千人。④(《赠徐州僧统并设斋诏》)

---

①邵正坤:《北朝纪年造像记汇编》,长春:吉林人民出版社,2014 年,第 136 页。
②邵正坤:《北朝纪年造像记汇编》,长春:吉林人民出版社,2014 年,第 29 页。
③[北齐]魏收:《魏书》,北京:中华书局,1974 年,第 3040 页。
④[清]严可均辑:《全后魏文》,北京:商务印书馆,1999 年,第 74 页。

门下,徐州法师慧纪,凝量贞远,道识淳虚。英素之操,超然世外;综涉之功,斯焉罕伦。光法彭方,声茂华裔。研论宋壤,宗德远迩。爰于往辰,唱谛鹿苑。作匠京缁,延赏贤丛。倏矣死魔,忽歼良器。闻之悲哽,伤恸于怀。可敕徐州,施帛三百匹,并设五百人斋,以崇追益。①(《为慧纪法师亡施帛设斋诏》)

故大禅师德业高迥,三宝栋梁,灭尽化终,神游物外。可依中国之法,阇毗起塔,建千僧斋,赠物千段,标树芳迹,示诸后代。②(《为僧稠起塔诏》)

这几则诏书皆是帝王为僧人而颁布,给予了高僧大德充分的优待和尊重。诏书内容都涉及了对仪式的书写,主要是丧葬仪式和斋僧仪式。另外,从诏书的书写特点来看,其叙述结构具有类仪式的标准化、规范化或重复性、模块化的特征。尤其将以上其中两篇设斋诏放在一起比较,尤为显著地凸现这一特点。同样,这种规范化和典范化也反映了皇权的严肃性和权威性。

实际上,诏策这类文体原本在古代就有其重要的意义和价值,但我们今天以纯文学的标准去观照,反而容易忽略这类应用性和实用性的文体。《文心雕龙·诏策》云:"皇帝御宇,其言也神。渊嘿黼扆,而响盈四表,唯诏策乎!"③"辉音峻举,鸿风远蹈。腾义飞辞,涣其大号。"④刘勰认为充分发扬诏策的意义和文辞的作用,就可以使帝王的号令更为盛大。而北朝帝王所颁布的这些诏书,显然有利于

①[清]严可均辑:《全后魏文》,北京:商务印书馆,1999年,第75页。
②[清]严可均辑:《全北齐文》,北京:商务印书馆,1999年,第15页。
③[南朝梁]刘勰著,陆侃如、牟世金译注:《文心雕龙译注》,济南:齐鲁书社,2009年,第290页。
④[南朝梁]刘勰著,陆侃如、牟世金译注:《文心雕龙译注》,济南:齐鲁书社,2009年,第300页。

佛教文化的传播与兴盛。

其次,北朝不少著名文人,如温子升、邢邵、庾信、王褒等都参与了仪式化的文学书写。我们知道,北朝佛教的特点在于重视开窟造像、建寺修塔等佛事活动,所以北朝的寺院数量与规模都叹为观止。《洛阳伽蓝记序》云:"至晋永嘉,唯有寺四十二所。逮皇魏受图光宅嵩洛,笃信弥繁,法教愈盛。王侯贵臣弃象马如脱屣,庶士豪家舍资财若遗迹。于是昭提栉比宝塔骈罗,争写天上之姿,竞摸山中之影。金刹与灵台比高,广殿共阿房等壮。岂直木衣绨绣土被朱紫而已哉!"①北朝的建寺热情由此可见一斑。另外,对比北朝与东晋南朝的寺院及僧尼数目来看,北朝显然具有压倒性的优势,这也印证了北朝佛教较之于南朝的独特性。

南北朝时期佛教寺院和僧尼数目

朝代	寺院数目	僧尼数目
东晋	1768	24000
宋	1913	36000
齐	2015	32500
梁	2846	82700
陈	1232	32000
北魏	30000	2000000
北齐	40000	4000000
北周	10000	1000000

而建寺或重修寺院以后,往往要请文人书写碑文,所以北朝文人有不少寺庙碑文传世,如温子升的《寒陵山寺碑》《印山寺碑》《大觉

---

① [北魏]杨衒之:《洛阳伽蓝记序》,《大正新修大藏经》第51册,第999页。

寺碑》《定国寺碑》、邢邵的《景明寺碑》《并州寺碑》《献武皇帝寺
铭》、王褒的《善行寺碑》《京师突厥寺碑》等等。这类碑文往往是在
建寺这样的佛事活动中写就，而且行文也有一定的模式化。试列举
温子升的《定国寺碑》与王褒的《善行寺碑》：

定国寺碑

　　盖两仪交运，万物并生，始自苦空，终于长乐。而缘障未开，
业尘犹拥，漂沦欲海，颠坠邪山。虽复光华并于日月，术数穷于
天地，有扶危定倾之力，为济世夷难之功。登涂山而未归，游建
水而不反，并驰于苦乐之境，皆入于生死之门。幽隐长夜，未睹
山北之烛；沉迷达路，讵见司南之机。昔日先民，虽云善诱，尚习
盖缠，未能解脱。至如八卦成象，示之以吉凶；百药为医，道之以
利害。衣食有业，民免饥寒之忧；水土既平，人无垫溺之患。斯
诚事周于世用，功济于生民。不论过去之因缘，讵辩未来之果
报。惟无上大觉，均悟玄机，应现托生，方便开教，圣灵之至，无
复等级，威神之力，不可思议。动三乘之驾，泛八解之流，引诸子
于火宅，渡群生于海岸。自一音辍响，双树潜神，智慧虽徂，象法
犹在，光照金盘，言留石室，遍诸世界，咸用归仰。①

善行寺碑

　　盖闻在天成象，群星仰于北辰，在地成形，百川起于东海。
是知璇玑盈缩，并运天枢；江汉所宗，争环地轴。尘沙日月，同渤
澥之轮回；百亿铁围，等阎浮之数量。章亥步骤，岂尽世界之边；
隶首忽微，宁穷却海之算。觉牛桷力，方十行之阶梯，兔马渡河，
譬三乘之等级。定水坏须弥之山，智炬燃金刚之际。敬表六和，

---

①［清］严可均辑：《全后魏文》，北京：商务印书馆，1999 年，第 502 页。

现沙门之进止；衣垂四寸，示声闻之律仪。至于千叠火然，鹄林变色；四禅灾起，鸽影传辉。羽林出使，汉开濯龙之祀；桑门传译，晋处洛阳之拜。①

　　相较造像记而言，这些寺院碑文更具文采。但其结构仍有规律可循，开篇往往从宏观的天地景象写起，大开大合，颇有气势。除了上文，还有温子升的《大觉寺碑》云："维天地开辟，阴阳转运，明则有日月，幽则有鬼神。"②且对寺院所处地理环境的描绘极尽渲染之能事，并极力歌颂建寺的功德。在行文中还将佛教文化的关键词，如"苦乐""因缘""果报"等贯穿其中。这类碑文的书写不仅是一种仪式化的纪念，体现了"石刻铭文潜在的规范化文化记忆的本质"③，而且这种内容的典范化和重复性又强化了寺院的庄严色彩，有助于不断提醒和告诫信仰者，这里的光耀与神圣。所以这种特定的符号化书写反过来又增强了仪式感和氛围，正如彭兆荣所言，"符号表达和转达本身如果置于一种特定的叙事范畴和知识体系中，它还包含了叙事的内部规则和能力，甚至叙事可以根据所表达和转达的某一个主题的需要激发出一种特殊的仪式氛围，比如增进庄严感、神圣感等"④。因此，这类寺庙碑文也是北朝仪式化书写的典型呈现。

　　此外，还有王褒记录皇帝为升坛讲法而书写的《灵坛铭》，以及庾信为法师送葬而作的《送炅法师葬诗》等，无不体现了北朝文学的仪式化。

①［清］严可均辑：《全后周文》，北京：商务印书馆，1999 年，第 176—177 页。
②［清］严可均辑：《全后魏文》，北京：商务印书馆，1999 年，第 501 页。
③（美）柯马丁著，刘倩译：《秦始皇石刻：早期中国的文本与仪式》，上海：上海古籍出版社，2018 年，第 157 页。
④彭兆荣：《人类学仪式理论与实践》，西安：陕西师范大学出版总社，2019 年，第 91 页。

总之,北朝诸多文人都热衷于参与含有仪式元素的佛事活动,在其书写过程中集中体现了北朝文学的仪式化倾向,仪式因素的存在和影响使得北朝文学思潮展现出独特的风貌。

二、北朝文学仪式化的意义

罗宗强先生认为,与南朝完全不同,北朝文学思想的发展变化是非常缓慢的,而北朝文学思想的倾向在于重实用、尚真实、求朴野①。北朝重信仰而非义理化的佛教为其文学思想提供了一种仪式语境,从而使北朝文学呈现仪式化的倾向,这一特点仍与北朝文学思想的总体特征相一致。但由于佛教仪式的作用,北朝文学的思想倾向及潮流有了更为丰富的内容。北朝文学的仪式化书写不仅反映并作用于书写主体的精神内蕴与审美心理,具有重要的社会意义与文化价值,也使北朝文学呈现出与南朝以及以往不同的思想特点。

对于书写主体而言,由于仪式实践的参与和信仰的作用,许多主体的生活及心灵层面的矛盾得以消除。他们相信灵魂不灭,死者可以永生。佛教中的理想图景与神明奥蕴丰富和扩大了他们对死后世界的想象。美国学者桑塔耶纳认为:"一旦信仰有所寄托,一旦这个特别又明白的神从无所不在的自然力的黑暗和恐怖中被区别出来,信仰他的真实性就促使我们集中注意他的品性,从而发展了和丰富了我们的观念。信仰一个理想人格的真实性,造成了对他进一步的理想化。"②在造像记中,许多文人往往对死后的世界充满美好的幻想,如魏灵藏所书写的《造释迦石像记》云:"愿藏等挺三槐于孤峰,秀九棘于华菀,芳实再繁,荆条独茂,合门荣华,福流奕叶;命终之后,

①罗宗强:《魏晋南北朝文学思想史》,北京:中华书局,1996年,第316—321页。
②(美)乔治·桑塔耶纳著,杨向荣译:《美感》,北京:人民出版社,2013年,第126页。

飞逢千圣,神扬六通,智周三达。"①诚然,单凭理性知识无法满足人们所需要的全部精神生活,还亟须超现实的幻想来加以丰富与调和。又如,《乞伏锐造像记》云:"次愿七世父母,托生净土,值闻佛法。"②这种"西方净土"之理想世界及完美归宿的美妙许诺恰为他们提供了一个超越的世界,故而他们能够在其书写中体会佛教的超越之美。

　　从北朝与佛教仪式密切相关的石刻文献之内容来看,愿望的表达是其中最显著的特色之一。人们为亡者造像的同时,常常在造像记中抒发亡者升天或托生西方妙乐国土的祈愿。在寄托对逝者哀思之情的同时也缓解了自身的死亡焦虑或恐惧。北朝战乱频仍,加之自然灾害频繁,人们饱尝疾病、死亡等生命的无常之苦,天灾人祸都给人们的身心带来巨大的压迫与伤害。刻于北魏正光二年七月十日的《田黑女造像记》云:"佛弟子田黑女造石像一区(躯),愿亡夫亡女,三灾五苦,速令解脱。"③而时隔五日之后,即七月十五日又书有《田黑女再造像记》④。这位女性为其亡夫亡女频繁造像发愿,亲近之人几乎全部亡故,徒留其一人饱尝离乱、无常之苦。而佛教造像及愿望的书写在一定程度上可以帮助主体克服对死亡的恐惧以及缓释失去亲人的痛苦。通过一系列的仪式活动,自然恐惧得以驱除,人注定要走向死亡的焦虑也得以缓解。在造像记中所抒发的祈愿,对死后世界的美好想象正是这种恐惧、焦虑情感得以缓解和克服的表达。愿望构成了造像记的主要内容,这正是信仰的力量对人的内在欲望的驱动。而在化解其死亡与苦难焦虑的同时也加深着他们的宗教情感。

　　因此,北朝文学的仪式化有助于人们更好地实践佛教义理,它们

①［清］严可均辑:《全后魏文》,北京:商务印书馆,1999 年,第 537 页。
②邵正坤:《北朝纪年造像记汇编》,长春:吉林人民出版社,2014 年,第 154 页。
③邵正坤:《北朝纪年造像记汇编》,长春:吉林人民出版社,2014 年,第 75 页。
④邵正坤:《北朝纪年造像记汇编》,长春:吉林人民出版社,2014 年,第 75 页。

在实质上都是为了满足人们追求无限境界的心理需要,从而为人们
建立精神家园提供有效的方法和途径。人们在参与仪式化的书写过
程中常常感受到精神的抚慰及对现实苦难的超越和满足。从造像记
的书写来看,文人们大多在其中抒发了离苦得乐的解脱之愿,并且将
佛教的终极关怀惠及众生。如荥阳太守元宁的《造像记》云:

> 大魏孝昌二年岁次丙午正月辛丑朔廿四日甲子,荥阳太守
> 元宁仰为二圣敬造石像一区。愿主上万祚,臣僚尽忠,后宫皆
> 润。愿天下太平,四方慕义。又愿亡考生天,安养国土,上下延
> 寿,兄弟眷属,含灵有识,蠢动众生,普同斯福。鬼龙山岳,靡不
> 慈仁,所愿如是。①

再如,安定王燮的《造石窟像记》云:

> 皇巍永平四年岁次辛卯十月十六日,假节、督华州诸军事、
> 征虏将军、华州刺史安定王,仰为亡祖亲孟太妃、亡考太傅静王、
> 亡妣蒋妃敬造石窟一躯。依岩抱宇,刊崇冲室,妙镌灵像,外相
> 显发,工缋严仪,凝华紫极,敬忖此福,上资先尊。咸使舍此尘
> 躯,即彼真境,□□六通□嘱□□值遇□□早登十地,又愿居
> □□□□祥照□永作山河,□□□世一切含生,普同斯愿。②

　　他们不仅为亡者祝祷,为生者祈福,还希望能够行善,体现了佛
教以慈悲为怀的伦理道德要求。如《乞伏锐造像记》云:"愿居家眷

属,命延位崇,常与善会。"①沈约曾在《究竟慈悲论》中说道:"释氏之教,义本慈悲。慈悲之要,全生为重。恕己因心,以身观物,欲使抱识怀知之类,爱生忌死之群,各遂厥宜,得无遗失。"②因此,以造像记为代表的仪式化书写往往贯穿着这一精神主旨,生命伦理关怀拉近着书写者与佛菩萨间的心灵距离。这种书写成为他们宣泄与疏导现实苦闷及焦虑情绪的窗口,使自我的心灵世界得到抚慰和充实。

北朝许多文人对佛教的接受程度较高,仪式化书写对主体的性情也会产生潜移默化的影响。从造像活动来看,佛教文化从印度传入中国后即发生了重要的改变。黑格尔指出:"正是这种精神与物质之间的交互转变形成了印度观照方式的基本特点,使矛盾得不到和解。因此,印度艺术总是不惮烦地用最多样的方式去表现感性方面的自否定(即禁欲苦行)和凝神默想、收心内视的力量。"③佛教虽是印度的产物,但进入中国后就变得不同,佛教艺术不但没有表现出感性方面的自否定,反而与人的情感、信仰产生巨大的交互力量。在佛教仪式活动中,人的理想人格和境界又得以重构,情感得以升华。置身仪式当中的文人比普通人具有更多神圣性的规约与希望的寄托和引领,因而其人格与性情也会受到熏陶与濡染。

此外,北朝文学的仪式化书写能够增强并凝聚群体的情感,这是因为仪式本身就与族群有着密切的联系。彭兆荣指出:"'民族'(族群)与仪式存在着发生学上的关联性。据日本学者白川静的考证,古代社会以氏族为基础,氏族是以祖灵为中心的灵的结合体,其组织为一切秩序的根本。因此,祖祭为氏族团结的最重要的仪礼。……仪

①邵正坤:《北朝纪年造像记汇编》,长春:吉林人民出版社,2014年,第154页。
②[清]严可均辑:《全梁文》,北京:商务印书馆,1999年,第317页。
③(德)黑格尔著,朱光潜译:《美学》(第二卷),北京:商务印书馆,1979年,第59页。

式在民族、族群与宗族世系的发展中所起的作用非常重要,非其他形式可以比拟。对外,它是一面旗帜,一种号召,一种宣誓;对内,它是一条纽带,一种标志,一个传统。它在联系、传承、控制社会中的各种不同的人际关系方面具有其他形式无可替代的纽带连接与均衡和谐等作用;特别对以农业伦理为基本背景,以家族、家庭社会基本单位的传统中国文化而言,仪式在这方面的纽带关系更值得研究。"①还有不少学者指出了仪式的集体性以及它在群体中发挥的作用,例如:"仪式的一个重要因素在于它的集体性,是由若干有着相同情绪体验的人们共同做出的行为。一个人独自享受他的晚餐当然算不上仪式,但是,一群人在同一种情绪的影响下共进晚餐,却常常演变为一场仪式。"②又如:"仪式不仅是强化群体纽带和缓解紧张的一种方式,而且它也是庆祝许多重要事件的方式,此外,仪式还可以减少很多危机(比如死亡)对社会的分裂作用,使之对于个人来说更易于接受。"③局部看来,我们前面所提到的与佛教造像有关的行像、浴佛等仪式都是一种综合的、大型的、有统治阶级参与的佛事活动。在这些仪式的具体场景中包含了大量的与世俗相融洽的娱乐方式,这就使参与者的范围大大增加。这些仪式消弭了信仰者与非信仰者之间的距离,呈现出宗教性、世俗性、娱乐性与群众性相结合的特质,从而有助于引发非佛教信仰者的情感共鸣,十分有利于佛教文化在北朝的传播。而仪式化的书写因吸收了仪式因素而出现了类仪式化的特点,因此,许多仪式化的文本书写既是群体活动的体现,又加强了族

---

①彭兆荣:《人类学仪式理论与实践》,西安:陕西师范大学出版总社,2019年,第84—85页。

②(英)哈里森著,刘宗迪译:《古代艺术与仪式》,北京:生活·读书·新知三联书店,2016年,第26页。

③(美)哈维兰著,瞿铁鹏等译:《文化人类学》,上海:上海社会科学院出版社,2006年,第403页。

群之间的凝聚力,与北朝的整体社会氛围相适应。

还应注意的是,在中国古代文学研究中,魏晋南北朝文学往往被视为一个整体,这样便不能真实而客观地反映北朝文学的发展面貌。北朝文学研究与南朝文学相比向来薄弱,在人们的印象中,北朝文学常常是一些北朝民歌、几部著作和若干具有代表性的文学家而已。这一时代的许多实用性、应用性的作品不能被纳入文学史的遴选范畴。《隋书·经籍志》云:"其中原则兵乱积年,文章道尽。后魏文帝,颇效属辞,未能变俗,例皆淳古。齐宅漳滨,辞人间起,高言累句,纷纭络绎,清辞雅致,是所未闻。后周草创,干戈不戢,君臣戮力,专事经营,风流文雅,我则未暇。"①从这段话可以看出历史上对北魏晚期及北齐文学的评价并不高。但北朝文学的优势恰恰在于这些应用文体,且有大量的石刻文献传世,如果将目光只停留于经典的文学史,而忽略了这些文献,便不能客观探索北朝文学的真实面目。因此,从这些反映时代特点与北朝佛教发展特色的文献入手,可以重新审视它们在北朝文学思想史上的意义与价值。

总体来看,北朝文学中的仪式化书写具有实用特征。正因其与仪式密切相关,具有实用性,所以其文风较为朴实,与北朝文学的整体特点相一致。从前人的研究成果来看,北朝文风的显著特点在于注重经世致用,文多平实无华,为文态度严谨。

由于北朝士人长期聚族而居,传统的宗族观念反映在北朝文人的创作中,他们推崇儒家伦理,维护纲常礼教,较为关心社会现实,甚至有相当一部分士大夫视文学创作为小道。北朝文人擅长散文,故而常在应用文字上争高下。造像记和寺庙碑文等也属于散文的范畴,它们的大量出现与北朝文学的整体气候相适应。北朝佛教的特点乃重信仰而轻义理,具有较强的功利性,开窟、建寺、造像之风颇为

①[唐]魏徵等:《隋书》,北京:中华书局,1973 年,第 1090 页。

盛行,这些文本正是伴随着佛事活动而产生。

　　一方面,具有仪式化特点的北朝文学具有浓郁的政治色彩。与南朝文学不同的是,北朝文学十分重视政治,这源于北方地区固有的文化传统。"北方政教严切,全无隐退者。"①因此,在相当多的造像记中,他们都会为"国王帝主""皇帝陛下"等皇室成员祈福,这与北朝政治文化的整体氛围相融洽。

　　另一方面,北朝文学的仪式化还使这部分文学呈现出极具独特性的一面,即相异于北朝文风的悲凉情调。与时代的动乱与苦难相适应,北朝的诗文和民歌往往弥漫着悲凉的情绪与感怀。随手拈来几首北朝的诗歌,即可见伤感与悲凉的情感充盈其中。如,刘昶的《断句诗》:"关山四面绝,故乡几千里?"②萧悫的《秋思诗》:"相思阻音息,结梦感离居。"③又如,王褒的《渡河北诗》:"心悲异方乐,肠断陇头歌。"④庾信的《拟咏怀诗其四》:"雪泣悲去鲁,凄然忆相韩。唯彼穷途恸,知余行路难。"⑤而在仪式语境下,北朝文学的仪式化书写集文学、伦理与宗教三位一体。

　　综观北朝的诸多造像记,处处充满着书写者对亲人眷属的关怀、对佛菩萨的崇敬,描绘着终极幸福的愿景,从而体现出一种乐感的情调。正如李泽厚在总结乐感文化时所说:"中国人很少真正彻底的悲观主义,他们总愿意乐观地眺望未来……"⑥而在彼时,要得益于佛

①［北齐］颜之推撰,王利器集解:《颜氏家训集解》(增补本),北京:中华书局,1993 年,第 599 页。
②逯钦立辑校:《先秦汉魏晋南北朝诗》,北京:中华书局,1983 年,第 2204 页。
③逯钦立辑校:《先秦汉魏晋南北朝诗》,北京:中华书局,1983 年,第 2279 页。
④逯钦立辑校:《先秦汉魏晋南北朝诗》,北京:中华书局,1983 年,第 2340 页。
⑤逯钦立辑校:《先秦汉魏晋南北朝诗》,北京:中华书局,1983 年,第 2367 页。
⑥李泽厚:《中国古代思想史论》,北京:生活·读书·新知三联书店,2008 年,第 329 页。

教的传入与兴旺发展，能够给苦难中的人们带来心灵的寄托与慰藉，淡化了人们对死亡与苦难的恐惧。而这种仪式化的书写也因此改变着北朝文学的格局与生态，在文学及思想史上呈现其独特的风采。

参考文献

一、古　籍

《大正新修大藏经》,(日)高楠顺次郎等辑,(台北)新文丰出版有限公司,1992 年影印。

《续藏经》,(日)前田慧云等编,(台北)新文丰出版有限公司,1975年影印。

《涅槃经》,[北凉]昙无谶译,林世田等点校,宗教文化出版社,2001 年。

《坛经校释》,[唐]慧能著,郭朋校释,中华书局,2012 年。

《大智度论校勘》,(印)龙树著,[后秦]鸠摩罗什译,弘学校勘,社会科学文献出版社,2014 年。

《瑜伽师地论》,(印)弥勒著,[唐]玄奘译,西北大学出版社,2005 年。

《弘明集校笺》,[南朝梁]释僧祐撰,李小荣校笺,上海古籍出版社,2013 年。

《出三藏记集》,[南朝梁]释僧祐著,苏晋仁、萧錬子点校,中华书局,1995 年。

《法苑珠林校注》,[唐]释道世著,周叔迦、苏晋仁校注,中华书局,2003 年。

《高僧传》,[南朝梁]释慧皎著,汤用彤校注,中华书局,1992 年。

《续高僧传》,[唐]道宣撰,郭绍林点校,中华书局,2014 年。

《比丘尼传校注》,[南朝梁]释宝唱著,王孺童校注,中华书局,

2006 年。

《大唐西域记》,[唐]玄奘、[唐]辩机撰,章巽校点,上海人民出版社,
　　1977 年。

《诗经译注》,周振甫译注,中华书局,2010 年。

《论语译注》,杨伯峻译注,中华书局,2009 年。

《四书章句集注》,[宋]朱熹撰,中华书局,2011 年。

《经典释文序录疏证》(附经籍旧音二种),[唐]陆德明撰,吴承仕疏证,
　　中华书局,2008 年。

《说文解字》(附检字),[汉]许慎撰,[宋]徐铉校定,中华书局,
　　1963 年。

《切韵考》,[清]陈澧撰,见《丛书集成三编》,(台北)新文丰出版有
　　限公司,1997 年。

《史记》,[汉]司马迁撰,[南朝宋]裴骃集解,中华书局,1959 年。

《汉书》,[汉]班固撰,[唐]颜师古注,中华书局,1962 年。

《后汉书》,[南朝宋]范晔撰,[唐]李贤等注,中华书局,1965 年。

《三国志》,[晋]陈寿撰,[南朝宋]裴松之注,中华书局,1959 年。

《晋书》,[唐]房玄龄等撰,中华书局,1974 年。

《宋书》,[南朝梁]沈约撰,中华书局,1974 年。

《南齐书》,[南朝梁]萧子显撰,中华书局,1972 年。

《梁书》,[唐]姚思廉撰,中华书局,1973 年。

《陈书》,[唐]姚思廉撰,中华书局,1972 年。

《魏书》,[北齐]魏收撰,中华书局,1974 年。

《北齐书》,[唐]李百药撰,中华书局,1972 年。

《周书》,[唐]令狐德棻等撰,中华书局,1971 年。

《隋书》,[唐]魏徵等撰,中华书局,1973 年。

《南史》,[唐]李延寿撰,中华书局,1975 年。

《北史》,[唐]李延寿撰,中华书局,1974 年。

《建康实录》，[唐]许嵩著，孟昭庚等点校，上海古籍出版社，1987年。

《资治通鉴》，[宋]司马光编著，[元]胡三省音注，中华书局，1956年。

《老子道德经河上公章句》，王卡点校，中华书局，1993年。

《老子今注今译》，陈鼓应注译，商务印书馆，2003年。

《庄子集释》，[清]郭庆藩撰，王孝鱼点校，中华书局，2012年。

《庄子今注今译》，陈鼓应注译，商务印书馆，2007年。

《十一家注孙子校理》，[春秋]孙武撰，[三国]曹操等注，杨丙安校
　　理，中华书局，1999年。

《列子集释》，杨伯峻撰，中华书局，1979年。

《淮南子集释》，[汉]刘安编，何宁撰，中华书局，1998年。

《说苑》，[汉]刘向撰，王天海、杨秀岚译注，中华书局，2020年。

《颜氏家训集解》，[北齐]颜之推撰，王利器集解，上海古籍出版社，
　　1980年。

《世说新语笺疏》，[南朝宋]刘义庆著，[南朝梁]刘孝标注，余嘉锡笺
　　疏，上海古籍出版社，1993年。

《封氏闻见记校注》，[唐]封演撰，赵贞信校注，中华书局，2005年。

《全上古三代秦汉三国六朝文》，[清]严可均辑，商务印书馆，1999年。

《先秦汉魏晋南北朝诗》，逯钦立辑校，中华书局，1983年。

《古诗十九首集释》，隋树森集释，中华书局，2018年。

《玉台新咏笺注》，[南朝陈]徐陵编，[清]吴兆宜注，[清]程琰删补，
　　穆克宏点校，中华书局，1985年。

《谢灵运鲍照诗选译》，刘心明译注，凤凰出版社，2011年。

《谢灵运集校注》，顾绍柏校注，中州古籍出版社，1987年。

《沈约集校笺》，陈庆元校笺，浙江古籍出版社，1995年。

《寒山诗注》（附拾得诗注），[唐]寒山著，项楚注，中华书局，2000年。

《梅尧臣集编年校注》，朱东润编年校注，上海古籍出版社，1980年。

《白居易集》，顾学颉校点，中华书局，1979年。

《姚鼐文选》，周中明选注评点，苏州大学出版社，2001年。

《古诗评选》，[清]王夫之评选，张国星校点，文化艺术出版社，1997年。

《文心雕龙注》，[南朝梁]刘勰著，范文澜注，人民文学出版社，1958年。

《文心雕龙义证》，[南朝梁]刘勰著，詹锳义证，上海古籍出版社，
　　1989年。

《文心雕龙注释》，[南朝梁]刘勰著，周振甫注，人民文学出版社，
　　1981年。

《文心雕龙译注》，[南朝梁]刘勰著，陆侃如、牟世金译注，齐鲁书社，
　　2009年。

《诗品笺注》，[南朝梁]钟嵘著，曹旭笺注，人民文学出版社，2009年。

《诗品集注》（增订本），[南朝梁]钟嵘著，曹旭集注，上海古籍出版
　　社，2011年。

《文镜秘府论校注》，（日）遍照金刚撰，王利器校注，中国社会科学出
　　版社，1983年。

《石林诗话校注》，[宋]叶梦得撰，逯铭昕校注，人民文学出版社，
　　2011年。

《苕溪渔隐丛话》，[宋]胡仔纂集，廖德明校点，人民文学出版社，
　　1962年。

《汉魏六朝百三家集题辞注》，[明]张溥著，殷孟伦注，中华书局，
　　2007年。

《古诗源》，[清]沈德潜选，中华书局，1963年。

《艺概笺注》，[清]刘熙载著，王气中笺注，贵州人民出版社，1986年。

《海日楼札丛·海日楼题跋》，[清]沈曾植撰，钱仲联辑，辽宁教育出
　　版社，1998年。

《海日楼文集》，[清]沈曾植著，钱仲联编校，广东教育出版社，2019年。

《国故论衡疏证》，章太炎撰，庞俊、郭诚永疏证，中华书局，
　　2008年。

《历代诗话》（上下），[清]何文焕辑，中华书局，1981年。

《历代诗话续编》（上中下），丁福保辑，中华书局，1983年。

《中国历代文论选》（1—4），郭绍虞主编，上海古籍出版社，1979年。

《魏晋南北朝文论选》，郁沅、张明高编选，人民文学出版社，1996年。

《隋唐五代文论选》，周祖譔编撰，人民文学出版社，1990年。

《中国古代语言学资料汇纂》（音韵分册），张斌、许威汉主编，福建人民出版社，1993年。

《六朝画论笺注》，韦宾笺注，天津古籍出版社，2018年。

《金石萃编》，[清]王昶撰，《历代碑志丛书》第四册，江苏古籍出版社，1998年。

《北朝纪年造像记汇编》，邵正坤著，吉林人民出版社，2014年。

二、专　著

《观堂集林》，王国维著，中华书局，1959年。

《中国佛学源流略讲》，吕澂著，中华书局，1979年。

《中国佛教史》（1—3卷），任继愈主编，中国社会科学出版社，1981—1988年。

《魏晋南北朝佛教论丛》，方立天著，中华书局，1982年。

《照隅室古典文学论集》（上下编），郭绍虞著，上海古籍出版社，1983年。

《汉魏六朝乐府文学史》，萧涤非著，人民文学出版社，1984年。

《汉魏六朝文学论集》，逯钦立遗著，吴云整理，陕西人民出版社，1984年。

《十四朝文学要略》，刘永济著，黑龙江人民出版社，1984年。

《中国音韵学史》，张世禄著，上海书店，1984年。

《中古文学系年》，陆侃如著，人民文学出版社，1985年。

《中国美学史大纲》，叶朗著，上海人民出版社，1985年。

《中国佛教哲学简史》,严北溟著,上海人民出版社,1985 年。

《管锥编》,钱锺书著,中华书局,1986 年。

《东晋南北朝学术编年》,刘汝霖著,中华书局,1987 年。

《佛教与中国文化》,张曼涛主编,上海书店,1987 年。

《汉晋学术编年》,刘汝霖著,中华书局,1987 年。

《音韵学教程》,唐作藩著,北京大学出版社,1987 年。

《中国艺术精神》,徐复观著,春风文艺出版社,1987 年。

《中印文学关系源流》,郁龙余编,湖南文艺出版社,1987 年。

《东晋文艺系年》,张可礼著,山东教育出版社,1992 年。

《佛教与中国文学》,孙昌武著,上海人民出版社,1988 年。

《佛学常见词汇》,陈义孝编,文津出版社,1988 年。

《中国佛教与传统文化》,方立天著,上海人民出版社,1988 年。

《中国哲学发展史》(魏晋南北朝卷),任继愈主编,人民出版社,
　　1988 年。

《中国中古诗歌史》,王钟陵著,江苏教育出版社,1988 年。

《东晋门阀政治》,田余庆著,北京大学出版社,1989 年。

《佛光大辞典》,慈怡主编,(高雄)佛光出版社,1989 年。

《沈约及其学术研究》,姚振黎著,(台北)文史哲出版社,1989 年。

《汉唐文学的嬗变》,葛晓音著,北京大学出版社,1990 年。

《中国道教史》,任继愈主编,上海人民出版社,1990 年。

《佛教东传与中国佛教艺术》,吴焯著,浙江人民出版社,1991 年。

《佛教哲学》,方立天著,中国人民大学出版社,1991 年。

《佛学大辞典》,丁福保编,上海书店,1991 年。

《南北朝文学史》,曹道衡、沈玉成编著,人民文学出版社,1991 年。

《中国佛教与美学》,曾祖荫著,华中师范大学出版社,1991 年。

《周叔迦佛学论著集》,周叔迦著,中华书局,1991 年。

《禅与诗学》,张伯伟著,浙江人民出版社,1992 年。

《两晋南朝政治史稿》,陈长琦著,河南大学出版社,1992 年。

《六朝思想史》,孙述圻著,南京出版社,1992 年。

《四川丧葬文化》,霍巍、黄伟著,四川人民出版社,1992 年。

《魏晋南北朝隋唐史三论——中国封建社会的形成和前期的变化》,
　　唐长孺著,武汉大学出版社,1992 年。

《梵学集》,饶宗颐著,上海古籍出版社,1993 年。

《佛教词语的构造与汉语词汇的发展》,梁晓虹著,北京语言学院出版
　　社,1994 年。

《齐梁诗歌研究》,阎采平著,北京大学出版社,1994 年。

《中国佛教思想史》(上卷　汉魏两晋南北朝卷佛教思想),郭朋著,
　　福建人民出版社,1994 年。

《走向世俗:南朝诗歌思潮》,詹福瑞著,百花文艺出版社,1995 年。

《中国古代文学史长编:秦汉魏晋南北朝卷》(第 2 版),郭预衡主编,
　　首都师范大学出版社,2000 年。

《白话文学史》,胡适著,东方出版社,1996 年。

《敦煌吐鲁番学研究论集》,北京图书馆敦煌吐鲁番学资料中心、台北
　　《南海》杂志社合编,书目文献出版社,1996 年。

《门阀士族与永明文学》,刘跃进著,生活·读书·新知三联书店,
　　1996 年。

《诗言志辨》,朱自清著,华东师范大学出版社,1996 年。

《魏晋南北朝文学思想史》,罗宗强著,中华书局,1996 年。

《音韵学讲义》,曾运乾著,中华书局,1996 年。

《中国诗歌艺术研究》(增订本),袁行霈著,北京大学出版社,
　　1996 年。

《中国文学批评通史》(魏晋南北朝卷),王运熙、杨明著,上海古籍出
　　版社,1996 年。

《汉唐佛寺文化史》,张弓著,中国社会科学出版社,1997 年。

《汉魏六朝书画论》,潘运告编著,湖南美术出版社,1997年。

《刘师培中古文学论集》,陈引驰编校,中国社会科学出版社,1997年。

《中古文学文献学》,刘跃进著,江苏古籍出版社,1997年。

《东晋南朝的谢氏文学集团》,丁福林著,黑龙江教育出版社,1998年。

《汉唐佛教思想论集》,任继愈著,人民出版社,1998年。

《世族与六朝文学》,程章灿著,黑龙江教育出版社,1998年。

《五、六世纪北方民众佛教信仰:以造像记为中心的考察》,侯旭东著,
　　中国社会科学出版社,1998年。

《宗教哲学》,谢扶雅著,山东人民出版社,1998年。

《中古文学史论》,王瑶著,北京大学出版社,1998年。

《中国宗教与文学论集》,葛兆光著,清华大学出版社,1998年。

《佛教与中国文化》,汤一介著,宗教文化出版社,1999年。

《六朝美学》,袁济喜著,北京大学出版社,1999年。

《六朝作家年谱辑要》,刘跃进、范子烨编,黑龙江教育出版社,
　　1999年。

《魏晋文学史》,徐公持编著,人民文学出版社,1999年。

《印度古典诗学》,黄宝生著,北京大学出版社,1999年。

《中国美学史》(魏晋南北朝编),李泽厚、刘纲纪著,安徽文艺出版
　　社,1999年。

《中国文学批评史》,郭绍虞著,百花文艺出版社,1999年。

《佛教与中国传统思想文化》,洪修平、徐长安、白欲晓编著,河北省佛
　　教协会,2000年。

《江南佛教史》,严耀中著,上海人民出版社,2000年。

《梅祖麟语言学论文集》,梅祖麟著,商务印书馆,2000年。

《南北朝文学编年史》,曹道衡、刘跃进著,人民文学出版社,2000年。

《诗文声律论稿》,启功著,中华书局,2000年。

《魏晋南北朝史论丛》(外一种),唐长孺著,河北教育出版社,

2000 年。

《宗教社会学》,戴康生、彭耀主编,社会科学文献出版社,2000 年。

《佛学与中国文化》,祁志祥著,学林出版社,2000 年。

《佛学研究十八篇》,梁启超著,上海古籍出版社,2001 年。

《佛教造像艺术》,黄春和编著,河北佛学院,2001 年。

《寒柳堂集》,陈寅恪著,生活·读书·新知三联书店,2001 年。

《金明馆丛稿初编》,陈寅恪著,生活·读书·新知三联书店,2001 年。

《金明馆丛稿二编》,陈寅恪著,生活·读书·新知三联书店,2001 年。

《魏晋南北朝时期的佛教信仰与神话》,王青著,中国社会科学出版社,2001 年。

《文坛佛影》,孙昌武著,中华书局,2001 年。

《变文讲唱与华梵宗教艺术》,李小荣著,上海三联书店,2002 年。

《古典文学佛教溯缘十论》,陈允吉著,复旦大学出版社,2002 年。

《南朝佛教与文学》,普慧著,中华书局,2002 年。

《六朝民俗》,张承宗著,南京出版社,2002 年。

《印度佛学源流略讲》,吕澂著,上海人民出版社,2002 年。

《中国佛教哲学要义》,方立天著,中国人民大学出版社,2002 年。

《六朝诗歌中之佛教风貌研究》,王延蕙著,(台北)万卷楼图书股份有限公司,2003 年。

《魏晋南北朝文学思想史》,张仁青著,(台北)文史哲出版社,2003 年。

《魏晋士人人格精神——〈世说新语〉的士人精神史研究》,宁稼雨著,南开大学出版社,2003 年。

《玄学与魏晋士人心态》,罗宗强著,南开大学出版社,2003 年。

《宗教学基础十五讲》,王晓朝著,北京大学出版社,2003 年。

《中国文学批评史》,罗根泽著,上海书店,2003 年。

《梵语〈悉昙章〉在中国的传播与影响》,周广荣著,宗教文化出版社,

2004 年。

《佛经的文学性解读》,侯传文著,中华书局,2004 年。

《宫体诗研究》,胡大雷著,商务印书馆,2004 年。

《灵境诗心——中国古代山水诗史》,陶文鹏、韦凤娟主编,凤凰出版
　　社,2004 年。

《玄学和诗学》,徐国荣著,中国社会科学出版社,2004 年。

《汉语诗律学》,王力著,上海教育出版社,2005 年。

《鲁迅全集》,鲁迅著,人民文学出版社,2005 年。

《佛教与永明文学批评》,高文强著,湖北教育出版社,2006 年。

《南朝宫体诗研究》,归青著,上海古籍出版社,2006 年。

《八代诗史》,葛晓音著,中华书局,2007 年。

《佛教与中国古典文艺美学》,蒋述卓著,岳麓书社,2007 年。

《佛教与中国文学》(第 2 版),孙昌武著,上海人民出版社,2007 年。

《玄言诗研究》,胡大雷著,中华书局,2007 年。

《中国古代诗学十五讲》,王先霈著,北京大学出版社,2007 年。

《佛教与中国丧葬文化》,江新建著,湖南人民出版社,2008 年。

《中国古代思想史论》,李泽厚著,生活·读书·新知三联书店,
　　2008 年。

《佛教与六朝诗学研究》,刘艳芬著,中国社会科学出版社,2009 年。

《南朝佛教与文学》,谭洁著,宗教文化出版社,2009 年。

《悉昙学与汉字音学新论》,谭世宝著,中华书局,2009 年。

《中国佛教思想史稿》,潘桂明著,江苏人民出版社,2009 年。

《中国佛学之精神》,洪修平、陈红兵著,复旦大学出版社,2009 年。

《佛教与中国文学论稿》,陈允吉著,上海古籍出版社,2010 年。

《中国佛教美学史》,祁志祥著,北京大学出版社,2010 年。

《中国佛教文化史》,孙昌武著,中华书局,2010 年。

《玄响寻踪:魏晋玄言诗研究》,何光顺著,暨南大学出版社,2011 年。

《玄言诗研究》,杨合林著,上海古籍出版社,2011 年。

《中国古代文体学研究》,吴承学著,人民出版社,2011 年。

《北镇势力与北朝政治文化》,苏小华著,中国社会科学出版社,
　2012 年。

《东晋南朝文人接受佛教研究》,高文强著,中国社会科学出版社,
　2012 年。

《佛教哲学》,方立天著,中国人民大学出版社,2012 年。

《家国、夷夏与天人:十六国北朝史学探研》,王志刚著,北京师范大学
　出版社,2013 年。

《中国思想史》,葛兆光著,复旦大学出版社,2013 年。

《北魏平城时代》,李凭著,上海古籍出版社,2014 年。

《佛教文学十讲》,孙昌武著,中华书局,2014 年。

《中古佛教文学研究》,普慧著,世界图书出版公司,2014 年。

《北朝石刻文献的文学研究》,张鹏著,中国社会科学出版社,2015 年。

《佛教心理学》,陈兵著,陕西师范大学出版总社,2015 年。

《汉魏两晋南北朝佛教史》,汤用彤著,商务印书馆,2015 年。

《南朝文学与北朝文学研究》,曹道衡著,商务印书馆,2015 年。

《世界佛教通史》,魏道儒主编,中国社会科学出版社,2015 年。

《汉译佛典偈颂研究》,王丽娜著,商务印书馆,2016 年。

《魏晋南北朝史》,王仲荦著,上海人民出版社,2016 年。

《北魏史》(修订本),杜士铎主编,北岳文艺出版社,2017 年。

《六朝声律与唐诗体格》,杜晓勤著,北京大学出版社,2017 年。

《中古文学与佛学》,陈引驰著,商务印书馆,2017 年。

《北朝论稿》,李凭著,北京师范大学出版社,2018 年。

《佛陀相佑:造像记所见北朝民众信仰》,侯旭东著,社会科学文献出
　版社,2018 年。

《南北朝佛教编年》,李利安、崔峰著,三秦出版社,2018 年。

《山水有清音：古代山水田园诗鉴要》，葛晓音著，北京出版社，2018 年。

《谢灵运新探与解读》，姜剑云、霍贵高著，中华书局，2018 年。

《中国佛教仪式研究：以斋供仪式为中心》，侯冲著，上海古籍出版社，
　　2018 年。

《北魏士人迁徙与文学演进》，柏俊才著，中华书局，2019 年。

《从乡里到都城：历史与空间变迁视野中的十六国北朝文学》，蔡丹君
　　著，生活·读书·新知三联书店，2019 年。

《人类学仪式理论与实践》，彭兆荣著，陕西师范大学出版总社，
　　2019 年。

《文学与仪式：酒神及其祭祀仪式的发生学原理》，彭兆荣著，陕西师
　　范大学出版总社，2019 年。

《彪炳千秋的北魏佛国——云冈石窟》，李立芬、郭静娜著，西安出版
　　社，2020 年。

《古代中国文化讲义》，葛兆光著，人民文学出版社，2020 年。

《光宅中原：拓跋至北魏的墓葬文化与社会演进》，倪润安著，上海古
　　籍出版社，2020 年。

《山水·审美·理趣》，葛晓音著，复旦大学出版社，2020 年。

《十六国北朝时期的佛教与社会》，黄崑威著，社会科学文献出版社，
　　2020 年。

《中国从此走向大唐：北朝的遗产》，叶言都著，天地出版社，2021 年。

《北朝至隋唐陇右少数民族历史与文化：碑铭视角下的考察》，李贺文
　　著，中国社会科学出版社，2021 年。

三、译　著

《美学》，(德)黑格尔著，朱光潜译，商务印书馆，1979 年。

《六朝文学论稿》，(日)兴膳宏著，彭恩华译，岳麓书社，1986 年。

《印度佛教史》，(英)渥德尔著，王世安译，商务印书馆，1987 年。

《宗教社会学》,(美)托马斯·F.奥戴、(美)珍妮特·奥戴·阿维德著,刘润忠等译,中国社会科学出版社,1990年。

《宗教心理学——个人生活中的宗教》,(美)玛丽·乔·梅多、(美)理查德·德·卡霍著,陈麟书等译,四川人民出版社,1990年。

《大乘佛学》,(俄)舍尔巴茨基著,立人译,中国社会科学出版社,1994年。

《宗教心理学导论》,(英)阿盖尔著,陈彪译,中国人民大学出版社,2005年。

《文化人类学》,(美)哈维兰著,瞿铁鹏等译,上海社会科学院出版社,2006年。

《仪式过程:结构与反结构》,(英)维克多·特纳著,黄剑波等译,中国人民大学出版社,2006年。

《六朝精神史研究》,(日)吉川忠夫著,王启发译,江苏人民出版社,2010年。

《北魏佛教造像史研究》,(日)石松日奈子著,(日)筱原典生译,文物出版社,2012年。

《互动仪式链》,(美)柯林斯著,林聚任等译,商务印书馆,2012年。

《美感》,(美)乔治·桑塔耶纳著,杨向荣译,人民出版社,2013年。

《中国社会中的宗教与仪式》,(美)武雅士主编,彭泽安等译,江苏人民出版社,2014年。

《佛教对中国物质文化的影响》,(美)柯嘉豪著,赵悠等译,中西书局,2015年。

《汉魏晋五言诗的演变》,(美)蔡宗齐著,陈婧译,北京大学出版社,2015年。

《仪式、政治与权力》,(美)科泽著,王海洲译,江苏人民出版社,2014年。

《佛典语言及传承》,(日)辛岛静志著,裘云青等译,中西书局,2016年。

《古代艺术与仪式》,(英)哈里森著,刘宗迪译,生活·读书·新知三联书店,2016 年。

《佛教征服中国:佛教在中国中古早期的传播与适应》,(荷兰)许理和著,李四龙等译,江苏人民出版社,2017 年。

《秦始皇石刻:早期中国的文本与仪式》,(美)柯马丁著,刘倩译,上海古籍出版社,2018 年。

《荣格心理学关键词》,(英)安德鲁·塞缪尔斯、(瑞士)巴妮·肖特、(英)弗雷德·普劳特著,颖哲华译,中国人民大学出版社,2021 年。

四、论　文

(日)中村元:《儒教思想对佛典汉译带来的影响》,《世界宗教研究》,1982 年第 2 期。

孙述圻:《谢灵运与南本〈大般涅槃经〉》,《南京大学学报》(哲学社会科学版),1983 年第 1 期。

张国星:《佛学与谢灵运的山水诗》,《学术月刊》,1986 年第 11 期。

蒋述卓:《齐梁浮艳雕绘文风与佛教》,《华东师范大学学报》(哲学社会科学版),1988 年第 1 期。

蒋述卓:《北朝质朴文风与佛教》,《文艺理论研究》,1988 年第 1 期。

蒋述卓:《北朝文风的悲凉感与佛教》,《广西师范大学学报》(哲学社会科学版),1988 年第 2 期。

蒋述卓:《支遁与山水文学的兴起》,《学术月刊》,1988 年第 6 期。

许宪隆:《试论回族形成中的语言问题》,《甘肃民族研究》,1989 年第 1 期。

钱志熙:《谢灵运〈辨宗论〉和山水诗》,《北京大学学报》(哲学社会科学版),1989 年第 5 期。

蒋述卓:《佛教与晋宋之际的山水文学思潮》,《古代文学理论研究》,

第 14 辑(1989 年)。

宁可、郝春文:《北朝至隋唐五代间的女人结社》,《北京师范学院学报》(社会科学版),1990 年第 5 期。

马积高:《论宫体与佛教》,《求索》,1990 年第 6 期。

汪春泓:《论佛教与梁代宫体诗的产生》,《文学评论》,1991 年第 5 期。

郝春文:《东晋南北朝时期的佛教结社》,《历史研究》,1992 年第 1 期。

高华平:《佛理嬗变与文风趋新:兼论晋宋间山水文学兴盛的原因》,《中国社会科学》,1994 年第 5 期。

李文生、孙新科:《龙门石窟佛社造像初探》,《世界宗教研究》,1995 年第 3 期。

许云和:《欲色异相与梁代宫体诗》,《文学评论》,1996 年第 5 期。

陈允吉:《东晋玄言诗与佛偈》,《复旦学报》(社会科学版),1998 年第 1 期。

夏名采、杨华胜、刘华国:《青州龙兴寺佛教造像窖藏清理简报》,《文物》,1998 年第 2 期。

张国星:《永明体"新变"说》,《文学评论》,1998 年第 5 期。

刘跃进:《别求新声于异邦——介绍近年永明声病理论研究的重要进展》,《文学遗产》,1999 年第 4 期。

李小荣:《观想念佛与谢灵运山水诗》,《贵州大学学报》(社会科学版),2000 年第 4 期。

普慧:《齐梁诗歌声律论与佛经转读及佛教悉昙》,《文史哲》,2000 年第 6 期。

普慧:《大乘涅槃学与谢灵运的山水诗》,《陕西师范大学学报》(哲学社会科学版),2000 年第 4 期。

张树文、吴微:《神韵·平淡·雅洁——论姚鼐古文的风貌特征》,《江淮论坛》,2003 年第 1 期。

刘跃进:《六朝僧侣:文化交流的特殊使者》,《中国社会科学》,2004

年第 5 期。

陈伯海:《释"诗言志"——兼论中国诗学"开山的纲领"》,《文学遗产》,2005 年第 3 期。

戴伟华:《论五言诗的起源——从"诗言志"、"诗缘情"的差异说起》,《中国社会科学》,2005 年第 6 期。

陈顺智:《论东晋玄言诗兴盛的原因》,《社会科学研究》,2005 年第 6 期。

高文强:《论永明士人对尚俗审美观之接受与佛教之关系》,《古代文学理论研究》,第 23 辑,华东师范大学出版社,2005 年。

杨合林:《从东晋玄言诗看佛、玄之际》,《湖南师范大学社会科学学报》,2006 年第 5 期。

高文强:《南朝士人群体与佛教关系演化之特征》,《武汉大学学报》(人文科学版),2006 年第 6 期。

高华平:《谢灵运佛教著述研究》,《中国文化研究》,2006 年第 4 期。

郝春文:《再论北朝至隋唐五代宋初的女人结社》,《敦煌研究》,2006 年第 6 期。

张鹏:《北朝佛教造像记的文学意义》,《西南交通大学学报》(社会科学版),2007 年第 5 期。

张君梅:《略论支遁的佛理玄言诗》,《文学遗产》,2008 年第 2 期。

归青:《佛教与宫体诗关系新探》,《学术月刊》,2008 年第 7 期。

贺玉萍:《〈洛阳造像记〉的文学价值》,《中州学刊》,2010 年第 4 期。

杨景生:《论司空图〈诗品〉"冲淡"境界的审美特征》,《齐鲁学刊》,2010 年第 4 期。

崔峰:《论北周时期的民间佛教组织及其造像》,《世界宗教研究》,2011 年第 2 期。

蔡彦峰:《慧远"形象本体"之学与山水诗学的形成和发展》,《文艺理论研究》,2011 年第 3 期。

张鹏:《北朝造像记的文体特征》,《广西社会科学》,2012 年第 4 期。

高文强:《佛学东渐与宋齐文学观念的雅俗嬗变》,《文艺研究》,2013 年第 6 期。

徐婷:《云冈石窟造像题记所见的北魏佛教信仰特征》,《宗教学研究》,2014 年第 1 期。

邵正坤:《追福与荐亡——造像记所见北朝时期的追荐之风》,《山西大同大学学报》(社会科学版),2016 年第 2 期。

张晶:《宗炳与谢灵运:从佛学到山水美学》,《江西社会科学》,2016 年第 7 期。

罗操:《论北朝时期的民间组织与地方自治——以造像记为中心》,《郑州大学学报》(哲学社会科学版),2019 年第 3 期。

(日)佐藤智水著,胡沐君译:《北魏女性的集体造像》,《魏晋南北朝隋唐史资料》,第 39 辑,上海古籍出版社,2019 年。

马健中:《巩县石窟北朝造像题记文体、文字特点例析》,《中国书法》,2019 年第 24 期。

李林昊:《从血缘到地缘:论北朝群体造像记的发展演进——以家庭、宗族、村落和邑义等造像记为中心》,《河南社会科学》,2020 年第 1 期。

詹福瑞:《魏晋诗文的忧生之嗟》,《文学评论》,2020 年第 4 期。

余开亮:《论道家平淡美学本义兼及对"味美"说的辨析》,《学术研究》,2021 年第 2 期。

后　记

　　本书是在国家社科基金一般项目"佛学东渐与六朝文学思潮的嬗变研究"（项目号：14BZW028）结项成果的基础上进一步修改而成，这里要感谢结项评审时的匿名专家们，他们提出的一些有益建议使得本书在修改中得到进一步充实。本书由两人合作完成，具体撰写分工如下：绪论（高文强）、第一章（王婧）、第二章（王婧）、第三章（高文强）、第四章（高文强）、第五章（王婧），最后统稿由高文强完成。感谢我的导师王先霈先生为本书作序，感谢中华书局出版本书。最后还要特别感谢武汉大学文学院，在项目预留资金不足的情况下，提供了补充经费，使本书得以顺利出版。

高文强

2022 年 6 月 30 日于武大振华楼